普通高中春招考试备考教材

PUTONG GAOZHONG CHUNZHAO KAOSHI BEIKAO JIAOCAI

【春招】

TONGYONG JISHU

通用技术

（第七版）

主　编◎柯世民

副主编◎杨　念　吴　勇　曾维义

参　编◎钟定权　贺靖霖　马　翌　曾海林　陈　晶　吴建明

　　　　曹文明　王泽海　邓　平　王益春　严　波　罗　臣

　　　　易　刚　钟红军　肖　枫　高远洪　侯兵林　郑启宏

　　　　郭春利　毛昌军　贺可梅　张　强　徐　明　邹　舟

　　　　傅　琪

重庆大学出版社

图书在版编目(CIP)数据

通用技术 / 柯世民主编. -- 7 版. -- 重庆：重庆
大学出版社，2024.7. --（普通高中春招考试备考教材）.
ISBN 978-7-5689-4699-5

Ⅰ. G634.933

中国国家版本馆 CIP 数据核字第 2024EC9154 号

普通高中春招考试备考教材

通用技术

（第七版）

主　编　柯世民

责任编辑：章　可　　版式设计：章　可
责任校对：刘志刚　　责任印制：赵　晟

*

重庆大学出版社出版发行
出版人：陈晓阳
社址：重庆市沙坪坝区大学城西路 21 号
邮编：401331
电话：(023) 88617190　88617185(中小学)
传真：(023) 88617186　88617166
网址：http://www.cqup.com.cn
邮箱：fxk@ cqup.com.cn（营销中心）
全国新华书店经销
重庆升光电力印务有限公司印刷

*

开本：787mm×1092mm　1/16　印张：20.5　字数：500 千
2018 年 8 月第 1 版　2024 年 7 月第 7 版　2024 年 7 月第 29 次印刷
ISBN 978-7-5689-4699-5　定价：76.00 元

本书是根据2022版通用技术课程新课标的要求,结合通用技术课程开设的特点,在总结多年积累的通用技术学科教学经验,认真分析、整理各章节的知识难点、考点和解题技巧、方法的基础上编写而成的。

本书分成十三个专题,每个专题均包含课程标准、考试要求、知识点拨、典型案例分析、知识结构、检测练习和专题检测等内容。其中,"课程标准、考试要求"是让学生明确本专题的知识点和能力要求目标;"知识点拨"是本节核心知识的提炼,是本节难点的解读,教师、学生通过学习它就能掌握本节知识和考点,起到提纲挈领的作用;"典型案例分析"是选用代表性的技术案例,通过分析其中的解题过程,让学生理解解题的技巧,同时掌握该知识点的内涵,起到画龙点睛的作用;"检测练习、专题检测"设置大量的试题,让学生从不同的角度去体验、运用知识,突破知识结界,形成解决问题的能力和智慧;"知识结构"将知识要点系统呈现,方便学生对知识进行总结和复习。

10套模拟试卷是在结合通用技术课程开设的特点,分析历年会考(学业水平考试)题和高考题的基础上编写而成的,具有实战意义,通过模拟练习不仅能检查学生掌握知识的情况,而且还能帮助学生查漏补缺、规范答题。

本书具有以下几个特点:

1.精准突破难点,立足解决实际

编者根据通用技术课程教师的实际情况,精准剖析通用技术课程的难点,针对"工具的使用""人机关系""控制的类型"以及"系统的属性"等知识点进行了详细的分析,并引用大量的案例,让教师很快掌握,熟悉通用技术课程的难点内容,从而有效指导学生学习。

2.精准选择案例,提高解题技巧

通过案例让学生理解知识点,防止学生答错题,同时对易错、易失分、有知识陷阱的内容进行剖析,提高学生的解题能力。

3.精准把握考点,进行章节总结

每个专题"掌握什么内容""考什么内容",这是老师和学生最关心的问题。通过梳理、分析和总结,编者归纳出了各专题的知识点,这样便于重点复习,为学生节约宝贵的复习时间。

本书由柯世民担任主编,重庆市綦江实验中学杨念、重庆市江津中学校吴勇和重庆市江北区教师进修学院曾维义担任副主编。其中柯世民、张强负责全书的统稿与套题的编写;专题一由重庆市涪陵二十中学校马翌、钟定权编写;专题二由重庆市实验中学校郭春利、杨念编写;专题三由重庆市潼南中学校曾海林,重庆市璧山区来凤中学校吴建明,重庆市长寿川维中学校曹文明编写;专题四由永川教育科学研究所王泽海,重庆市永川中学校邓平,重庆市永川萱花中学校王益春、严波编写;专题五由重庆市巴南区育才中学罗臣、重庆市綦江东溪中学易刚编写;专题六由重庆市礼嘉中学钟红军、重庆市铜梁一中肖枫和重庆市铜梁中学高远洪编写;专题七由重庆市合川瑞山中学侯兵林、郑启宏编写;专题八由重庆市綦江实验中学校杨念、重庆市江北区教师进修学院曾维义编写;专题九由重庆市江津区教师发展中心邹舟、重庆市江津中学校吴勇、重庆市江津第六中学校毛昌军编写;专题十由重庆市开州中学贺可梅、重庆市合川区实验中学校徐明编写;专题十一由重庆市垫江进修学校贺靖霖、重庆市彭水第一中学校陈晶编写;专题十二由重庆市綦江实验中学校杨念,綦江东溪中学易刚、傅琪编写;专题十三由重庆市綦江实验中学校杨念、綦江东溪中学傅琪编写。

由于编者水平有限,书中难免存在不当之处,恳请专家或读者指正,联系邮箱地址:353970555@qq.com。

书中所有试题的答案可以在重庆大学出版社官方网站(www.cqup.com.cn)上搜索书名后下载。

编　者

2024 年 6 月

目　录
Contents

技术与设计一

专题一　技术及其性质 ·· 1

课程标准 ·· 1

考试要求 ·· 1

知识点拨 ·· 2

第一节　技术的性质及作用 ·· 2

第二节　技术发明与革新 ·· 9

知识结构 ·· 12

专题检测 ·· 13

专题二　技术设计过程 ·· 18

课程标准 ·· 18

考试要求 ·· 18

知识点拨 ·· 18

第一节　技术设计的原则 ·· 18

第二节　发现与明确问题 ·· 22

第三节　制订设计方案 ·· 26

第四节　技术试验 ·· 34

知识结构 ·· 37

专题检测 ·· 38

专题三　工艺及方案实现 ·· 43

课程标准 ·· 43

考试要求 ·· 43

知识点拨 ·· 43

第一节　常用加工工艺 ·· 43

第二节　材料的选择及模型制作 ·· 54

知识结构 ·· 60

专题检测 ·· 61

专题四　技术交流与评价 ······················· 67

　课程标准 ··· 67

　考试要求 ··· 67

　知识点拨 ··· 67

　　第一节　设计交流技术语言 ··············· 67

　　第二节　设计评价及产品说明书 ········· 77

　知识结构 ··· 82

　专题检测 ··· 82

技术与设计二

专题五　结构及其设计 ·························· 88

　课程标准 ··· 88

　考试要求 ··· 88

　知识点拨 ··· 89

　　第一节　结构与力 ····························· 89

　　第二节　结构稳定性与结构强度 ········· 94

　　第三节　结构设计与欣赏 ··················· 97

　知识结构 ··· 104

　专题检测 ··· 105

专题六　流程及其设计 ························ 110

　课程标准 ··· 110

　考试要求 ··· 110

　知识点拨 ··· 110

　　第一节　认识流程 ··························· 110

　　第二节　流程的设计与表达 ············· 115

　　第三节　流程的优化 ······················· 122

　知识结构 ··· 128

　专题检测 ··· 128

专题七　系统及其设计 ························ 136

　课程标准 ··· 136

　考试要求 ··· 136

　知识点拨 ··· 136

　　第一节　系统及其特性 ··················· 136

第二节　系统分析、设计和优化 ·· 144

知识结构 ·· 152

专题检测 ·· 152

专题八　控制及其设计 ·· 158

课程标准 ·· 158

考试要求 ·· 158

知识点拨 ·· 158

第一节　控制的含义及分类 ·· 158

第二节　控制系统的组成和描述 ··· 162

第三节　控制系统的设计、干扰与反馈 ··· 170

知识结构 ·· 176

专题检测 ·· 176

电子控制技术

专题九　电子元器件 ·· 184

课程标准 ·· 184

考试要求 ·· 184

知识点拨 ·· 184

知识结构 ·· 192

专题检测 ·· 193

专题十　模拟电路与数字电路 ·· 197

课程标准 ·· 197

考试要求 ·· 197

知识点拨 ·· 197

知识结构 ·· 203

专题检测 ·· 203

专题十一　传感器与继电器 ·· 209

课程标准 ·· 209

考试要求 ·· 209

知识点拨 ·· 209

知识结构 ·· 214

专题检测 ·· 214

专题十二　电子控制系统及其应用 ······························· 219

　　课程标准 ··· 219

　　考试要求 ··· 219

　　知识点拨 ··· 219

　　知识结构 ··· 224

　　专题检测 ··· 225

技术与职业探索

专题十三　技术与职业探索 ··································· 231

　　课程标准 ··· 231

　　考试要求 ··· 231

　　知识点拨 ··· 231

　　知识结构 ··· 234

　　专题检测 ··· 234

10套普通高中通用技术模拟考试试卷（另附）

技术与设计一

专题一　技术及其性质

📑 课程标准

1.通过劳动体验和案例分析,感知生活中技术现象的普遍性和重要性,通过活动体验和案例分析理解技术的性质,形成积极的技术价值观。

2.结合我国优秀的传统技术文化和个人的成长经历,认识技术与人、自然、社会的关系,理解技术的历史发展给人类和社会带来的变化,形成对待技术的积极态度和使用技术的责任意识。

📑 考试要求

知识点	内　容	考试层次		
		A	B	C
技术的价值	技术对人的作用、技术对社会的作用、技术对自然的作用		√	
技术的性质	技术的目的性、实践性、创新性、应用具两面性、专利性	√		
技术与科学	技术与科学的关系		√	
技术发明与革新	专利发明及知识产权的含义	√		

📖 知识点拨

第一节 技术的性质及作用

1.技术价值

从人的需求出发,秉持一定价值理念,运用各种物质及装置、工艺方法、知识技能与经验等,实现具有一定使用价值的创造性劳动。

(1)技术对人类的价值

技术具有保护人、解放人和发展人的作用。

• 保护人:为人提供抵抗不良环境、野兽、病毒等侵害的手段和工具,从而使人在适应自然界的过程中生存下来。例如,原始人制作石器;现代人有了疫苗对疟疾、天花等疾病不再恐慌。反例:对身边财物的保护(银行卡密码对财产的保护),不是保护人。

• 解放人:依靠技术解放或延长了人的身体器官,拓展了活动范围和操作空间,提高了劳动效率,增强了认识、合理利用和保护自然的能力。例如,自行车、内燃机等可以解放体力;机器人可以让人的各个器官得到延伸。

• 发展人:促进人的精神和智力得到发展,思维发生改变,自我价值得到实现。例如,爱迪生、袁隆平等。

(2)技术对社会的价值

技术促进社会的发展、丰富社会文化内容、改变社会生活方式,是推动社会发展和文明进步的主要动力之一。

(3)技术对自然的价值

技术使人们能按照自己的需要和愿望,对大自然进行利用。人类在开发和利用自然时,应把握合理的尺度,注意对自然的保护,不能忽视一些技术或产品对环境可能造成的负面影响。

2.技术的性质

①实践性:根据人的需要把自然物加工成具有某种使用价值的人造物的活动。主要表现在两个方面:一方面是技术产生于实践之中;另一方面是技术只有在人的实践活动中才能变为现实,是一个不断尝试,反复试验的过程。

②应用具两面性:在技术运用的过程中,给人们带来福音的同时,也会给人们带来危害或造成负面的影响。负面的影响有三个方面,一是对人的健康造成不好的影响(不是偶尔、个别的影响,是必然的影响);二是对自然环境造成不好的影响;三是违背伦理道德的观念。

③综合性:每一门技术都可看成由多学科的知识综合而成,同时它也是各种经验、知识、物质、技术手段综合运用的结果。

④创新性:技术的发展需要创新,技术创新常常表现为技术革新和技术发明,技术革新

一般是在原有技术基础上变革后的改进,技术发明则是以原创的技术为核心,是一个"从无到有"或"从有到优"的过程,主要包括外观创新和功能创新两个方面。

⑤专利性:一项新的产品,往往涉及多项新技术,这些都可以申请专利,它具有时效性和垄断性。

⑥价值性:技术的运用可产生社会效益,也可产生经济效益。

⑦目的性:技术以满足人类的需求与愿望为目的。目的性贯穿技术活动的始终。

3.技术与科学的关系

技术是从人类的需求出发,秉持一定的价值理念,运用各种物质及装置、工艺方法、知识技能与经验等,实现具有一定使用价值的创造性实践活动。科学是人类社会发展到一定程度后才产生的,是对各种事实和现象进行观察、分类、归纳、演绎、分析、推理、计算和实验,从而发现规律,并予以验证和公式化的知识体系。

科学的任务是认识世界,技术的任务是创造性实践活动;科学回答"是什么""为什么"的问题,而技术则更多地回答"怎么办"的问题。

科学促进技术发展,技术推动科学进步。

4.技术与设计的关系

设计是基于一定设想的、有目的、有规划的创造活动。设计是技术发展的重要驱动力,需要多门学科的相关知识,技术是设计的平台,没有技术作为基础,设计将难以表现和实现,技术的发展制约着设计的发展,而创新设计有时又促进技术发展。

📋 典型案例分析

【案例1】如图1-1所示是一款自动存取款机,客户可随时在取款机上进行存取款操作。以下关于存取款机及这项技术的相关说法中,不正确的是(   )。

A.自动存取款机的出现是社会发展的需求

B.自动存取款机可减少排队时间,体现技术解放人的作用

C.自动存取款机可辨别人民币的真伪,体现了技术保护人的作用

D.自动存取款机可方便客户存取款,体现了技术为人服务的宗旨

【答案】C

【解析】本题主要考查技术的价值。技术具有保护人、解放人和发展人的作用。"辨别人民币的真伪"是对使用者财产的保护而不是对人的身体、生命进行保护,不体现技术保护人的作用,因此C选项符合题意。

图1-1

【案例2】人们为了探索太空,研究发明了"射电望远镜",这说明(   )。

A.科学的发展需要探索

B.科学是人类社会发展到一定程度后才产生的

C.技术是实现具有一定价值的创造性实践活动

D.技术的发展是循序渐进的,和人们的需求没关系

【答案】C

【解析】本题主要考查科学与技术的性质。在本题的题干中，我们首先要分清发明"射电望远镜"是科学理论还是一项技术，既然是发明，说明它是一项技术，因此在 A、B、C、D 4 个选项中首先排除 A、B，而最后一个选项中关于技术和人的需求没关系的说法是错误的，所以本题的正确答案就是 C。

【案例3】计算机的发明促进了"脑科学"的发展，"脑科学"的研究又让计算机不断创新，如今涌现出了各种人工智能，这说明(　　)。

A.科学的产生先于技术，科学是技术运用的结果

B."脑科学"与技术无关，是人类探索自然的结果

C.科学与技术互相促进，共同发展

D.技术的产生先于科学，技术回答"是什么""为什么""怎么做"的问题

【答案】C

【解析】本题主要考查技术与科学的关系。有人类就有了技术，而科学是人类社会发展到一定的阶段后，人们通过综合的分析归纳才发现的规律，因此 A 选项错误；技术的任务是改造世界，主要是回答"怎么做"的问题，而科学的主要任务是认识世界，回答"为什么"的问题，它们互相促进，共同发展，因此本题的正确答案是 C。

【案例4】如图 1-2 所示是一款平板电视机，该电视机进行了多方面的创新设计，从技术的性质角度分析，以下说法不正确的是(　　)。

A.应用红外传感技术实现智能调节亮度，体现了技术的创新性

B.具有看电视、上网、购物等功能，体现了技术的综合性

C.长时间观看平板电视很容易伤害眼睛，体现了技术应用具两面性

D.使用曲面屏技术的电视机的价格比其他普通电视机的价格高，体现了技术的价值性

图 1-2

【答案】B

【解析】本题主要考查技术的性质。其中技术的创新性表现为技术革新与技术发明，所以 A 正确；而技术的综合性是指任何技术都要运用多门学科、多方面的知识，而功能不是综合性，所以 B 错误；技术应用具两面性主要是指技术不仅具有好的一面，也存在具有危害的一面，所以 C 正确；最后一项说法也是正确的。因此符合题意的选项是 B。

【案例5】在日常生活中，人们可以使用手机移动支付进行付款(图 1-3)，下列关于手机移动支付技术的说法中，正确的是(　　)。

A.使用手机移动支付进行付款，体现了技术发展人的作用

B.没有网络时不能使用，体现了技术应用具两面性

C.移动支付可有效防止假币的流通，体现了技术解放人的作用

D.手机移动支付应用了软件技术、电子通信、金融管理等学科的知识，体现了技术的综合性

【答案】D

【解析】本题主要考查技术的作用和技术的性质。其中,技术发展人是指技术促进人的精神和智力得到发展,思维发生改变,自我价值得到实现,"付款"只是一个简单的操作行为,普通人都会,因此 A 错误;技术应用具两面性是指技术也可给人们带来危害,而没有网络时,手机不能上网,并无危害,所以 B 也错误;技术解放人的具体表现是人在依靠技术时解放了自己的手脚等身体器官或拓展了自己的活动空间,因此 C 也错误;最后一个选项 D 体现了技术的综合性,因此本题的正确答案是 D。

图 1-3

【案例6】如图1-4所示是一款可接打电话的智能手表,它集手机和手表的功能于一体,小巧轻便。以下关于智能手表这项技术的说法中,不正确的是(　　)。

  A.智能手表集成了手机的功能,体现了技术的创新性

  B.智能手表支持蓝牙,可与手机连接共享资源,体现了技术的专利性

  C.智能手表便于携带,体现了技术服务于人的宗旨

  D.智能手表小巧轻便,适合于低龄段儿童使用,体现了技术的目的性

图 1-4

【答案】B

【解析】本题主要考查技术的性质。在选项 B 中,专利性是指发明者对技术的独占、使用和处理的权利,而题干介绍的是手机功能,因此该选项错误。

【案例7】汽车的发明解决了人们很多出行方面的问题,但汽车排出的废气又对环境造成了破坏,这说明了技术应用具(　　)。

  A.实践性　　　　　　B.创新性　　　　　　C.价值性　　　　　　D.两面性

【答案】D

【解析】本题主要考查技术的性质。技术应用具两面性是指技术在运用的过程中,给人们带来福音的同时,也会给人们带来危害。汽车虽然方便了人们的出行,但排出的废气却对环境造成了破坏。因此本题的正确答案是 D。

📋 检测练习

单项选择题

1.在下列选项中,不属于技术活动的是(　　)。

  A."嫦娥探月"工程　　　　　　　　B.蒸汽机的发明

  C.万有引力的探究　　　　　　　　D.用凿子在不同木材上凿卯眼探究

2.在下列关于技术的说法中,正确的是(　　)。

  A.技术最早源于人类寻找、生产食物,制作衣服等生存的基本需要

  B.最早期的技术是以科学知识为基础的

C.技术是设计的基础,它的任务是认识世界

D.现在的技术与科学没有很大关系

3.在下列选项中,不属于技术活动的是(　　)。

A.3D 打印机设计机器人躯干　　　　　B.使用超声波探测物体内部结构

C.氧化还原反应的实验　　　　　　　　D.全息技术的发明

4.在下列选项中,不属于技术活动的是(　　)。

A.把镭应用于肿瘤的放射治疗

B.居里夫人发现镭

C.美国用贫化铀制造了一种高效的燃烧穿甲弹——贫铀弹

D.在热中子反应堆用同位素铀 235 作为核燃料

5.疟疾、天花、鼠疫等疾病曾夺去数百万人的生命,但现代人因为有了疫苗预防技术,对这些疾病已不再恐慌。这个事例说明技术具有(　　)。

A.保护人的作用　　　　　　　　　　　B.提醒人的作用

C.解放人的作用　　　　　　　　　　　D.发展人的作用

6.如图 1-5 所示是某公司设计的长颈鹿形公园景观灯,可以把太阳能和荡秋千时产生的动能转换为电能储存起来以供夜间照明使用。下列关于该产品的设计,说法恰当的是(　　)。

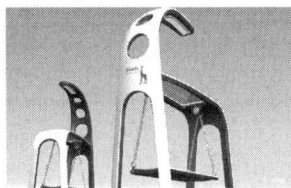

A.体现技术具有解放人的作用

B.利用绿色能源服务于人

C.极大地推动了生产力的发展

D.极大地改进了人们的生活方式

图 1-5

7.关于技术的产生与人类需求之间的关系,下列表述中不准确的是(　　)。

A.摄像技术可以满足人们保存影像的需求

B.农耕技术可以满足人们对大量食物的需求

C.印刷技术可以满足人们传播信息的需求

D.超声技术可以满足人们辨别婴儿性别的需求

8.如图 1-6 所示是一款太阳能飞机,该飞机采用太阳能技术替代污染高的传统能源技术,飞行所需能量完全由太阳能电池提供,不必耗费一滴燃油。在下列关于太阳能飞机及其技术的说法中,不正确的是(　　)。

A.太阳能技术的应用体现了可持续发展的理念

B.利用最先进的太阳能发电技术,体现了技术保护人的作用

C.利用太阳能飞机,人们可以飞到高空,体现了技术解放人的作用

图 1-6

D.太阳能技术的使用为设计提供了新的空间

9.技术对人的解放作用表现为人依靠技术解放或延长了自己的手、脚等身体器官,拓展了劳动空间,提高了劳动效率。在下列技术中,主要解放人体力的是(　　)。

 A.超导技术 B.摄像技术 C.电视技术 D.蒸汽机技术

10.在装修学生宿舍时,工人师傅在宿舍阳台上安装金属护栏,采用此项技术的目的是(　　)。

 A.高效 B.健康 C.舒适 D.安全

11.电池的使用给人们带来了方便,但是废旧电池对自然环境会造成二次污染,这说明技术应用具(　　)。

 A.经济性 B.创新性 C.两面性 D.科学性

12.对听力不太好的人来说,能听到外界的声音、与人正常交流是一件梦寐以求的事情,于是助听器应运而生。助听器的发明体现了技术的(　　)。

 A.目的性、创新性   B.创新性、专利性

 C.创新性、两面性   D.目的性、专利性

13.如图1-7所示是某公司发明的一款空气净化器,它能够吸附、过滤空气中的污染物,能在一定程度上提高空气清洁度。在下列关于该产品及其技术的说法中,不恰当的是(　　)。

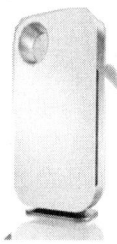

 A.该产品的研发结合了许多新的设计理念,体现了技术的创新性

 B.该产品的研制应用了多学科的知识,体现了技术的综合性

 C.该产品能够在一定程度上提高空气清洁度,体现了技术的目的性

图1-7

 D.该产品只能清洁室内的空气,清洁范围有限,体现了技术的两面性

14.美国的两位年轻企业家以菌类和农业垃圾为原料,利用生物技术创造出廉价且容易降解的包装材料,用于取代常用的塑料袋成分聚苯乙烯。这种天然包装材料用途广泛,因为它可以"种植"在各种各样的模具中,长成任何形状。在下列关于这项技术的说法中,不恰当的是(　　)。

 A.利用生物技术制作包装材料,体现技术的创新性

 B.利用菌类和农业垃圾为原料,体现可持续发展的理念

 C.生物技术的应用使生产周期变长,体现技术的两面性

 D.该技术的广泛应用,可降低包装材料对环境的污染

15.利用废旧纸张制作铅笔的笔杆。关于此项技术,下列说法不正确的是(　　)。

 A.此项技术需要设计,但设计受到技术的制约

 B.此项技术体现了可持续发展的理念

 C.此项技术具有一定的创新性

 D.此项技术是以设计为基础的,设计会大大推动技术发展

16.如图 1-8 所示是一款不锈钢刀具,在切菜时,手指可以挡在刀口后,这样更加清洁、卫生。关于此设计,下列说法不正确的是( )。

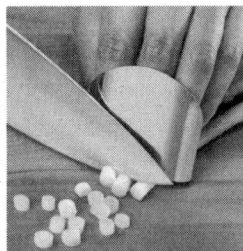

A.更加清洁、卫生符合可持续发展的理念

B.与其他刀具外形不一样,体现了技术的创新性

C.手指可以挡在刀口后,体现了技术保护人的作用

D.设计这款不锈钢刀具,一定要考虑现有的技术设备条件

图 1-8

17.如图 1-9 所示为一款有时间限制的插座。当用户将拉环拉下时,它就会开始供电,拉环会慢慢收缩,直到恢复原位,停止供电,以防止电量流失。在下列关于该技术的说法中,不恰当的是( )。

A.将原有的插座进行了革新,体现了技术的创新性

B.可以防止电量流失,体现了技术的目的性

C.插座附有定时功能,体现了技术的综合性

图 1-9

D.该产品的出现,说明了技术具有满足人们生活需要的作用

18.如图 1-10 所示是一款绿色环保的新能源汽车,它采用电作为动力源,减少了对大气的污染,为人们的出行提供了方便。在下列关于这款绿色环保的新能源汽车的说法中,不合理的是( )。

A.新能源汽车技术具有时代性和创新性

图 1-10

B.这项技术注重了对自然的保护,具有可持续发展性

C.新能源汽车为人们的出行提供了方便,具有解放人的作用

D.新能源汽车会提高经济效益,降低社会效益

19.如图 1-11 所示为一款无线充电器,它具有隐形、设备磨损率低、无需导线等优点。但该充电器只能给配套的手机充电,并且能量损失大,很难实现大功率远距离传输。在下列关于这款无线充电器的说法中,不合理的是( )。

图 1-11

A.无线充电器使手机无须连接数据线即可充电,可让用户在手机充电时不受限制自由移动,体现出技术具有解放人的作用

B.无线充电器的型号和手机型号不配对就无法正常使用,体现了技术应用具两面性

C.生产该设备需要考虑材料、物理等学科的知识,体现了技术的综合性

D.将原有的充电设备进行了革新,体现了技术的创新性

20.如图 1-12 所示是生物分解处理废气的示意图,是利用在循环液中培养的细菌,将废气中的有机污染物降解成无害气体的一项技术。在下列关于该技术的说法中,不合理的是( )。

A.能处理废气,体现了技术的目的性

B.细菌培养困难,成活率不稳定且受气候影响大,体现了技术应用具两面性

C.废气变成了净气,符合新时代环保的要求,更符合可持续发展的理念

D.生物分解处理技术运用了生物、化学等学科的知识和另一些相关技术,体现了技术的综合性

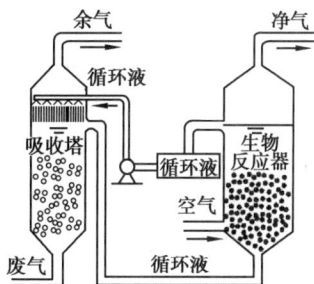

图 1-12

第二节　技术发明与革新

1.技术发明与技术革新

技术发明是指创造自然界原来没有的事物,技术革新是对原有的技术加以改造和提高。发明和革新是技术的源泉,是推动人类社会进步的动力。

2.知识产权

为鼓励创新,依法保护发明和革新者的利益,国家建立了知识产权保护制度。

知识产权是指对智力劳动成果所享有的占有、使用、处理和收益的权利,是一种无形的财产权,具有垄断性和独占性,还具有价值和使用价值。知识产权在狭义上包括著作权、专利权、商标权 3 个部分。广义上有著作、邻接(作品传播者权)、商标、商号、商业秘密、产地标记、专利、集成电路布图设计、植物新品种权等。知识产权一般不具域外效力,只在其产生的特定国家、地区的地域范围内有效,其他国家无保护义务。

知识产权通常只在法律规定的时间内有法律效力。比如商标权"云南白药"的驰名商标只能在申请的时间内受法律保护;而知识产权中的"商业秘密"(如保密除虫剂配方)、"地理标志"(如行业协会大闸蟹地标)及"商号权"等可无时间限制,长期受法律保护。

专利又分为发明专利、实用新型专利、外观设计专利 3 类。发明专利的保护期限为 20年,自申请日起算;实用新型专利的保护期限为 10 年,外观设计专利的保护期限为 15 年,都是自申请日起算。专利的申请日为专利局收到专利申请文件之日,如果申请文件是邮寄的,寄出的邮戳日为申请日。

3.专利申请步骤

专利申请步骤:提交申请→受理→初审→公布→实质审查→授权→公告。

专利的获得时间是专利授权,发给证书,并登记公告的时间。

典型案例分析

【案例 1】下列有关知识产权的说法:①是一种无形的财产权,不具垄断性;②是规定时间内对智力劳动成果所享有的占有、使用、处理和收益的权利;③是从事智力创造性活动;④是取得成果后依法享有的权利。其中正确的是(　　　)。

A.①②③　　　　　B.①②④　　　　　C.①②③④　　　　　D.②③④

【答案】D

【解析】本题主要考查知识产权的含义。知识产权是指对智力劳动成果所享有的占有、

使用、处分和收益的权利,是一种无形的财产权,具有垄断性和独占性,还具有价值和使用价值。因此本题的正确答案是 D。

【案例2】专利的申请和获得要经过以下几个阶段:①初审;②授权;③提交申请;④实质审查;⑤公布;⑥受理;⑦公告。正确的顺序是( )。

A.①②③④⑤⑥⑦   B.③⑥①④②⑤⑦

C.③⑥①⑤④②⑦   D.④⑥②①③⑤⑦

【答案】C

【解析】本题主要考查专利权取得的过程。其过程是首先提交申请,然后进入受理阶段,接下来初步评审,如果符合要求,就公布申请专利,最后进行实质性审查和授权,颁发专利证书并发出公告。因此本题的正确答案是 C。

【案例3】下列选项中属于技术发明的是( )。

A.随着社会的发展,人们不断设计制造出单缸洗衣机、双缸洗衣机、智能洗衣机

B.某设计师设计出一种新型 U 盘,提高了存储速度并增大了存储空间

C.为了满足不同消费者的需求,设计生产出了不同款式的水杯

D.唐朝初年,人们从印章和拓印刻石中得到启发,制作了第一套雕版印刷木

【答案】D

【解析】本题主要考查技术革新和技术发明的区别。技术发明是指创造自然界原来没有的事物,技术革新是对原有的技术加以改造和提高。其中 A、B、C 3 个选项都是对产品的性能或功能进行改进,都属于技术革新,只有选项 D 是属于技术发明。因此本题的正确答案是 D。

【案例4】在下列关于发明和创新的说法中,错误的是( )。

A.某学生设计制作出了一款新型的收纳盒,可申请发明专利

B.技术发明和技术革新是推动人类社会进步的动力

C.技术革新是对原有技术加以改造和提高

D.人类的技术发展史实际上是一部创新史

【答案】A

【解析】本题主要考查技术革新和技术发明的关系,以及专利申请的内容。其中收纳盒之前已有多种,一般不申请发明专利,只申请实用新型专利或外观设计专利。因此本题的正确答案是 A。

【案例5】小王设计出了一款方便实用的面条包装盒,你认为最应该申请的专利是( )。

A.发明专利   B.实用新型专利

C.外观设计专利   D.商标权

【答案】B

【解析】本题主要考查专利申请的类型。面条包装盒由于之前已有,因此一般不申请发明专利,只申请实用新型专利或外观设计专利,实用新型专利主要针对实用提出的新的技术方案,而外观设计专利是针对产品的形状、颜色、图案等所做出的外观上的改变。因此本题

最适合的是申请实用新型专利,所以正确答案是 B。

【案例6】小张申请了一项发明专利,保护年限的起始日为( )。

　　A.到专利局缴纳相关费用之日

　　B.专利局受理专利,公示之日

　　C.他向专利局递交申请专利文件之日

　　D.专利局授予他专利权,颁发专利证书之日

【答案】C

【解析】本题主要考查专利保护的起始时间。发明专利的保护期限为 20 年,自申请日起算;实用新型专利和外观设计专利的保护期限为 10 年,自申请日起算。专利的申请日为专利局收到专利申请文件之日,如果申请文件是邮寄的,寄出的邮戳日为申请日。根据题目选项,本题的正确答案是 C。

检测练习

单项选择题

1.我国的知识产权保护制度保护了发明者的创造,并赋予发明人一定的权益,以激励发明者能设计创造出更多更好的新产品。下列不属于知识产权保护范围的是( )。

　　A.经营权　　　　　B.著作权　　　　　C.专利权　　　　　D.商标权

2.李明发现口香糖污渍很难清除,因此在研究性学习活动中设计制作了结构新颖的便携式口香糖污渍清除器,并提交了专利申请。在下列关于便携式口香糖污渍清除器的说法中,不正确的是( )。

　　A.该设计的目的是清除口香糖污渍

　　B.在设计和制作中运用了多门学科的知识,体现了技术的综合性

　　C.该口香糖污渍清除器结构新颖,具有创新性

　　D.该设计提交专利申请,公布后就能得到专利保护

3.专利的申请和获得要经过以下几个阶段:①初审;②授权;③提交申请;④实质审查;⑤公布;⑥受理。正确的顺序是( )。

　　A.①②③④⑤⑥　　B.③⑥①④②⑤　　C.③⑥①⑤④②　　D.④⑥②①③⑤

4.“龙水刀”是重庆大足的特产之一,其传统工艺流传上千年,为保护大足“龙水刀”的相关权益,应当申请( )。

　　A.著作权　　　　　B.产地标记权　　　C.外观设计专利　　D.实用新型专利

5.知识产权制度体现了人们对知识的尊重和保护,在下列有关知识产权制度的理解中,正确的是( )。

　　A.知识产权制度使专利所有权人对专利技术有无限期的垄断

　　B.只有技术产品才能申请专利权

　　C.所有技术都可以申请到专利权

　　D.知识产权制度有助于保护发明者的创造,并获得相应的经济效益

如图 1-13 所示为某公司设计的"变身自行车",当骑车者加速时,它的两个后轮会靠得越来越近,而减速或停车时,两个后轮又张开,这种设计可保证自行车不侧倒,特别适合自行车的初学者。请根据以上材料,回答6、7题。

图 1-13

6.本产品最适合申请的专利类型是(　　)。

　　A.发明专利

　　B.实用新型专利

　　C.外观设计专利

　　D.商标权

7.该公司申请专利后,获得专利权的起始时间是(　　)。

　　A.到专利局缴纳相关费用之日

　　B.专利局受理专利,公示之日

　　C.公司向专利局递交申请专利文件之日

　　D.专利局授予专利权,颁发专利证书之日

📖 知识结构

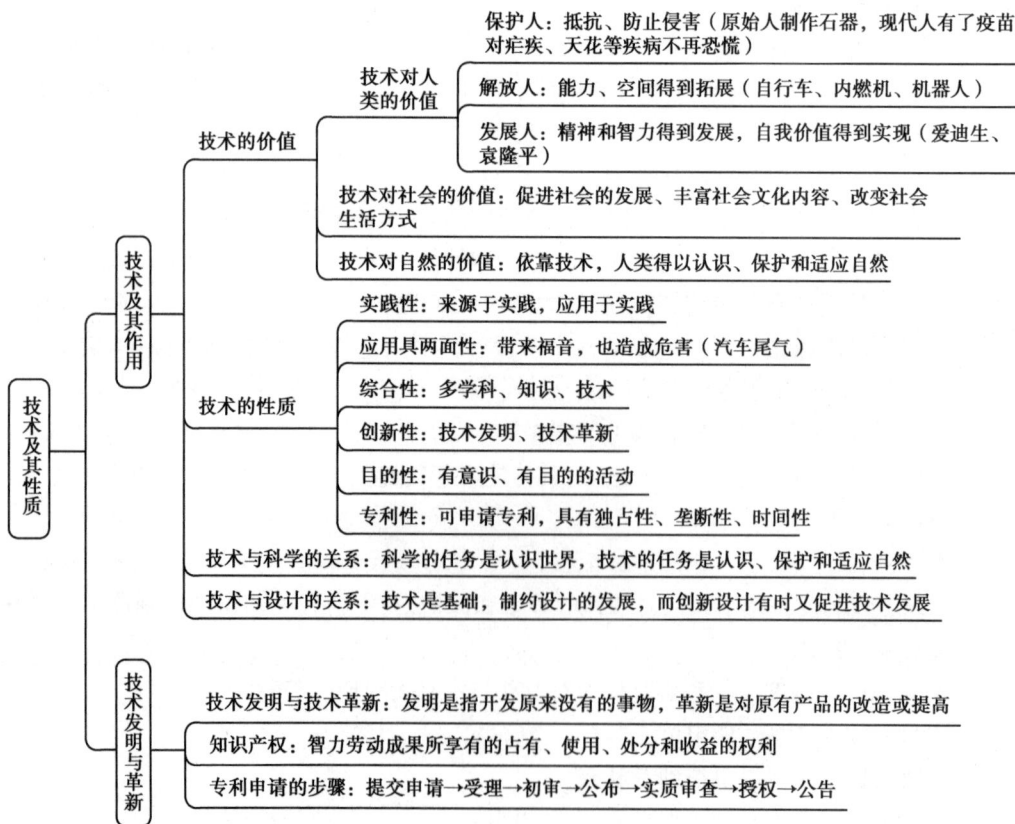

📋 专题检测

一、单项选择题(共 20 小题,每小题 3 分,共 60 分)

1. 关于技术产生与人类需求之间的关系,以下说法不恰当的是(   )。

    A.纺织技术满足人们遮身御寒的需求

    B.农作物栽培技术满足人们对大量食物的需求

    C.建筑技术满足人们遮风挡雨、抵御外来侵害的需求

    D.定位技术满足私人侦探的跟踪需求

2. 下列说法合理的是(   )。

    A.有了人类就产生了技术,技术是不需要设计的

    B.用技术去指导科学,可以改变科学理论

    C.用科学指导技术,可以促进技术的发展和进步

    D.可以用技术设计不科学的东西

3. 下列活动不属于技术活动的是(   )。

    A.绘制建筑图纸   B.维修教室的凳子

    C.显微镜探究细胞内结构   D.制作木质桥梁

4. 下列活动不属于技术活动的是(   )。

    A.贝尔发明电话   B.赫兹发现了电磁波的存在

    C.伽利略发明体温表   D.瓦特改良了蒸汽机

如图 1-14 所示是一款平衡摩托车,它不像我们常见的摩托车一样容易倒地造成人员受伤。它的原理是摩托车内有两个控制动量陀螺仪,能够在行驶过程中或停止时都保持车辆处于直立不倒的状态。请结合所学知识回答 5—7 题。

图 1-14

5. 与常见的摩托车相比,该产品能够自动保持平衡,显得比较新颖,这主要体现了技术的(   )。

    A.实践性   B.可靠性

    C.综合性   D.创新性

6. 设计制造该平衡摩托车需要用到美学、电工学、热学等知识,这体现了技术的(   )。

    A.创新性   B.价值性   C.综合性   D.两面性

7. 该平衡摩托车在制造出来之后,需要通过申请专利对其进行技术保护,申请专利的正确步骤是(   )。

    A.提交申请→受理→初审→公布→实质审查→授权→公告

    B.提交申请→初审→受理→实质审查→公布→授权→公告

    C.提交申请→初审→受理→公布→实质审查→授权→公告

    D.提交申请→受理→初审→实质审查→公布→授权→公告

8.手机已成为人们生活中最常用的通信设备之一,其信号的传输需要通信基站来完成。以下关于手机及通信基站的说法中,合理的是(　　)。

　　A.手机及通信基站都是为了满足人们的生活需要而产生的技术创新

　　B.各个通信公司都可以开发自己的基站设备,这些技术都可得到法律保护

　　C.基站的设计运用了信号学、电子学、工程学等多学科知识,体现了技术的目的性

　　D.基站的设置能够方便人们的生活,但不合格的基站设备有可能影响人体的健康,体现了技术的综合性

如图 1-15 所示是骨传导耳机,它是一种新型的专利产品。它是能将声音转化为不同频率的机械振动、通过颅骨传到听觉中枢的新型耳机,特别适合在进行跑步等运动时佩戴。请根据这些内容,回答 9、10 题。

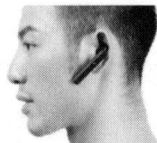

图 1-15

9.骨传导耳机是一种新型的专利产品,下列有关专利申请的说法中,正确的是(　　)。

　　A.该专利可能为发明专利,保护的时限为 10 年

　　B.该专利申请后就可受到法律保护

　　C.该专利的保护时限应该从发明者向专利局递交申请专利文件之日算起

　　D.该专利一直具有垄断性,其他公司与人员不能仿制生产销售

10.关于骨传导耳机技术,以下说法不恰当的是(　　)。

　　A.需要利用到人体工程学、生物学、声学等学科知识,体现了技术的综合性

　　B.适合喜欢运动的人群,体现了技术的目的性

　　C.佩戴时塞于外耳,有的人用久后会造成外耳酸痛,体现了技术的两面性

　　D.采用骨传导技术,体现了技术的创新性

11.太阳能充电器能够将太阳能转换为电能,为手机等电子产品充电。下列关于此技术的说法中,不正确的是(　　)。

　　A.将太阳能转换成电能,并为手机充电,体现了技术的创新性

　　B.太阳能电池技术的发展,促进了该产品的更新换代

　　C.太阳能充电器可以替代传统手机充电器,体现了技术解放人的作用

　　D.充电器能够为多款手机充电,设计小巧便于携带,体现了技术的实用性

12.我国的乙醇汽油是用90%的普通汽油与10%的燃料乙醇调和而成,关于乙醇汽油的分析不恰当的是(　　)。

　　A.乙醇属于可再生能源,可利用废弃的秸秆发酵而制得,体现了技术的可持续发展性

　　B.对于乙醇汽油的研究,不仅涉及化学领域,还涉及农业生产、工业制取、发动机运用研究等多门学科,体现了技术的专利性

　　C.车用乙醇汽油和传统的无铅汽油一样都需要有相应的技术规范,才能保证油品质

量的稳定

    D.车用乙醇汽油可有效降低汽车尾气排放,改善能源结构,体现了可持续发展的原则

13.如图 1-16 所示是一款智能马桶盖。该智能马桶盖具有抗菌、冲洗、烘干、座圈加温等功能,从技术的性质角度看,以下对智能马桶盖的分析不正确的是(　　)。

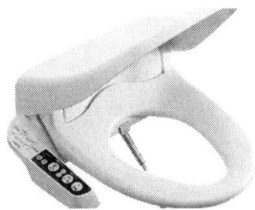

    A.微电子技术的发展为开发与研制智能马桶盖技术奠定了基础

    B.智能马桶盖技术的开发与研制生产,体现了技术的创新性

图 1-16

    C.具有抗菌、冲洗、烘干、座圈加温等多种功能,体现了技术的综合性

    D.使用户能清洁生活,预防细菌感染和传播,体现了技术的目的性

14.如图 1-17 所示是一款瑞士小刀。它集剪刀、改锥、镊子等多种工具于一身,下列关于这项技术的说法中,错误的是(　　)。

    A.该产品具有多种功能,是为了满足人们不同的需求

    B.该产品可进行简单的锯割,体现了技术的目的性

    C.集多种工具于一体,体现了技术的创新性

图 1-17

    D.该小刀集成工具多,较重,没有常见的小刀携带方便,体现了技术运用的两面性

15.某厂家生产的一次性卫生用品(如牙膏、牙刷等),虽然为人们带来了方便,但对环境造成了极大的危害。关于该技术,下列说法不正确的是(　　)。

    A.该项技术可以申请专利保护

    B.一次性卫生用品设计要符合可持续发展的理念

    C.一次性卫生用品会对环境造成极大的危害,体现了技术运用具有两面性

    D.一次性卫生用品的设计一定要注意科学性和实用性

16.我国高速铁路技术发展迅速,高铁运营里程居世界第一。下列关于高速铁路技术的说法中,不恰当的是(　　)。

    A.高速铁路提高了人们出行的效率,拓展了活动空间,体现了技术的专利性

    B.高速铁路带动了沿线地区的经济增长,体现了技术具有促进社会生产发展的作用

    C.高速列车利用电力牵引,能耗低、污染少,体现了技术的可持续发展性

    D.高速铁路涉及轨道、车辆、电网及控制等相关技术,体现了技术的综合性

17.小张设计了一款新型的医学影像智能阅片机器人,它能读取病人的医学影像,并快速准确地诊断疾病。关于这款机器人,下列说法不恰当的是(　　)。

    A.能快速准确地诊断疾病,体现了技术的综合性

    B.该款新型的机器人能够自主阅片,体现了技术的创新性

C.小张设计的这款机器人,可以向专利局申请专利

D.这款机器人可以提升基层医院的诊断水平,体现了技术在医疗领域的重要作用

18.如图 1-18 所示是家庭光伏发电设备,光伏组件吸收太阳光后产生直流电,逆变器将直流电转化为交流电供家庭使用,多余电量可上传至公共电网中。下列关于该发电技术的说法中,正确的是(   )。

光伏组件可以用铲隔热,增加顶楼家居舒适性。

太阳能光伏并网发电系统

光伏组件

余电出售

逆变器

补贴电表

部分自用

双向电表

图 1-18

A.所发的电既可家用,又可上传电网,体现了技术的综合性

B.光伏发电促进了绿色能源的发展,有利于对自然的保护

C.光伏发电受天气影响,体现了技术应用具两面性

D.家庭光伏发电设备安装后,其技术专利权归家庭所有

19.智能手机应用了多项新技术,从技术的性质角度分析,下列说法不正确的是(   )。

A.生产厂商需要支付一定的技术使用费,体现了技术的专利性

B.应用指纹识别技术提高安全性,体现了技术的创新性

C.长时间使用会伤害人的眼睛,体现了技术的两面性

D.具有通信、播放影片、拍照、上网等功能,体现了技术的综合性

20.如图 1-19 所示是小王设计的一款可以用手机遥控的电饭煲,现已获得专利。在手机上安装相应的 App 后,可以用手机设置电饭煲的相关功能,还可从官网上获取相应的烹饪知识。关于这款电饭煲,下列说法正确的是(   )。

图 1-19

A.在手机上可以安装相应的 App,体现了技术的综合性

B.安装了相应的 App 后,可以使用手机设置电饭煲的相关功能,也可从官网上获取相应的烹饪知识,体现了技术的专利性

C.小王申请获得该专利后,能在一定的时间内对该技术享有垄断权

D.小王不需要各种技术就能设计电饭煲

二、判断题(共 15 小题,每小题 2 分,共 30 分)

1.自从有了人类,就有了技术。   (   )

2.技术可以推动人类社会的发展和人类文明进步。   (   )

3.技术是人类有目的、有意识的实践活动产生的结果。   (   )

4.超声波技术可以方便人们检测未出生婴儿的性别。   (   )

5.技术应用具两面性是指技术运用时既可给人们带来福音,也会给人们带来危害或造成负面的影响。   (   )

6.技术的综合性是指任何技术都可能是多门学科知识或多种技术综合运用的结果。

（　　）

7.科学的任务是认识世界,技术的任务是认识自然、保护自然。　　（　　）

8.科学回答"是什么""为什么"的问题,而技术则更多地回答"怎么办"的问题。（　　）

9.有了科学才有技术,要用科学的方法来指导技术。　　　　　　　（　　）

10.技术要以设计为基础,技术也需要设计。　　　　　　　　　　（　　）

11.技术的发展制约着设计的发展,而创新设计有时又促进技术发展。（　　）

12.发明和革新是技术的源泉,是推动人类社会进步的动力。　　　（　　）

13.知识产权是一种无形财产的财产权,具有垄断性和独占性,具有价值和使用价值。

（　　）

14.实用新型专利和外观设计专利的保护期限为10年,发明专利的保护期限为20年,自申请日起算。　　　　　　　　　　　　　　　　　　　　　　　　（　　）

15.取得专利的时间是专利的授权日。　　　　　　　　　　　　　（　　）

三、综合分析题(共 10 分)

如图 1-20 所示是某厂生产的一款自动收割机。它能收割玉米、水稻、麦子等多种农作物,收割的粮食能自动装袋,该产品的设计制作运用了机械、电子、物理等多门学科知识,其质量领先于同类产品,并获得多项专利,为了增大动力,该产品仍使用柴油为原料,尾气对环境有一定影响。根据以上描述,回答问题。

图 1-20

(1)请问专利申请的类型有哪几种？保护时限各是多长？怎样计算？

(2)以上的介绍分别说明了技术的哪些性质？（至少 4 点）

(3)根据以上介绍,说说技术对社会发展的影响。（至少两条）

专题二　技术设计过程

📄 课程标准

1.熟悉技术设计的一般过程,经历发现与明确问题、制订设计方案、制作模型或原型、优化设计方案、编写技术作品说明书等技术设计环节的实践。

2.根据设计的一般原则,运用一定的设计分析方法,制订符合设计要求的完整设计方案,并通过技术试验等方法,对多个方案进行比较、权衡和优化,形成最佳方案。

📄 考试要求

知识点	内　容	考试层次		
		A	B	C
技术设计的原则	通用性、科学性、创新性、经济性、美观性等	√		
发现明确问题	发现问题的途径与方法、解决问题所需的条件、能力		√	
信息收集与设计分析	信息收集与设计过程分析		√	
设计中的人机关系	人机关系要实现的4个目标	√		
方案的实现与筛选	方案构思、呈现、筛选及技术试验	√		

📄 知识点拨

第一节　技术设计的原则

● 科学性原则:符合客观规律和科学原理。例如,永动机、水变油、长生不老药等设计违背了科学性原则。

● 创新性原则:通过引入新概念、新的方法、新的思想,新技术、新的商业方式等来处理某种产品,或对已有的产品进行革新来创造具有相当社会价值的事物或者形式。

● 实用性原则:要把解决存在的问题,满足用户的需要作为设计的一个原则,不要设计用户不欢迎甚至反对的产品。

- 经济性原则:力求用最少的成本,设计出能满足用户要求的产品。
- 工程心理学和生理学原则:遵循人们心理和生理特点,考虑美观、舒适、使用方便、使用者和产品之间的协调等。
- 法律、道德规范原则:技术设计要遵守有关的法律、制度和伦理道德规范,不允许有违法、违规的行为。例如,生产刑讯逼供器具、破坏环境的产品、低级趣味的产品、假冒伪劣产品、损害人体健康的产品、侵犯知识产权的产品等。
- 技术规范性原则(通用性、标准化原则):产品设计尽可能采用标准化技术和标准件。
- 可持续发展原则:开发产品或项目时,应尽量采用可再生的能源和资源进行设计,预防对自然环境的破坏。从节约能源、生态优先、绿色环保的角度考虑。
- 最优化原则:所设计的产品或项目在功能、技术上尽可能是目前(并能在一段时间内)最合理。
- 可靠性和耐用性原则:设计的产品或项目在规定的使用寿命时间内,能适应规定的条件和环境而可靠地工作,不会发生故障,原规定的功能、性能指标也不会低于使用说明书规定的范围。
- 安全性原则:在使用时或操作运行时必须是安全的。
- 时效性原则:必须按照设计任务书规定的截止日期完成设计。

典型案例分析

【案例1】如图 2-1 所示是一款 EDC 多功能工具板,体积小,适合随身携带,且功能强大,具有开瓶、拧螺丝、扳手、拔钉、登山扣等功能,这一设计符合设计的(   )。

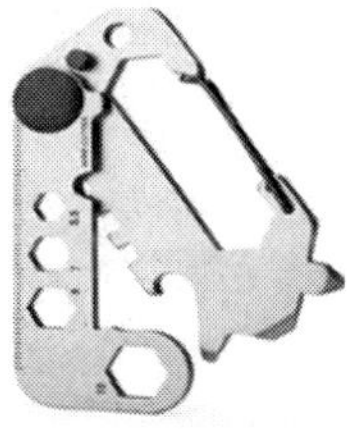

A.美观性原则   B.实用性原则

C.安全性原则   D.技术规范性原则

【答案】B

图 2-1

【解析】本题主要考查设计的基本原则。实用性原则是指设计的产品为实现其目的而具有的基本功能。题中说到"功能强大,具有开瓶、拧螺丝、扳手、拔钉、登山扣等功能",因此选择 B 选项最符合题意。

【案例2】根据我国儿童玩具产品的生产标准,儿童玩具的包装塑料袋必须打孔,因为玩具包装采用的是软性塑料薄膜,如果儿童玩耍时不慎将塑料袋套在头上,极易造成呼吸困难甚至窒息。这体现了设计时应考虑(   )。

A.经济性原则   B.安全性原则

C.创新原则   D.可持续发展原则

【答案】B

【解析】本题主要考查设计的基本原则。安全性原则是指在使用时或操作运行时必须是安全的。题中说到"儿童玩耍时不慎将塑料袋套在头上,极易造成呼吸困难甚至窒息"是对人的人身安全有影响,因此选择 B 选项最符合题意。

【案例3】国家实行"限塑令"后,一些厂家进行可降解环保购物袋的研发、生产并投入市场。这些袋子的设计体现了(   )。

A.实用性原则   B.可持续发展原则

C.技术规范原则   D.经济性原则

【答案】B

【解析】本题考查技术设计的原则。技术的可持续发展原则是指开发产品或项目时,应尽量采用可再生的能源和资源进行设计,预防对自然环境的破坏。因此本题的正确答案是 B。

【案例4】如图 2-2 所示是一款教室专用课桌椅,可以适合不同年龄的学生使用,它的桌腿和椅腿高度可调,这主要体现了设计的(   )。

A.实用性原则   B.经济性原则

C.美观性原则   D.可持续发展原则

【答案】A

图 2-2

【解析】本题主要考查设计的原则。本题中的课桌椅可适合不同年龄的学生使用,满足不同用户的需要,这就是实用原则。因此本题的正确答案是 A。

【案例5】如图 2-3 所示是一款刚进入市场的有密码锁的瓶盖,它新增的这项功能体现了设计的(   )。

A.可靠性原则   B.技术规范原则

C.创新性原则   D.可持续发展原则

【答案】C

图 2-3

【解析】本题主要考查设计的基本原则。创新性原则就指产品在功能、结构、指标、外观等方面不断创新。本题中瓶盖新增密码锁就是一种创新,所以正确答案是 C。

检测练习

单项选择题

1.卧室一直是睡眠、休息、存放衣物的主要场所,无论是大方简洁、清逸淡雅的简约主义还是温馨柔和、浪漫的柔情主义都很受人们喜爱。这说明设计应满足(   )。

A.可持续发展原则   B.工程生理学和心理学原则

C.科学性原则   D.技术规范性原则

2.如图 2-4 所示的插座,两个插头无法同时插入,该插座的设计不符合(   )。

A.实用性原则   B.经济性原则

C.美观性原则   D.可持续发展原则

3.传说诸葛弩是三国时诸葛亮对弩机进行改进后设计出来的,

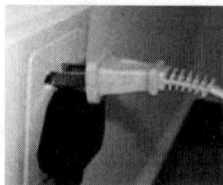

图 2-4

可以连发十支箭。诸葛弩是严格按照图纸制作出来的,各个部件可以互换,战场上士兵可以从损坏的弩机上拆下完好的部件重新组装使用。诸葛弩的设计体现了(   )。

    A.科学性原则   B.可持续发展原则

    C.技术规范性原则   D.经济性原则

4.某航空公司将乘客使用的水杯质量由 13 g 减少到 9.5 g,这项"瘦身"设计,使公司一年节约了 20 吨航空燃料。这种设计体现了设计的(   )。

    A.经济性原则、可持续发展原则   B.技术规范性原则、创新性原则

    C.创新性原则、可持续发展原则   D.技术规范性原则、可持续发展原则

5.如图 2-5 所示是一款手机投影仪,它能够接收手机的无线信号,同步手机画面,直接投射在墙面上,可投射出最大 100 英寸的画面。下列说法不恰当的是(   )。

    A.该投影仪采用 USB 标准接口,可接收平板电脑、笔记本电脑的信号,体现了设计的技术规范原则

    B.采用铝镁合金机身,细腻磨砂处理,工艺手感超乎想象,体现了设计的美观原则

    C.操作简单,投影的图像清晰明丽,体现了设计的实用原则   图 2-5

    D.采用静音风扇,强劲散热,体现了设计的经济原则

6.某公司设计了一款新型手机。这款手机机身的百分之七十五都由植物性材质组成,所以即使被弃置,它也能和自然融为一体,最终被分解成水和二氧化碳。该设计主要注重的设计原则是(   )。

    A.道德原则   B.经济性原则

    C.可靠安全原则   D.可持续发展原则

7.如图 2-6 所示为山核桃破壳器,在使用时可根据果实的大小来调整两个圆柱体之间的距离,轻轻摇动手柄就可以压碎核桃壳,该产品也可用于大型的美洲山核桃、英国胡桃及小型棒果破壳。该产品体现了设计的(   )。

    A.实用性原则   B.技术规范性原则

    C.可持续发展原则   D.经济性原则   图 2-6

8.A 研究所接受某空调机厂的委托,研究一种可变频空调的电机模板,当时规定 6 个月内交货,每块价格不超过 200 元,该研究所在 8 个月后才完成任务,控制模板的各功能指标均符合设计任务书的要求,每块价格 190 元,但该空调机厂家不能接受该项目研究成果,因为当时已有另一研究所同时研究出功能相同的控制模板,每块价格为 160 元。在本案例中,电机模板的设计违背的原则是(   )。

    A.实用性原则、时效性原则   B.经济性原则、时效性原则

    C.可持续发展原则、经济性原则   D.技术规范性原则、道德规范原则

9.如图 2-7 所示,某人设计发明了汽车翻牌器,逃避电子眼对交通违法行为的抓拍,从而不受违章处罚。关于这项发明设计,以下说法正确的是(   )。

图 2-7

A.体现了经济性原则　　　　　　　B.体现了创新原则

C.体现了实用性原则　　　　　　　D.违背道德原则

10.某款可全球漫游的手机,其屏幕能有效过滤导致眼疲劳的有害蓝光,减少长时间使用手机对眼睛的伤害,配备容量大、体积小的电池,提高续航能力,方便携带,性价比较高。下列说法不正确的是(　　　)。

A.该手机能减少长时间使用手机对眼睛的伤害,体现了设计的安全性原则

B.该手机的性价比较高,体现了设计的创新性原则

C.该手机电池容量大、体积小,续航能力强,方便携带,体现了设计的实用性原则

D.该手机可全球漫游,体现了设计的技术规范性原则

第二节　发现与明确问题

1.设计的一般过程

(1)发现和明确问题:①提出设计项目;②明确设计要求。

(2)制订设计方案:①收集信息(调查、咨询);②设计分析;③方案构思(想出方法);④方案呈现(画出草图);⑤方案筛选(选出最佳方案)。

(3)模型及原型制作:①绘出加工图样;②制作模型或原型(木工、金工与装配)。

(4)测试评估与优化:①技术试验(模型、优化、强化、移植试验等);②评估与优化(改进)。

(5)产品的使用与维护。

2.发现与明确问题

●技术问题的来源:①人类生存活动的需求;②别人的委托;③基于一定的目的,由设计人员自己主动发现的问题,并试图去解决它。

●发现问题的途径和方法:①观察日常生活,如新式纺纱机的诞生。②收集和分析信息,可采用文献法、问卷调查法、询问法等。③技术研究与技术试验,如伽利略与体温表。

●明确设计要解决的技术问题:①判断问题是否能够解决:要判断解决的技术问题有没有违反科学理论和客观规律;②判断问题是否当前可以解决:要判断解决这个问题是否超过了当前的能力和条件;③判断问题是否值得解决:要判断解决这个问题是否有价值,投入产出比如何,社会效益如何,收益如何。

3.明确解决设计问题的能力、条件

(1)明确解决设计问题的能力

设计的能力指的是解决问题的能力,包括个人的能力以及团体的能力。

设计的能力通常受到社会发展水平和科学技术水平的制约。

(2)明确解决设计问题的条件

●时间条件:解决设计问题所需要的时间。

●经费条件:解决设计问题所需要的经费。

●设备条件:解决问题所需要的科学仪器与机器设备。

●其他条件:如特殊的材料、原料。

4.明确设计的要求

明确设计的要求就是弄清楚设计要达到的标准和所受到的限制。

设计的标准是指设计的产品要达到的标准。GB 即"国标"的汉语拼音缩写,表示中华人民共和国国家标准;QB 表示企业标准,通常企业标准高于行业标准,行业标准又高于国家标准;ISO 是国际标准化组织。

设计的限制是指设计产品的活动受到时间、成本、环境等的限制。

典型案例分析

【案例1】小明同学家的地面铺了较为光滑的瓷砖,桌子在使用时容易滑动。针对这个问题,小明同学设计了如图 2-8 所示的小桌子,每个桌脚附带一个吸盘,使小桌能稳稳地吸附在地面上。小明同学发现问题的途径是( )。

图 2-8

    A.分析信息   B.观察日常生活

    C.技术试验   D.技术研究

【答案】B

【解析】本题主要考查发现问题的方法与途径。发现问题的途径分别是通过观察日常生活、收集和分析信息、技术研究与技术试验,本题的正确答案是 B。

【案例2】如图 2-9 所示是一款智能扫地机器人,它除了具有躲避障碍物、自动吸尘、改变清扫面积等功能外,还必须包括( )。

图 2-9

    A.防盗与声控功能   B.充电与防盗功能

    C.声控与音乐播放功能   D.充电与移动功能

【答案】D

【解析】本题主要考查明确设计要解决的技术问题。明确问题是指问题内容是否明确、问题产生的原因是否明确、提出问题的目的是否明确,以及能否解决、解决限制条件等是否明确。充电与移动是扫地机器人必不可少的功能,如果没有这两项功能,就失去了扫地机器人的意义。因此本题的正确答案是 D。

【案例3】如图 2-10 所示是某厂家设计生产的一款儿童积木玩具,由于形状较小,易被小孩误当食物吞食,对小孩身体造成伤害,在设计中违反了相关的技术规范。该厂家出现这样的设计失误,是因为( )。

图 2-10

    A.没有进行问卷调查

    B.没有进行模型制作

    C.没有进行技术试验

    D.没有明确儿童玩具设计要求

【答案】D

【解析】本题主要考查设计过程中明确设计的要求。儿童产品的设计必须符合国家相关的技术规范,因此正确答案是 D。

【案例4】小卫晚上睡觉时常将衣服扔在凳子上,易造成衣服皱褶,为了方便衣服和帽子的放置,他设计了一款适合在寝室使用的简易衣帽架(图 2-11)。该设计发现问题的途径主要是(　　)。

A.别人的告知　　　　　　　　　B.进行技术试验和研究

C.对日常生活的观察　　　　　　D.突如其来的灵感

【答案】C

【解析】本题主要考查发现问题的途径。发现问题通常有 3 条途径,分别是通过观察日常生活、收集和分析信息、技术研究与技术试验,本题的正确答案是 C。

【案例5】如图 2-12 所示是小明设计的一款有密码锁的瓶盖。他发现,只要锁安装在瓶口上,密码就易失灵,此时处于设计的(　　)。

A.发现问题阶段

B.设计分析阶段

C.模型与原型制作阶段

D.测试评估与优化阶段

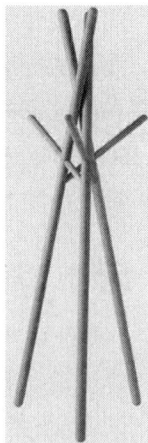

图 2-11

图 2-12

【答案】D

【解析】本题主要考查设计的过程。由于该瓶盖已制作完成,接下来应该对其测试或优化,因此属于测试评估与优化阶段。本题的正确答案是 D。

检测练习

单项选择题

1.鲁班上山砍树被茅草叶子划伤了手指,回家后,他认真思考发明了锯子。他发现问题的途径主要是(　　)。

A.信息的收集与整理　　　　　　B.进行技术试验和研究

C.观察日常生活　　　　　　　　D.善于分析与不怕吃苦的精神

2.为了解决人们如何进食的问题,中国人设计出了筷子,而西方人则设计出了刀叉。从技术问题的来源来看,该例子主要体现的是(　　)。

A.人类生存活动中遇到的问题　　B.别人提出的问题

C.设计人员自己主动发现的问题并解决　　D.以上都是

3.有一次伽利略与学生一起在做实验,看到水温升高后罐内水位就会上升,他突然想到:"能不能利用热胀冷缩原理制造出体温计呢?"于是伽利略立刻奔向实验室,投入到试验中。经过多次试验,终于成功研制出可测量人体体温的体温计。伽利略在这一事件中发现问题的方法是(　　)。

A.观察日常生活　　　　　　　　B.收集和分析信息

C.进行技术试验和研究　　　　　D.理论猜想和科学数据

4.在第一次世界大战后，有人对阵亡的士兵进行了统计,发现相当多的士兵因头部中弹而死亡,据此就研制了一款钢盔保护士兵的头部。这个事例说明问题的发现可以来源于(　　)。

    A.观察日常生活　　　　　　　　　　B.进行技术试验和技术研究

    C.收集和分析信息　　　　　　　　　D.灵感启发

    某设计师查阅相关数据后,发现火灾中大多数人死亡的原因是吸入毒性气体。于是他设计了一种消防装置,由灭火器和防毒面具组成,既能灭火又能保护使用者。请根据以上的描述完成5、6题。

5.该设计师发现问题的途径是(　　)。

    A.收集与分析信息　　　　　　　　　B.进行技术试验和技术研究

    C.观察日常生活　　　　　　　　　　D.善于观察与不怕吃苦的精神

6.在消防装置的设计过程中需要明确解决问题所受到的限制,下列不属于该设计限制因素的是(　　)。

    A.灭火器的技术规范　　　　　　　　B.火灾发生的原因

    C.制作成本　　　　　　　　　　　　D.设计者的设计能力

7.如图 2-13 所示是某同学设计的铅笔套,可以延长铅笔长度或拼接两支较短铅笔。在设计时,该同学搜集了以下信息:①铅笔的横截面形状、大小;②能正常书写的笔杆长度;③笔芯的粗细;④新铅笔的长度。其中,你认为有必要的是(　　)。

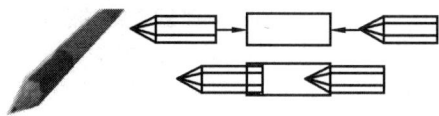
图 2-13

    A.①③　　　　　　　　　　　　　　B.①②④

    C.①②　　　　　　　　　　　　　　D.①②③④

8.张明同学平时对小发明、小创造特别感兴趣,经过自己的设计,终于发明了反向雨伞(图 2-14)。可是在他申请发明专利时,才猛然发现相同的产品在市场上已经早有销售了。产生这种问题的原因,可能是忽略了设计过程中的(　　)。

图 2-14

    A.发现和明确问题环节

    B.制订设计方案环节

    C.制作模型和原型环节

    D.测试、评估和优化环节

9.某同学制作完相框后,发现相框易变形,于是在其四个角的位置用细木条进行了固定。他此时正处于设计过程中的(　　)。

    A.发现和明确问题环节　　　　　　　B.制订设计方案环节

    C.制作模型和原型环节　　　　　　　D.测试、评估和优化环节

10.设计的一般过程包括:①制订设计方案;②发现与明确问题;③制作模型或原型;④编写产品的使用说明书;⑤测试、评估和优化。下列对设计的一般过程的顺序描述正确的是(　　)。

A.①③②⑤④　　　B.②①③⑤④　　　C.③②①④⑤　　　D.④①③②⑤

第三节　制订设计方案

制订设计方案的流程:①收集信息(调查、咨询);②设计分析;③方案构思(想出方法);④方案呈现(画出草图);⑤方案筛选(选出最佳方案)。

1.收集信息

通过用户调查、专家咨询、查阅图书资料、收听广播、收看电视、浏览互联网等渠道收集有关产品的信息。

2.设计分析

(1)产品的设计要综合考虑"人、物、环境"三个方面

"人"指的是产品的使用者,要做到健康、安全、舒适、高效;"物"一般包括材料、结构、功能等,结构的强度和稳定性一定属于"物";"环境"指的是产品使用的地方、摆放的位置、所处的空间等,受环境制约,并对环境产生影响,包括环境的适应性及环境保护等方面的内容。

设计举例	考虑"物"方面	考虑"人"方面	考虑"环境"方面
可折叠结构	如何实现折叠结构、具体采用什么方式折叠	折叠后便于携带	折叠后,体积小,便于存放
材料	采用强度高的材料	采用珍贵、无毒、优等材质	采用可降解、环保、防湿、防潮、防腐材料
水果刨	刀片锋利、强度好、坚固耐用、寿命长	操作便捷,造型美观	适合不同水果形状,适应周围环境

(2)在设计中人机关系要实现的目标

①高效:通常指能合理或最优先分配人与机器的功能,促进两者的协调,提高人的工作效率。

②健康:指长期使用产品后,产品对人的健康不造成不良影响。

③舒适:指使用产品时,操作或使用的姿势自然,人不会疲劳,感觉舒适。

④安全:指使用产品时,不会对人的身体构成生理上的伤害。

(3)设计中合理的人机关系还需考虑四个方面的内容

①考虑普通人群和特殊人群的特点和需要。特殊人群通常指残疾人群或特别需求人群。

②考虑静态的人与动态的人。静态指人的自然状态,人体的固有尺寸;动态指人的功能尺寸,即动作范围或体形变化。

③考虑人的心理需求和生理需求。

④考虑信息的交互。人与产品之间的互动和信息传递过程。

3.方案构思及呈现

一般选择草图进行构思。其绘制过程如图 2-15 所示。

①画主线,成平面;②沿轴向,成立体;③删冗余,描细节;④标尺寸,要规范。

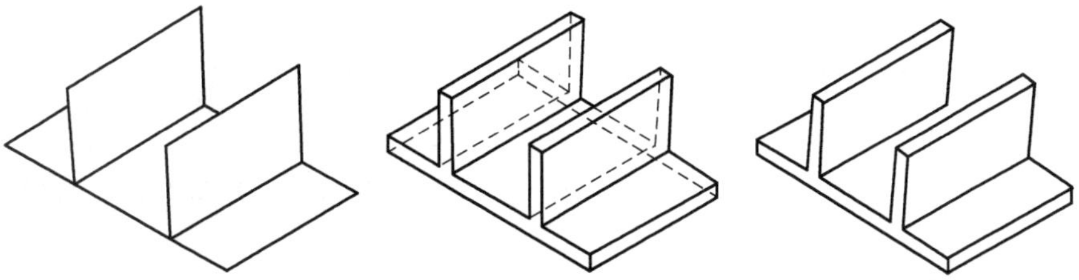

(a)画主线,成平面 (b)沿轴向,成立体 (c)删冗余,描细节

图 2-15

4.方案筛选

产品设计考虑的要素:功能实用、结构稳定、成本适当、安全可靠、易于制作、美观、新颖、环保、加工难易程度等。

典型案例分析

【案例 1】如图 2-16 所示是某同学设计的衣架,按压可让支架合拢,使用很方便。在设计时,该同学搜集了以下信息:①不同种类衣服的肩宽;②各种晾晒杆、挂杆的粗细;③衣架销售员的调查;④市场上出售的衣架类型、大小、形状。其中你认为有必要收集的信息是(   )。

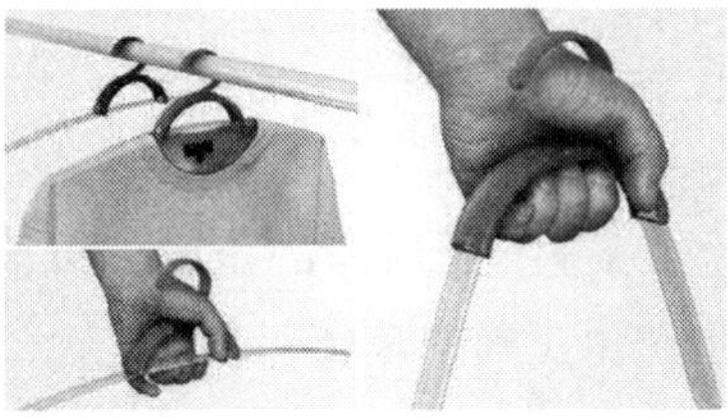

A.①③
B.①②④
C.①②
D.①②③④

图 2-16

【答案】B

【解析】本题主要考查设计过程中信息收集的内容。信息收集的内容应与设计直接相关,能为设计制作提供依据和参考,本题中③的内容只与用户购买情况有关,对衣架的设计无明显的影响,因此本题的正确答案是 B。

【案例 2】设计学生用的台灯时要考虑的因素有很多,归结起来分别属于"人""物""环境"三个方面。以下设计分析中从"物"的角度分析的是(   )。

A.学生看书的时间较长,光线要柔和

B.根据学生的特点,外形要新颖美观

C.尽可能采用标准件制作

D.应适合在书桌、床头等场合使用

【答案】C

【解析】本题主要考查设计分析的三要素。其中"人"主要是指人机关系方面,"物"主要是指设计对象方面,"环境"主要是指与设计对象发生关联的各种非人的要素。在本案例中选项 C"尽可能采用标准件制作"就是从"物"的角度分析,而 A、B 是从"人"的角度分析,D

是从"环境"的角度分析。因此本题的正确答案是 C。

【案例3】如图 2-17 所示为一款可折叠的饭桌,下列关于该饭桌的设计分析和评价的说法中,不正确的是( )。

A.两侧的桌面都可放下,符合设计创新性原则

B.在桌子的下部还设有一个两层收纳柜,符合设计实用原则

C.折叠一侧,靠墙边放置,该设计主要考虑了"环境"的因素

D.设计成可折叠结构主要考虑了"人"的因素

图 2-17

【答案】D

【解析】本题主要考查设计的三要素和设计的一般原则。设计的原则根据具体的语言环境进行分析,A、B 均无错误;而在设计的三要素"人""物""环境"中,"人"一般是指方便人使用,本案例中饭桌两边折叠后主要是节省空间,属于考虑"环境"因素,对人的使用上并未提高效率,故正确答案是 D。

【案例4】为了方便人们做菜,设计师设计了一款如图 2-18 所示的新型菜板,它由托盘和砧板两部分组成,中间采用磁铁固定,方便取装。根据以上内容回答 1、2 题。

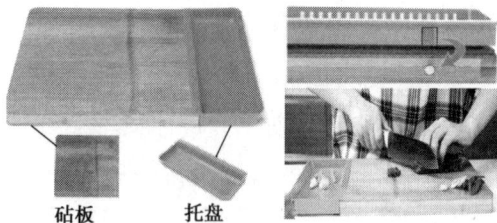

砧板　托盘

图 2-18

1.从人机关系的角度分析该设计,下列说法不正确的是( )。

A.该设计可以提高工作效率

B.采用磁铁固定主要是为了特殊人群的需要

C.砧板外观圆滑可实现舒适目标

D.托盘采用 PP 环保材质实现了人机关系中的健康目标

【答案】B

【解析】本题主要考查人机关系在设计中要实现的目标。第一是高效,此项设计能方便人们做菜的过程,提高人的工作效率,所以 A 正确;第二是健康,采用 PP 环保材质,产品对人的健康不造成不良影响,所以 D 也正确;第三是舒适,该产品外观圆滑,感觉舒适,所以 C 也正确;而 B 选项采用磁铁固定,是为了操作的方便,实现高效的目标,所以该说法不正确,故选择 B。

2.菜板由砧板和托盘组成,可拆卸,便于彻底清洗。从人机关系的角度分析该设计,下列说法正确的是( )。

A.实现了安全目标　　　　　　B.考虑了特殊人群和普通人群的需要

C.实现了健康目标　　　　　　D.考虑了静态人的需要

【答案】C

【解析】本题主要考查人机关系在设计中要实现的目标。在题干中"可拆卸,便于彻底

清洗"是从人的健康层面上来说的,因此本题的正确答案是 C。

【案例5】如图 2-19 所示是一款教室用课桌椅,在它的各项设计中,能实现人机关系健康目标的是(　　)。

A.高度可调节 　　　　　　　　　　B.塑料脚套

C.课桌椅的桌面为木板 　　　　　　D.支架采用方形金属管

【答案】A

图 2-19

【解析】本题主要考查人机关系在设计中要实现的目标。健康目标是指长期使用产品对人的健康不造成不良影响;在题中"高度可调节"是从使用者的健康层面来设计的,因此本题的正确答案是 A。

【案例6】如图 2-20 所示是小张构思设计的一款悬吊式抓取器。在以下构思方案中,在力 F 的作用下不能将工件夹紧的是(　　)。

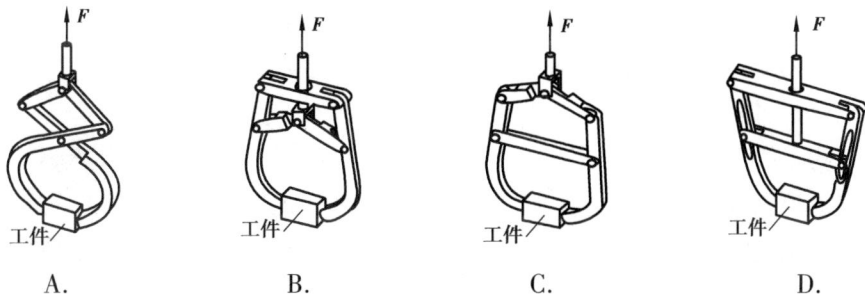

A.　　　　　　　B.　　　　　　　C.　　　　　　　D.

图 2-20

【答案】C

【解析】本题主要考查方案的比较与权衡方面的知识。A 的结构采用铰连接,在力 F 的作用下,构件上端绕支点往左、右(内)转动,使得构件的下端往相反(右、左)方向运动,从而夹紧工件,起到抓取的目的;B 中采用铰连接,抓取构件受力,夹紧工件;C 中在力 F 的作用下,夹持工件的两个夹爪会左右松开,作用在工件两边的夹爪不能有效地往内夹持;D 中在力 F 的作用下当中构件可以往上运动,当中构件受拉力,使得夹持工件的构件往内夹持,将工件夹紧。因此本题的正确答案是 C。

检测练习

单项选择题

1.某同学想设计"雨伞架"让同学们放置雨伞,设计时需要收集相关的信息,有下列信息:①同学们常带的雨伞种类、数量;②折叠伞折叠后的长度;③长柄伞的长度(600～800 mm);④教室门的高度;⑤教室中可摆放雨伞架的空间大小。需要收集的是(　　)。

A.①②③ 　　　　B.①②⑤ 　　　　C.①②③⑤ 　　　　D.②③④⑤

2.曹华同学在学习了通用技术课程后,想自己设计一个手机支架。在设计前,他收集了以下信息:①制作手机支架的材料;②常见品牌手机的尺寸;③手机的常见颜色和外观;④班级学生人数;⑤同学们对手机支架外形的看法。其中必要的信息是(　　)。

A.①②③ B.①②⑤ C.②③④ D.②③⑤

3.两个并排的插座很容易因为插头过大而无法同时使用,针对这一问题,在设计过程中,不需要收集的信息是(   )。

A.插头的形状和尺寸 B.插座的制作工艺

C.国家对相关插座的设计规范 D.插座的种类

4.如图 2-21 所示为一款小凳子,设计该产品时,下列因素不需要考虑的是(   )。

A.小凳子的制作方法 B.小凳子的尺寸

C.构件间的连接方式 D.使用者的身高

图 2-21

5.如图 2-22 所示是一种专门削水果的机器,它不仅采用优质轴承,使用环保可降解的内胆,还配有各种刀片,可以削不同大小和种类的水果,而且造型美观,操作方便,体积小,可以摆放在厨房或客厅。在下列关于该水果机的分析中,说法不正确的是(   )。

A.该水果机配有各种刀片,可以削不同大小和种类的水果,主要考虑了"环境"的因素

B.该水果机造型美观,操作方便,主要考虑了"人"的因素

C.该水果机体积小,可以摆放在厨房或客厅,主要考虑了"环境"的因素

D.该水果机使用环保可降解的内胆,主要考虑了"物"的因素

图 2-22

6.如图 2-23 所示是一款超高分辨率曲面屏电视机。该电视机的画面清晰,炫酷的曲面外形使画面具有 3D 效果。支持通过手机上网分享图片到电视屏幕,用户即使不在电视机前,也能随时分享图片,传递快乐。但它成本较高,价格昂贵,导致销量较低。在下列关于该电视机设计的说法中,不合理的是(   )。

A.画面清晰,立体声环绕,主要考虑了"物"的因素

B.通过手机分享图片,传递快乐,主要考虑了"人"的因素

C.成本较高,售价昂贵,不符合设计的经济性原则

D.炫酷的曲面外形符合设计的创新性原则和美观性原则

7.如图 2-24 所示为一款可折叠凳子,可在户内、外进行各种活动时使用,质量轻,结实耐用,携带方便。在下列设计分析中,属于从"环境"的角度进行分析的是(   )。

A.质量轻,采用铰连接,易折叠,携带方便

B.采用不锈钢支撑结构,使用时稳定性强

C.折叠凳子占用空间小,适合在人群较为集中的环境中使用

图 2-24

D.凳面采用牛筋布,支腿采用钢管,牢固可靠

8.如图 2-25 所示是一款智能体感代步车,使用电力驱动,内置精准陀螺仪,可根据人体姿势实现前进、后退、转弯等各种代步功能。从设计中的人机关系角度分析,以下说法正确的是(   )。

图 2-25

　　A.支撑杆高度可以根据人的身高进行调节,考虑了动态人的
　　　需要

　　B.超速时,系统会发出报警声,是为了满足人的心理需求

　　C.能在各种不同状况的路面行驶,体现了高效目标

　　D.面板能显示速度、里程等,实现了良好的信息交互

9.设计一款楼道夜间自动照明装置,在设计中可以不考虑的因素是(   )。

　　A.传感器的类型　　　　　　　　B.照明装置的安装人员

　　C.环境的干扰因素　　　　　　　D.照明的延迟时间

10.如图 2-26 所示是一款某公司设计的刨丝器,可以用它对蔬菜进行加工。但制作完成后却发现,由于其外形过于方正,使用起来并不方便。请从人机关系的角度分析,此款刨丝器的设计忽视了(   )。

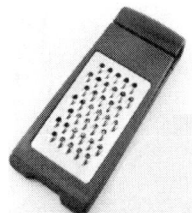

　　A.高效目标　　　　　　　　　　B.健康目标

　　C.舒适目标　　　　　　　　　　D.安全目标

图 2-26

11. 如图 2-27 所示是一款球型把手门锁,使用时将把手转动 90° 就能把门打开,从人机关系的角度分析,设计时采用转动 90° 而不是 180°,主要是为了(   )。

图 2-27

　　A.实现健康目标,符合人体的动态尺寸

　　B.实现舒适目标,符合人体的动态尺寸

　　C.实现舒适目标,符合人体的静态尺寸

　　D.实现健康目标,符合人体的静态尺寸

12.如图 2-28 所示是一款恒温调奶器,省去了为婴儿泡奶时烧水、等水的时间,深受广大家庭的喜爱。关于该调奶器,以下说法不正确的是(   )。

　　A.加厚防爆高硼硅玻璃,体现了人机关系的安全目标

　　B.优选食品级不锈钢,体现了人机关系的健康目标

　　C.壶身有多种颜色可选,体现了信息交互

图 2-28

　　D.三重断电保护,3C 国家认证,体现了设计的技术规范性原则

13.如图 2-29 所示是一款新型的不锈钢编织软管,其上设计有塑料活动扳手,使用时无须借助其他工具,能将软管直接安装到阀门上。关于该设计的说法正确的是(   )。

　　A.符合人的心理需求　　　　　　B.考虑了信息交互

图 2-29

C.符合高效目标　　　　　　　　　　D.符合人体的动态尺寸

14.如图 2-30 所示是小张用角钢设计制作的室外空调支架,为了能安装市场上销售的绝大部分空调外机,需对空调支架进行改进,以下设计方案中最合理的是(　　)。

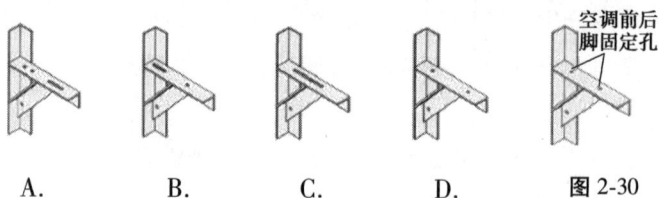

空调前后脚固定孔

A.　　　　　B.　　　　　C.　　　　　D.　　　　　图 2-30

15.如图 2-31 所示是一款简易移动投影屏。可通过立杆的手动调节装置方便地调节高度,在下列调节装置中,设计最合理的是(　　)。

A.　　　　B.　　　　C.　　　　D.　　　　图 2-31

16.如图 2-32 所示是一款活动扶手,扶手与支座之间通过两颗销钉连接。扶手水平放置时[图 2-32(a)],扶手与支座之间的连接牢固可靠,扶手前端能承受由上至下的力;翻折扶手时,只需将扶手往前方拉动,再向下翻[图 2-32(b)]。以下的扶手设计方案中最合理的是(　　)。

A.　　　　　　　　B.

扶手

支座

C.　　　　　　　　D.

(a)　　　　　　　(b)

图 2-32

17.小张家里的长木凳凳脚与凳板之间的连接处出现了松动,在下列加固方法中,既美观又有效的是(　　)。

铁钉

A.钉一根木条,构成三角形结构　　　　B.在图示位置钉入一枚铁钉

C.在榫头处凿一缝隙,敲入木楔 　　　　D.左右两凳脚用木条相连

18.如图 2-33 所示是小明设计的木质台灯支架,从图中观察木条 2 的结构合理的是(　　)。

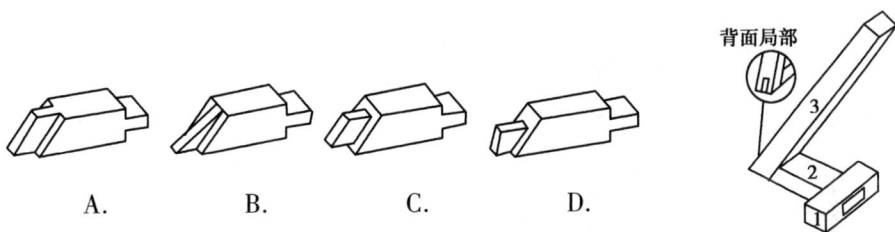

A.　　　　B.　　　　C.　　　　D.

图 2-33

19.如图 2-34 所示是王欢设计制作的一款木质台灯,支撑架由 AB 与 BC 构件组成,其连接处通过元宝螺丝进行固定;支撑架 ABC 与底座之间的连接同样采用元宝螺丝进行固定。如果分别旋松两颗元宝螺丝,可对台灯的高度和照射角度进行调节,以达到最佳的舒适度。下列选项中,关于支撑架 BC 构件的结构设计方案合理的是(　　)。

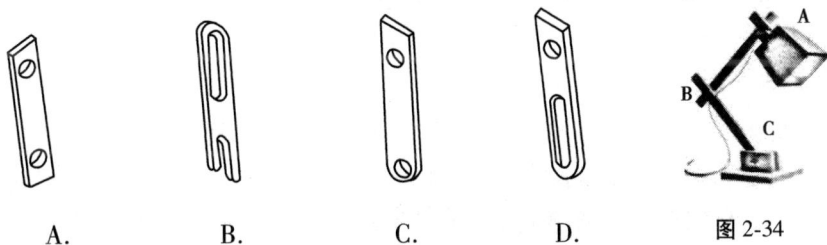

A.　　　　B.　　　　C.　　　　D.

图 2-34

20.如图 2-35 所示毛巾架(两边各缺一个与墙面连接的转动底座),现要实现 90°转动,不使用时能翻转靠在竖直墙面上,使用时能水平牢固放置,下列转动底座方案最合理的是(　　)。

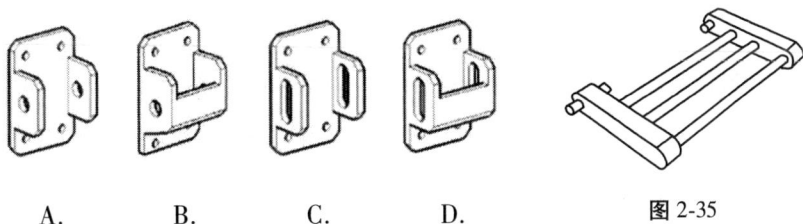

A.　　　　B.　　　　C.　　　　D.　　　　图 2-35

第四节　技术试验

1.技术试验的类型

技术试验按试验目的可分为:性能试验(通过改变所给条件,测量试验对象的状态变化并分析其原因,明确试验对象的性能或性能故障。如对产品的耐高温、抗拉、抗压、强度、硬度等的试验);优化试验(对试验对象进行条件优化或条件组合。如农业中优选育种);预测试验(通过实验,预测被试对象状态的变化及产生的后果。如可以通过老化试验预测零件老化后的结果)。

2.技术试验的方法

• 优选试验法:运用数理统计的方法,选定若干次典型意义的试验,逻辑地推出全部试验所达到的最佳效果(代表性样品的选取)。

• 模拟试验法:通过再现的形式来模拟现实发生情况的方法(如汽车碰撞试验)。模拟试验法还可以通过缩小(放大)比例来模拟所设计的现场效果(大坝水利试验等)。

• 虚拟试验法:利用计算机技术来虚拟现实中的技术设计原型并进行试验的方法(计算机模拟火星探测器登陆火星表面)。

• 强化试验法:通过扩大和强化试验对象的作用,以提高试验效率的方法(食品保质期的测试、水管抬压的试验,汽车零部件的疲劳度和寿命的测试等,一般属于更加恶劣的条件下的破坏性的测试试验)。

• 移植试验法:在相互具有差异的事物之间,将某些共同相关的因素从一物移植到另一物进行试验的方法(药品用小白鼠做试验,一般用于动物或植物)。

3.技术试验的分析案例

实物试验(真实汽车碰撞)、对比试验(不同药物在两组小白鼠身上作比较)、计算机模拟仿真试验(计算机上仿真导弹发射)、模拟试验(飞机模型做风洞试验)、老化试验(轮胎加热老化测试)、破坏性试验(飞机碰撞试验)、优选试验(袁隆平做杂交水稻对比试验选择最好的品种)、强化试验(测试产品在性能方面所能承受的最大极限,如安全帽的钢钉试验)等。

4.技术试验的实施与报告的写作

技术试验的实施步骤:制订试验计划、抽取样本、进行试验、分析数据、得出结论。

技术试验的试验报告项目:试验目的、试验准备、试验步骤、试验记录、试验总结。

📋 **典型案例分析**

【案例1】如图2-36所示,为了检验汽车的安全性能,在汽车的驾驶座位上安置假人做碰撞实验。此项试验的类型属于(　　)。

　A.优选试验法　　　B.模拟试验法

　C.强化试验法　　　D.虚拟试验法

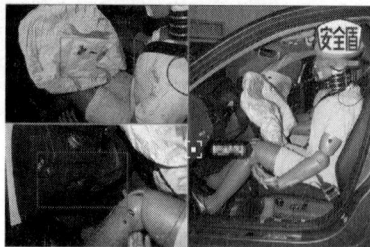

图2-36

【答案】B

【解析】本题考查技术试验的方法。优选试验是指通过类比,选择最好的产品或技术方案;模拟试验是模拟环境或物体用其他设备模型代替而进行的试验;强化试验是在原基础上不断增大强度进行的试验;虚拟试验是用电脑或其他设备虚拟场景或物体进行的试验。因此本题的正确答案是 B。

【案例2】下列技术试验分析不正确的是(　　)。

A.无人飞机投弹打击目标属于虚拟试验

B.不同品种水稻的对比试验属于优选试验

C.奥运场馆模型抗震测试属于模拟试验

D.轮胎的热氧化试验属于老化试验

【答案】A

【解析】本题主要考查各类技术试验的区别。模拟试验是以再现的形式模拟现实发生的情况进行的试验;虚拟试验是利用计算机虚拟现实中的技术设计原形进行的试验。无人飞机投弹打击目标属于模拟试验,因此选择 A。

【案例3】如图 2-37 所示是一款水管密封试验装置。在家庭装修时,为了快速检验水管的密封性,用该装置将管内水压加压到正常工作压力的 2~3 倍,并保持一段时间,根据压力变化情况判断水管是否泄漏。这种试验属于(　　)。

A.虚拟试验　　　　　　　　B.优选试验

C.强化试验　　　　　　　　D.模拟试验

图 2-37

【答案】C

【解析】本题主要考查各类技术试验的区别。在考试题目中,强化试验是一个常考点,强化试验是在原基础上不断增大强度进行的试验,题中"水压加压到正常工作压力的 2~3 倍"就是加大测试强度,因此选择 C。

【案例4】如图 2-38 所示是一款超市购物车,若要对购物车进行强度试验,以下方法中合理的是(　　)。

A.小孩坐在座椅上,观察购物车是否会翻倒

B.推动购物车,感觉推行是否省力

C.转动购物车,体验购物车转向是否灵活

D.放一定量的重物在车筐内,观察购物车是否会损坏

图 2-38

【答案】D

【解析】本题主要考查对技术试验的理解。在考试题目中,对于合理的技术试验是一个常考点,要求学生根据技术试验需求,判断技术试验是否合理,本题要求对强度进行测试,除 D 选项外其他选项并不是对强度的测试。故本题的正确答案是 D。

检测练习

单项选择题

1.公寓内的电梯在正式投入使用之前,需要对其进行严格精确的性能试验,下列试验不必要的是(   )。

 A.电梯运行速度和平衡系数的试验　　　B.电梯载客承重能力测试

 C.安装电梯的时间测试　　　　　　　　D.电梯停止保护装置的试验

2.如图2-39所示为一款振动试验台。把物品包装后放入试验台,以汽车运输时的颠簸状态进行振动,测试物品是否会损坏。该试验的方法属于(   )。

 A.优选试验法　　　　　　　　　　　B.强化试验法

 C.模拟试验法　　　　　　　　　　　D.虚拟试验法

图 2-39

3.用计算机仿真"勇气"号火星探测器登陆火星表面的场景效果,这是属于(   )。

 A.优选试验法　　　B.虚拟试验法　　　C.强化试验法　　　D.模拟试验法

4.宇航员通常都要在水底进行失重试验,完成出舱等系列动作。航天员所进行的失重试验从技术试验方法看,属于(   )。

 A.移植试验法　　　B.模拟试验法　　　C.强化试验法　　　D.虚拟试验法

5.如图2-40所示是一款某品牌水质TDS检测笔,TDS值代表水中可溶性总固体含量,可在一定程度上反映水质,通常TDS值越低,表明水中重金属离子等可溶性盐类越少,水质越纯。把该水质检测笔放入待检测的水中,按一下开关,显示屏就会立刻显示水中的TDS值,让用户了解水的纯度。这种试验方法属于(   )。

图 2-40

 A.优选试验法　　　B.模拟试验法　　　C.虚拟试验法　　　D.强化试验法

6.在笔记本电脑的开发过程中,需要对一些零部件进行性能试验,以下针对笔记本键盘的试验项目不合理的是(   )。

 A.键盘表面的耐磨损试验　　　　　　B.键盘可承受的按击次数试验

 C.键盘材料的耐超高温试验　　　　　D.键盘表面的触感试验

7.上海中财塑胶有限公司承接了一项供水管的生产任务。为了保证产品的质量,维护本厂信誉,提高产品的知名度,需要对所生产的水管进行质量测验,厂方利用注水加压的方法检测水管的抗压强度,直到水管破裂,看其承受压力的最大限度。这种技术试验方法属于(   )。

 A.优选试验法　　　B.模拟试验法　　　C.强化试验法　　　D.移植试验法

8.为保证安全用电,各类电器都需要进行载荷大于实际电压、电流和长时间的通电等试验,取得相应的安全认证。这些试验属于(   )。

 A.老化试验　　　B.虚拟试验　　　C.强化试验　　　D.优选试验

9.新冠疫苗和其他疫苗一样,在疫苗的研发过程中要进行动物实验、Ⅰ期临床试验、Ⅱ期临床试验、Ⅲ期临床试验,科研人员为了验证疫苗的功能先将这种疫苗在白鼠身上做试验,这种试验方法是(　　)。

A.模拟试验法　　　B.优选试验法　　　C.移植试验法　　　D.强化试验法

10.在船舶设计和建造过程中,设计者利用计算机软件建立数字化船舶模型和海洋流场环境,进行船舶运行性能试验。该试验的方法为(　　)。

A.优选试验法　　　B.强化试验法　　　C.虚拟试验法　　　D.模拟试验法

知识结构

科学性原则:符合客观规律和科学原理(永动机、水变油)

创新性原则:新的产品、新特性、新方法等

可靠性原则(稳定)、实用性原则(方便)、时效性原则

设计原则

经济性原则:力求用最少的成本生产最佳产品

技术规范性原则:通用性、标准性原则

可持续发展原则:预防对自然环境的破坏

问题的来源:生存活动的需求、别人的委托、一定的目的

发现与明确问题

发现问题的途径和方法:日常生活、收集和分析信息、研究与试验

明确问题:是否能够解决、是否当前可以解决、是否值得解决

技术设计过程

信息收集

调查、咨询、查阅资料、浏览互联网等

"人"指的是产品的使用者,要做到健康、安全、舒适、高效

设计分析

"物"一般包括材料、结构、功能等

"环境"指的是产品使用的地方、摆放位置、所处的空间等

四个目标:高效、舒适、安全、健康

四个考虑因素:普通人群与特殊人群、静态的人与动态的人、心理与生理需要、信息交互

技术设计方案

方案构思方法:草图法

方案构思、呈现、筛选

方案的比较、呈现和筛选

技术试验的方法:优选试验法、模拟试验法、虚拟试验法、强化试验法、移植试验法

技术试验

技术试验的种类:实物试验、对比试验、计算机模拟仿真试验、模拟试验、老化试验、破坏性试验、优选试验、强化试验等

专题检测

一、单项选择题(共 20 小题,每小题 2.5 分,共 50 分)

1.如图 2-41 所示为一款苹果削皮器,其刀头处的弹性设计使它适用于不同大小的苹果。该产品主要体现了设计的(   )。

图 2-41

A.美观性原则　　　　　　　　B.实用性原则

C.可持续发展原则　　　　　　D.经济性原则

2.在汽车制造业中,人们采用先进的尾气净化技术极大地降低了汽车尾气对空气的污染,各汽车厂商也正在研究生产对空气无污染的电动汽车。这体现了设计的(   )。

A.可持续发展原则　　　　　　B.实用性原则

C.技术规范性原则　　　　　　D.道德原则

3.某设计师在就餐时发现普通托盘上的酒杯很容易被碰倒,于是设计了如图 2-42 所示的卡口式酒杯托盘。该设计师发现问题的途径是(   )。

图 2-42

A.收集和分析信息　　　　　　B.技术试验

C.技术研究　　　　　　　　　D.观察日常生活

4.如图 2-43 所示是某学生设计的一款家用电器插座,该插座为树形造型,可不断扩展,下列不属于该插座设计限制因素的是(   )。

A.插座的安全设计标准

B.插座的体积大小

C.插座的销售人群

D.插座的制造工艺

图 2-43

5.瑞士的乔治有一次散步回家,发现自己裤腿上粘满了一种草籽苍耳。他认真观察,据此发明了尼龙搭扣。他发现问题的主要途径是(   )。

A.查阅各种资料　　　　　　　B.收集与整理信息

C.观察日常生活　　　　　　　D.进行技术试验

6.如图 2-44 所示为条状年糕切片器,通过调节刀片与挡板间的距离,可切出不同厚度的年糕片。在设计该产品时,下列因素不需要考虑的是(   )。

A.刀片的材料

B.年糕片的厚度

C.手柄的形状

图 2-44

D.年糕的长度

7.如图 2-45 所示为一款安全箱,以下设计分析中,主要从"物"的角度考虑的是(　　)。

图 2-45

A.使用地方广,可以有效防止潮气、水,甚至空气进入

B.锁扣设计不夹手、好打开、易锁紧

C.内部有多层空间,方便分类放置物品

D.外壳采用聚丙烯异分子的工程塑料,强度高

8.如图 2-46 所示为某小组设计的一款室外公共帐篷。以下设计分析是从"环境"角度考虑的是(　　)。

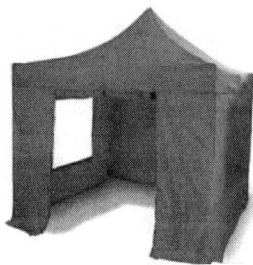

A.至少能容纳四人

B.选用便于加工的材料

C.能在各种材质的地面灵活搭设

D.人员出入帐篷便捷

图 2-46

9.某厂家研制了一款网络空调,可以让用户通过电脑、手机等进行远程遥控,并随时了解其运行状况。下列关于网络空调技术的说法中,最合理的是(　　)。

A.体现了技术保护人的作用　　　　B.体现了人机关系的高效目标

C.促进了社会经济结构的变化　　　D.体现了技术的可靠性原则

10.各种大型机械设备的操作台上,急停装置都是红色的大按钮,并禁止其他按钮使用红色,使操作者可以第一时间停止设备,避免危险。关于这种设计,下列说法不正确的是(　　)。

A.更好地实现信息的交互　　　　　B.实现人机关系的高效目标

C.满足一般人群和特殊人群的需求　D.满足人体的心理或生理的需要

11.如图 2-47 所示为一款可携带自行车铃铛,铃铛构造相当简单,为圆球形,可靠磁性直接吸合在自行车上使用,它可根据前方障碍物的远近发出三种不同的声音。从人机关系的角度分析,以下说法不正确的是(　　)。

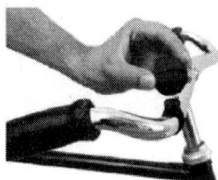
图 2-47

A.能发出三种不同的声音,体现了信息的交互

B.磁性吸合,实现了人机关系的高效目标

C.骑行时由于震动铃铛会上下抖动,考虑了人的动态尺寸

D.讨喜的圆球形设计满足了人的心理需求

12.如图 2-48 所示是一款便携座椅。从设计中的人机关系角度分析,以下说法不正确的是(　　)。

A.可根据使用者的不同身高调节座椅长度,主要考虑动态的人

B.座椅使用起来非常方便,一拉、一拧就可以

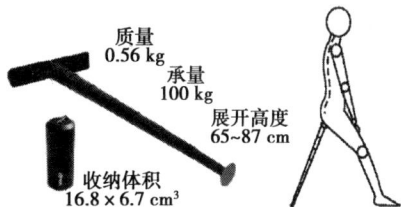

质量
0.56 kg
承量
100 kg
展开高度
65~87 cm
收纳体积
16.8 × 6.7 cm³

图 2-48

坐下,实现了高效目标

C.符合人体工学的设计,使用者的重心恰好可以处于脊椎的正下方,实现了舒适目标

D.整个产品采用强韧的聚碳酸酯材料,具有足够的承重能力,实现了安全目标

13.如图 2-49 所示为小木床和护栏的示意图,护栏两端分别装有转动轴和限位销,护栏通过连接件安装到床上。要求护栏能竖起和放下,竖起时固定可靠。合理的连接件是(   )。

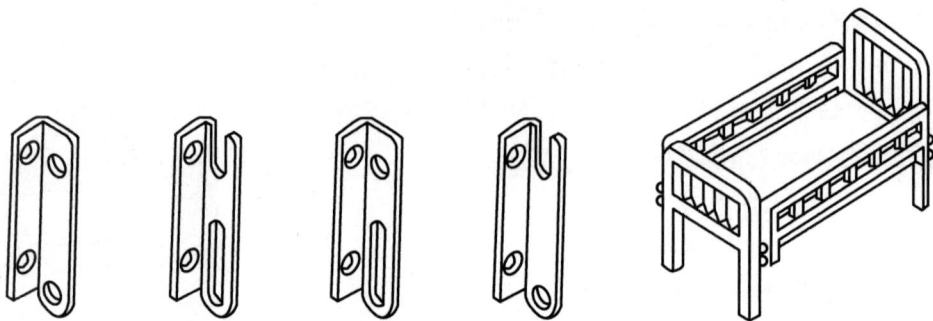

A.   B.   C.   D.   图 2-49

14.如图 2-50 所示为卫生间镜前灯安装示意图。为了保证镜前灯容易安装且方便调整为水平,下列挂板中最合理的是(   )。

A.   B.   C.   D.   图 2-50

15.如图 2-51 所示是一款学生设计的木质相框,该相框的边框采用的连接结构是(   )。

A.   B.   C.   D.   图 2-51

16.如图 2-52 所示是一款学生设计的人字梯,为了使用安全,需要在安装孔位置加装拉杆,要求人字梯展开或收拢时拉杆不伸出梯子,操作方便。下列设计方案最合理的是(   )。

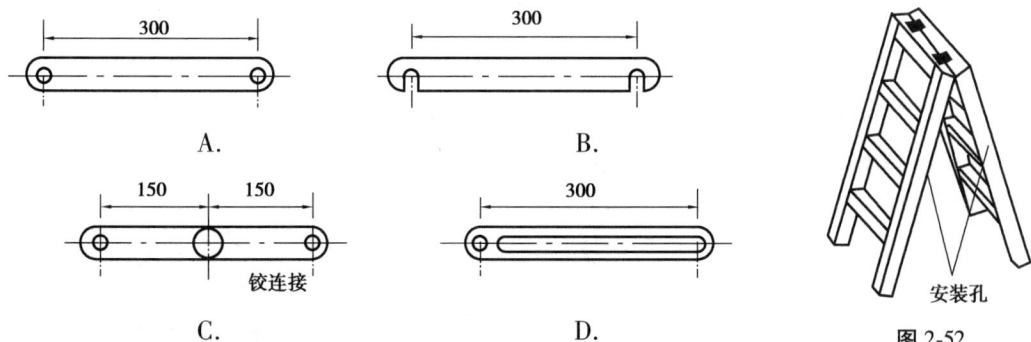

A.　　　　　　　　B.

C.　　　　　　　　D.

铰连接

安装孔

图 2-52

17.如图 2-53 所示,椅子左侧一根横梁断了,要更换该横梁,合理的构件是(　　　)。

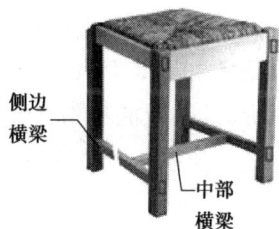

A.　　　　　　　　B.

C.　　　　　　　　D.

侧边
横梁

中部
横梁

图 2-53

18.某品牌包装箱在出厂前,要进行 2 000 多次载荷条件下的抗摔测试,以确定包装箱体的可靠性和牢固性。该测试属于(　　　)。

　　A.模拟试验　　　　B.仿真试验　　　　C.强化试验　　　　D.对比试验

19.如图 2-54 所示是材料弯曲测试示意图,通过改变砝码的质量,检测材料弯曲度,你认为这一试验属于(　　　)。

　　A.性能试验　　　　　　　　B.优化试验

　　C.信息试验　　　　　　　　D.预测试验

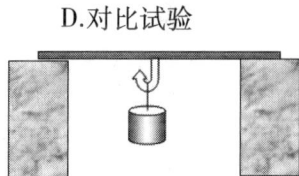

图 2-54

20.以下是关于技术试验报告的内容,其书写的顺序和项目都正确的是(　　　)。

①试验准备;②试验目的;③试验步骤;④试验记录;⑤试验总结;⑥试验器材

　　A.①⑥②③⑤　　　　　　　　B.①②③④⑤

　　C.⑥①③④⑤　　　　　　　　D.②①③④⑤

二、判断题(共 15 小题,每小题 2 分,共 30 分)

1.最初的设计,称为原创性设计或开发性设计。　　　　　　　　　　　　　　(　　)

2.长生不老药的设计违背了科学性原则。　　　　　　　　　　　　　　　　(　　)

3.设计的经济性原则是指产品的经济性可观,产品销售的价格高。　　　　　(　　)

4.设计的可靠性原则是指产品在使用过程中性能可靠,不易出现故障或损坏。(　　)

5.设计的时效性原则是指产品使用的有效时限。　　　　　　　　　　　　　(　　)

6.发现问题的途径有可能来源于生活、调查分析或技术实验。　　　　　　　(　　)

7.设计作品时,首先要收集信息,包括网络、媒体和市场上该作品的相关信息。 (　　)

8.产品设计时,一定要综合考虑"人、物、环境"三个要素。 (　　)

9.人与机器人之间的关系称为"人机关系"。 (　　)

10.人机关系的安全目标是指使用该产品不对人体造成伤害的目标。 (　　)

11.人机关系的安全目标一定指的是人的安全,并非财物的安全。 (　　)

12.利用仿生学的知识进行产品的设计,是模仿法构思。 (　　)

13.汽车使用假人进行的安全碰撞试验属于计算机仿真试验。 (　　)

14.通过扩大和强化试验对象的作用,以提高试验效率的方法属于强化试验法。 (　　)

15.袁隆平选育杂交水稻时进行的对比试验又称为优选试验。 (　　)

三、设计分析题(共20分)

小明发现同学们在课桌上放置的水杯易被碰倒,于是构思了如图2-55(a)所示的杯托,可以夹持在课桌[图(b)所示]面板的边沿。他分析该方案,发现了以下问题:①仅依靠U形槽夹持,杯托容易脱落;②杯子放在杯托的凹陷处,还是容易被碰倒;③杯托占用过多通道空间。

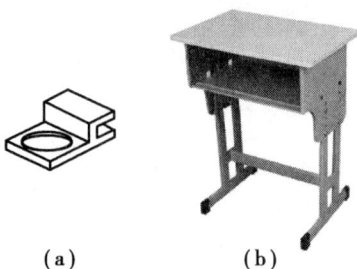

(a)　　　　　(b)

图 2-55

请你重新设计一个夹持在课桌面板边沿的杯托,要求杯子取放方便,并解决上述问题。

(1)在设计之前需要收集相应的信息:①桌子高度;②面板的厚度;③面板外伸部分的尺寸;④桌面的大小;⑤杯子的形状与尺寸;⑥杯子的材料。你认为需要收集的是_____。

　　A.①②③　　　　　　B.②③⑤　　　　　　C.③④⑤　　　　　　D.④⑤⑥

(2)用草图表达你的设计方案,必要时用文字说明。

专题三 工艺及方案实现

📝 课程标准

1.比较常见材料的特性、应用环境和基本加工工艺,掌握一些常用材料的连接方法,并能根据设计方案和产品用途选择和规划材料。

2.掌握简易木工、金工、电工常用工具的使用方法,了解一至两种数字化加工设备(如激光雕刻机、激光切割机、三维打印机)的使用方法。根据设计方案恰当选择加工工艺,制作一个简单产品的模型或原型。

📝 考试要求

知识点	内 容	考试层次		
		A	B	C
常用加工工艺	金工、木工、电工	√		
装配、检测与涂饰工艺	装配过程、连接方法及表面处理		√	
材料的选择	材料性质及标准件	√		
模型与原型制作	模型的功能及种类			√

📝 知识点拨

第一节 常用加工工艺

1.常用金工工具及使用注意事项

(1)划线工具

划线工具用于划出加工部件的轮廓线、基准点或基准线。步骤:划基准线→划加工尺寸线→划轮廓线→冲眼。

①钢直尺(图3-1):一种简单的尺寸量具。

②角尺(图3-2)(90°):在划线时用作划垂直线或平行线的导向工具,也可用来确定工件表面在划线平板上的垂直位置。注意:划线时角尺要紧贴工件的一个基准面。

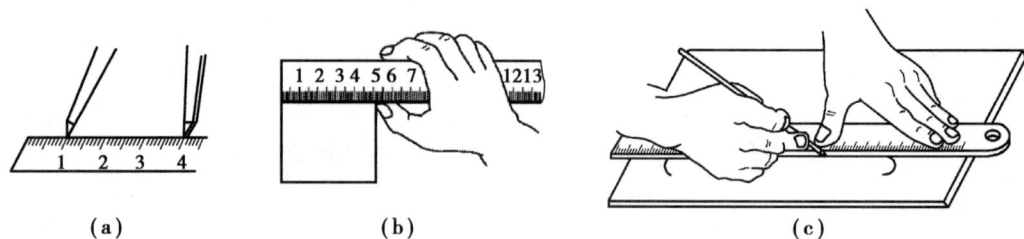

(a)　　　　　　(b)　　　　　　　　(c)

图 3-1

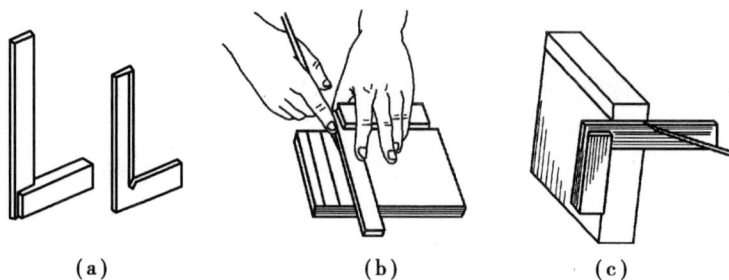

(a)　　　　　　(b)　　　　　　　(c)

图 3-2

③划针(图 3-3):用于在工件上划线条,以碳素工具钢为原料,尖端磨成 15°~20°的尖角,并经热处理淬火后制成。注意:在划线时,划针向划线方向倾斜 45°~75°,上部向外侧倾斜15°~20°。

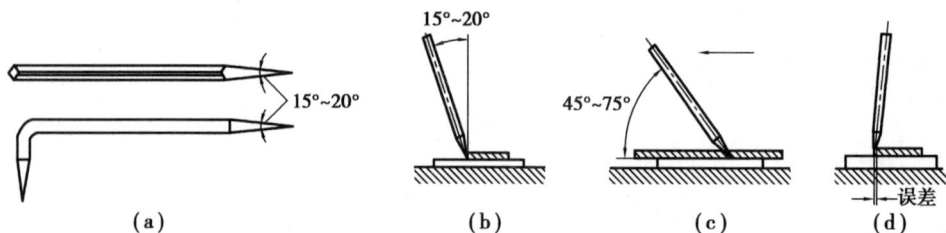

(a)　　　　　　(b)　　　　　　　(c)　　　　　　　(d)

图 3-3

④划规(图 3-4):用于划圆弧、等分线段、等分角度和量取尺寸等。

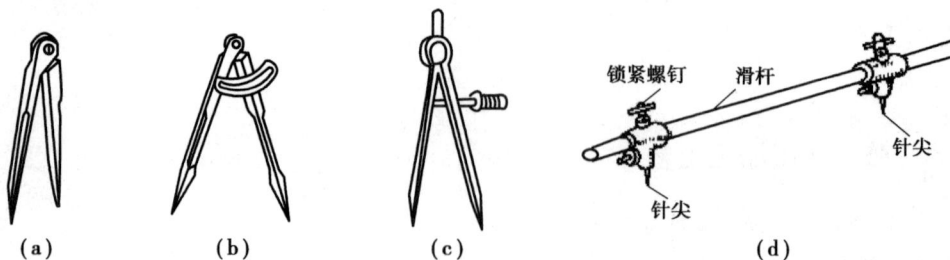

(a)　　　　　(b)　　　　　(c)　　　　　　　(d)

图 3-4

⑤样冲(图 3-5):用于在工件(金属件)钻孔时的中心定位。先倾斜对准十字划线的中心,然后扶直敲击。

(2)锯割工具

钢锯(图 3-6)是常用金属加工工具,常用于切断直径较小的圆钢或较薄的角钢、扁钢等

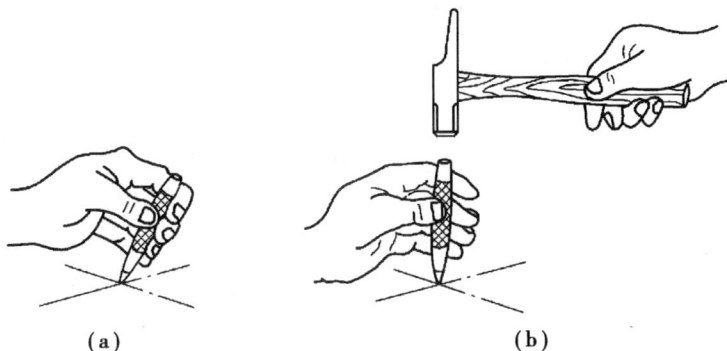

（a）   （b）

图 3-5

工件。锯条的锯齿斜向前方，不能装反，要装平正，如图 3-7 所示。

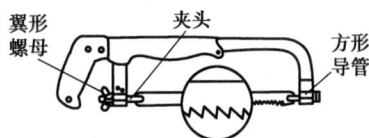

图 3-6

图 3-7

起锯方法：左手大拇指贴住锯条（注意手指不要压在锯条背上，会受伤），起锯角要小，起锯角约为 15°，角度太大容易崩齿，如图 3-8 所示；行程短，压力小，锯入 2~3 mm 后才逐渐正常锯割。

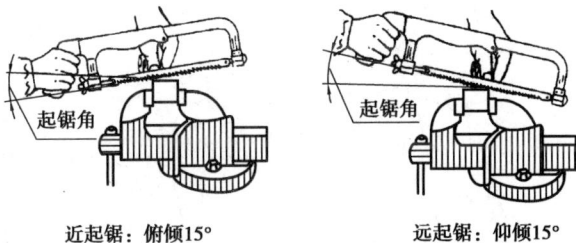

近起锯：俯倾15°   远起锯：仰倾15°

图 3-8

锯割方法：站位和握锯姿势要正确，右手握住手柄向前施加压力，左手轻扶在弓架前端，推锯加压、回拉不加压，锯程要长，以免锯条中间部分迅速磨钝，如图 3-9 所示。推拉要有节奏，不能用手抹和嘴吹铁屑。

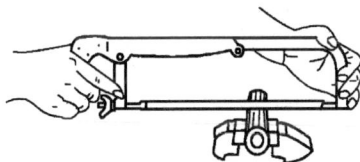

图 3-9

锯割圆钢时，为了得到整齐的锯缝，应从起锯开始以一个方向锯至结束；锯割圆管时，薄管应夹在木垫之间或使用 V 型夹，锯到内壁时停止，然后向推锯方向旋转一些再锯。

（3）夹持工具

①台虎钳（图 3-10）通常用来进行锯割、锉削、攻丝、套丝等操作。通常工件夹持在台虎钳的左边，锯割线距台虎钳 20~30 mm。

②平口钳(图 3-11)通常在台钻、钻床、铣床、磨床上使用,工件尺寸不超过 70 mm,工件加工面必须高出钳口。

③手(虎)钳或钢丝钳(图 3-12)通常用来夹持薄小的工件,如台钻上钻孔时可使用。

图 3-10   图 3-11   图 3-12

(4)锉削工具

锉刀(图 3-13)是表面打磨工具,其表面有细密的刀齿。它分为圆锉、平锉、半圆锉、三角锉等,其中圆锉用于锉圆孔,半径较小的凹面或椭圆面,三角锉用于锉内角和平面,平锉可锉平面和凸弧面。

在使用锉刀时,右手握紧锉刀木柄,左手轻扶刀前端。在锉削时要注意身体和手臂动作的协调,如图 3-14所示。在推锉过程中,左手的施压要由大变小,右手的施压要由小变大,使锉刀平稳而不上下摆动。若锉刀运动不平直,工件中间就会凸起或产生鼓形面。

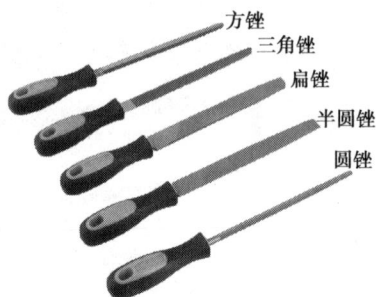

方锉
三角锉
扁锉
半圆锉
圆锉

图 3-13

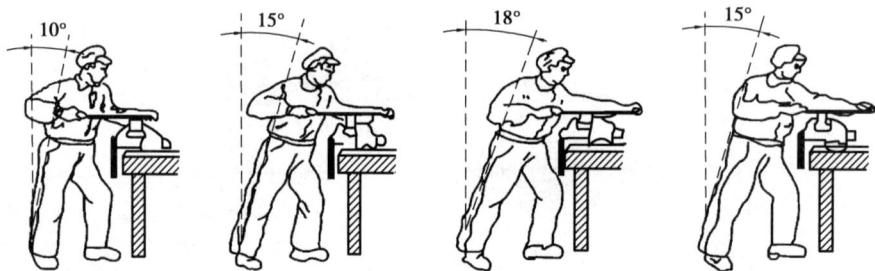

图 3-14

锉刀的使用注意事项:不能用锉刀敲击工件和其他物件;锉刀不能叠放;不能用嘴吹和手抹铁屑,要用专门的刷子。

(5)钻孔工具

①台钻(图 3-15)是常用的钻孔工具,钻孔时要选择合适的钻头。

钻孔的操作步骤:(划线)划针→(定位)样冲→装夹工件→安装钻头→钻孔。

操作注意事项:"二要"(操作时要集中注意力,要戴防护镜)、"二不"(不准戴手套操作和用嘴吹钻屑,不能用手直接扶持小工件、薄工件,以免造成伤害事故)。

②电钻(图 3-16)是利用电做动力的钻孔工具,可在墙面、金属、木材等物质上打孔洞。

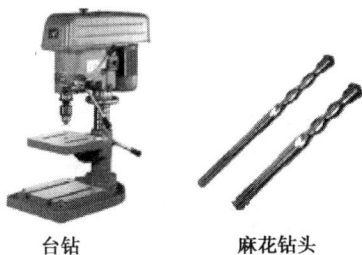

台钻　　　　　麻花钻头

图 3-15

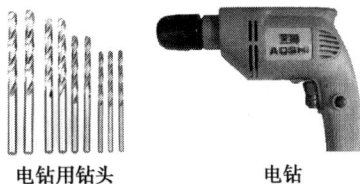

电钻用钻头　　　　电钻

图 3-16

(6)螺纹加工工具

①丝锥(图 3-17)是一种加工内螺纹的刀具,沿轴向开有沟槽,丝锥扳手(又称铰手)用来固定丝锥。攻内螺纹时,必须以初锥、中锥、底锥的顺序攻削至标准尺寸(图 3-12)。

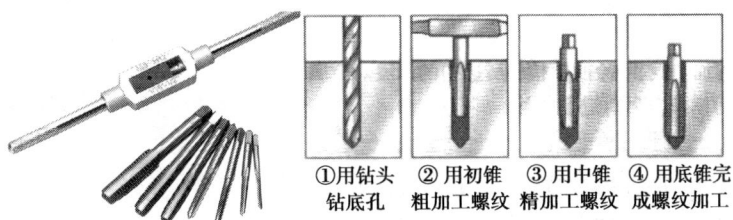

①用钻头　②用初锥　③用中锥　④用底锥完
钻底孔　粗加工螺纹　精加工螺纹　成螺纹加工

图 3-17

攻内螺纹操作过程:钻孔→底孔倒角→选择丝锥→装夹工件→攻内螺纹。

a.先钻孔,钻孔后孔口倒角(如果是通孔则两面孔口都应倒角)。

b.攻丝时丝锥垂直于孔的中心线的垂直面(图 3-18)。

c.当丝锥切入 1~2 圈时,用目测或直角尺前后、左右两个方向检查丝锥是否垂直,并校正。攻丝时,每扳铰杠 1/2~1 圈,要倒转约 1/2 圈,使切屑断裂易于排出;攻丝时,应顺时针旋转,若感到吃力时即逆时针旋转 180°,再感到吃力时适当加一点冷却液。

d.根据螺孔和材料的要求,按顺序使用初锥、中锥、底锥(或头锥、二锥、三锥)。

②板牙(图 3-19)是一种加工或修正外螺纹的工具。利用板牙在圆柱体的外表面上加工出外螺纹的操作称为套丝。板牙扳手用来固定板牙。

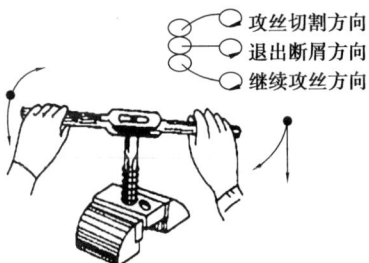

攻丝切割方向
退出断屑方向
继续攻丝方向

图 3-18

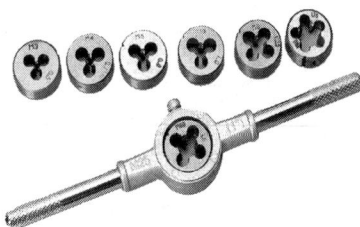

图 3-19

套外螺纹操作过程:倒角→选择板牙→装夹工件→套外螺纹。

套外螺纹的操作要领(图 3-20)如下:

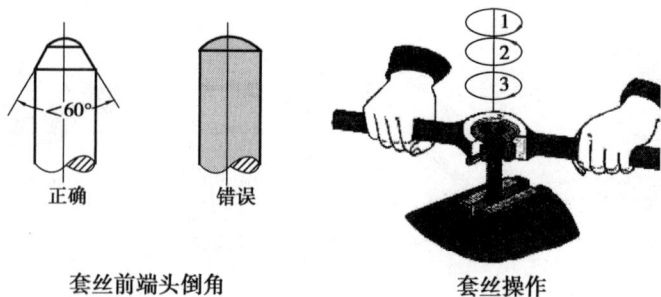

套丝前端头倒角　　　　　　套丝操作

图 3-20

- 套丝时应保持板牙端面与圆柱杆轴线垂直。
- 套丝开始时双手顺时针均匀旋转板牙,并施加轴向压力,当板牙切入后取消压力。
- 为了断屑,板牙要经常逆时针旋转。

（7）金工加工小结

一般的金属加工先划线,再锯割锉削,最后钻孔攻丝,锯割后必须锉削使其表面光滑;当锯割锉削影响到钻孔时,就先钻孔,然后锯割锉削。

钻孔前要冲眼,钻孔后才能攻丝,攻丝和套丝之前先倒角;折弯、淬火、表面处理一般情况下依次放在最后;通孔要求精度高时,钻孔一定在最后。

一般情况的加工顺序:下料→划线→锯割→锉削→钻孔→攻丝→表面处理。

有外圆弧、半圆弧孔、腰形孔等的加工顺序:下料→划线→钻孔→锯割→锉削→攻丝→表面处理。

2.常用木工工具及使用注意事项

（1）木工锯（图 3-21）

木工锯的选用:宽厚木板用板锯,榫头、榫肩用细齿木工锯,软木和湿木用大齿木工锯,硬木和干燥的木材用小齿木工锯。

木工锯的使用:使用前先调整锯条角度,与木架的平面成 45°,将绷绳绞紧,使锯条绷直拉紧。右手紧握锯把,左手按在起始处,轻轻推拉,用力不要过大。送锯时要重,提锯时要轻,推拉的节奏要均匀。

（2）线锯（钢丝锯）（图 3-22）

线锯适合木板的造型。

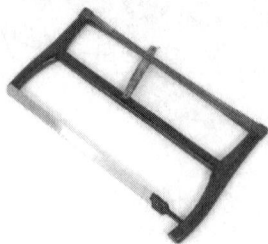

图 3-21

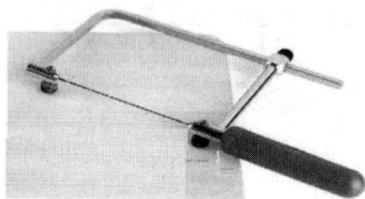

图 3-22

（3）木工刨（图 3-23）

木料表面粗加工时一般使用手工刨、木锉刀。对木板表面细加工时使用木砂纸。

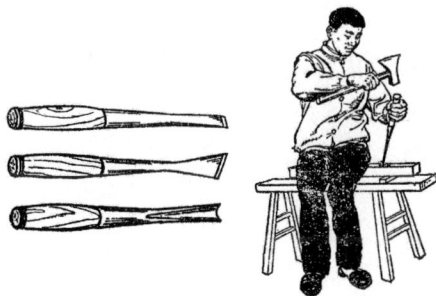

图 3-23　　　　　　　　　　　　　图 3-24

木工刨操作要领（图 3-24）：刨身要放平，两手用力均匀。向前推刨时，两手需加大力量，食指与拇指施加压力，防止刨头翘起；推至前端时，食指压力逐渐减小，拇指则逐渐加大压力，防"磕头"。

（4）凿子（图 3-25）

凿子是传统木工工艺中用于凿眼、挖空、剔槽、铲削等的加工工具。

3.常用电工工具及使用注意事项

螺丝刀（图 3-26）是一种用来拧转螺丝钉的工具，一般情况下，顺时针方向旋转为拧紧，逆时针方向旋转则为松出。

图 3-25　　　　　　　　　　　　　图 3-26

典型案例分析

【案例 1】下列关于锯割操作要领的叙述中，不正确的是（　　　）。

A.锯割时，起锯时一般从远离自己的一端开始，锯条与工件表面的角度要小，不超过 15°为宜，起锯时压力要小，往返行程要短，速度要慢

B.在正常的锯割过程中，右手握住手柄向前施压，左手轻扶在弓架前端，稍加压

C.在正常锯割时，推锯加压、回拉不加压，锯程要长

D.在安装锯条时，锯齿斜向后，要装平正，不能扭曲

【答案】D

【解析】本题主要考查金属锯割的操作要领。在安装锯条时，锯齿要向前，站姿要正确，右手握柄，左手扶弓；起锯时，角度小于 15°，行程短，压力小，推锯加压，回拉不加压；在正常锯割时，锯程要长，不能用嘴吹铁屑。因此本题的正确答案就是 D。

【案例 2】下列金属材料加工环节中，操作过程正确的是（　　　）。

A.角尺测量宽度　　B.三角锉锉削圆孔　　C.手拿薄铁板钻孔　　D.钢锯起锯

【答案】D

【解析】本题主要考查金属加工的操作要领。使用角尺测量长度时要紧贴工件的基准面；钻孔时要集中注意力，戴防护眼镜，不能用手直接扶持小工件或薄工件，因此 A、C 错误。在加工圆孔时一般使用圆锉，三角锉用于锉内角和平面，因此 B 也错误。钢锯起锯时要求与工件表面的角度要小，不超过 15° 为宜，故本题的 D 选项是正确的。

【案例3】如图 3-27 所示，在一段铁棒上套上外螺纹，需要用到的工具是(　　)。

A.钢锯和划规　　　　　　B.锉刀和铁锤

C.丝锥和丝锥扳手　　　　D.板牙和板牙扳手

【答案】D

图 3-27

【解析】本题主要考查金工工具的选择。加工内螺纹需要用到丝锥和丝锥扳手，加工外螺纹需要用到板牙和板牙扳手。因此本题的正确答案是 D。

【案例4】手工将一块矩形铁板加工成如图 3-28 所示的连接片，以下加工流程中最合理的是(　　)。

A.划线→锯割→锉削→钻孔→倒角→冲眼

B.划线→冲眼→钻孔→倒角→锯割→锉削

C.划线→钻孔→倒角→冲眼→锉削→锯割

D.划线→锉削→冲眼→锯割→钻孔→倒角

【答案】B

图 3-28

【解析】本题主要考查金属加工流程。在金属加工环节中，钻孔之前一定要划线和冲眼，而锉削打磨一般为加工整形的最后一步。因此本题的正确答案是 B。

【案例5】在已刨平的方木条的一端制作如图 3-29 所示的榫头，最适合选用的工具是(　　)。

①木工刨　　　　②木工锯　　　　③凿子　　　　④斧头

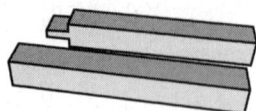

图 3-29

A.①④　　　　　　B.②　　　　　　C.①③　　　　　　D.③

【答案】B

【解析】本题主要考查木工锯割工具的选择。木工刨一般用于木料表面的加工。凿子一般用于制作榫孔或木材的雕刻。斧头主要用于木材表面大面积的去料或伐木。榫头通常用木工锯直接锯割而成,因此选项 B 更符合题意。

【案例6】用 70 mm×50 mm×6 mm 的钢板加工如图 3-30 所示的零件,下列说法不正确的是(　　)。

　　A.锉削时可以戴手套

　　B.钻孔时不能用手直接扶持该工件

　　C.加工流程:划线→钻孔→锯割→锉削

　　D.使用钢直尺、样冲、铁锤就能完成划线

图 3-30

【答案】D

【解析】本题主要考查金工操作。选项 D 不完整,从构件加工图样可知,R8 的弧线的轮廓线需要用划规划线才行。而本题的其他加工方法和工艺流程都正确,因此选择 D。

📋 检测练习

一、单项选择题

1.下列操作描述错误的是(　　)。

　　A.锉刀使用后不可堆叠存放　　　　B.使用台钻打孔时必须戴手套

　　C.划线时划针要紧贴导向工具　　　D.攻丝前可用台虎钳装夹工件

2.下列工具与其给出的名称不匹配的是(　　)。

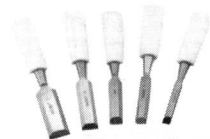　　　　　　

　　A.样冲　　　　　　B.木工刨　　　　　C.台钻　　　　　D.手锯

3.在下列金工操作中,工具使用或加工过程不合理的是(　　)。

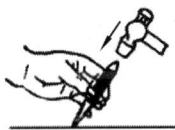　　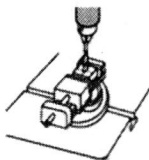　　　　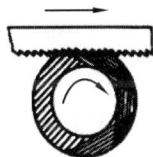

　　A.冲眼时样冲应　　　B.钻孔可借助　　　C.在推锉过程中,　　D.锯割圆形空心
　　保持一定的倾斜角　　平口钳固定　　　　左手施压由大变小　　管可适当旋转管子

4.用一段圆钢手工加工成如图 3-31 所示的连接件,在加工过程中,用不到的工具是(　　)。

　　A.线锯和羊角锤　　　　　　　　B.划规和钢锯

　　C.锉刀和钻头　　　　　　　　　D.丝锥和板牙

图 3-31

5.某矩形铁块加工成如图 3-32 所示的斜面与半圆通孔,以下工艺流

程中最合理的是(　　)。

　　A.划线→锯割→锉削→钻孔

　　B.划线→锯割→钻孔→锉削

　　C.划线→钻孔→锉削→锯割

　　D.划线→钻孔→锯割→锉削

图3-32

6.在下列有关台钻安全操作的描述中,合理的是(　　)。

　　A.工作者准许戴手套操作

　　B.必须戴防护眼镜

　　C.用手直接扶持小工件进行钻孔操作,方便又快捷

　　D.不能用平口钳或手钳夹持工件

7.如图3-33所示,要把左边的铁板(图甲)加工成(图乙)的形状,以下工艺合理的是(　　)。

　　A.锯割→划线→钻孔→锉削→弯折

　　B.划线→锉削→锯割→钻孔→弯折

　　C.划线→弯折→钻孔→锉削→锯割

　　D.划线→钻孔→锯割→锉削→弯折

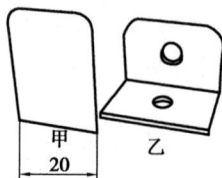

图3-33

8.用一铝块手工加工成如图3-34所示的铝制部件,需要多道加工工序。在下列加工方法中,不合理的是(　　)。

　　A.铝制部件的外侧倒角可用锉削工艺加工

　　B.样冲冲眼后才能钻孔

　　C.锉削工序在加工中将多次使用

　　D.中部的腰形孔可直接用钢锯锯割加工完成

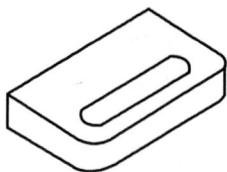

图3-34

9.在锉削时,要根据零件加工表面的形状选用不同类型的锉刀。以下示例中锉刀选择错误的是(　　)。

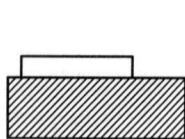

A.平锉

B.圆锉

C.半圆锉

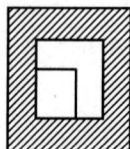

D.方锉

10.如图3-35所示为相框的开口连接配件,其中小孔及凹槽处的圆角直径都为20 mm,利用薄铝片加工该配件,下列操作流程和选用的锉削工具都正确的是(　　)。

　　A.划线→锯割→锉削→钻孔;圆锉

　　B.划线→钻孔→锉削→锯割;半圆锉

　　C.划线→锯割→钻孔→锉削;圆锉

　　D.划线→钻孔→锯割→锉削;半圆锉

11.在下列关于金属钻孔工艺的说法中,不正确的是(　　)。

　　A.钻孔前需要用划规划线

图3-35

B.为防止手受到伤害,钻孔时应该戴上手套

C.给小而薄的工件钻孔时,可用手钳夹持

D.钻孔时为防止铁屑飞入眼睛,应戴上防护镜

12.加工如图 3-36 所示的连接件时,先在铝板上划线、冲眼,然后钻孔,再锯割及锉削,最后弯折成形。下列操作方法不合理的是(　　)。

A.用划针和钢直尺划线

B.先用样冲冲眼,再用钻头钻孔

C.钻孔操作前需要进行倒角

图 3-36

D.操作过程中可用台虎钳夹持固定

13.在已经刨平的方木条上制作榫头和榫眼,如图 3-37 所示,在下列关于加工工艺的说法中,合理的是(　　)。

A.制作榫头时要用到凿子,制作榫眼时要用到木工锯

B.制作榫头时要用到木工锯,制作榫眼时要用到木工锯和凿子

C.制作榫头和榫眼时都要用到凿子

D.制作榫头时要用到木工锯和凿子,制作榫眼时要用到木工锯

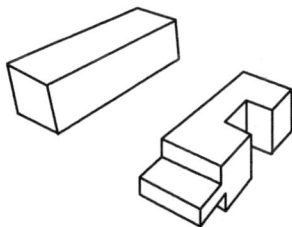

图 3-37

14.如图 3-38 所示,给小铁锤加工 M8 的螺纹孔。下列工具中不需要的是(　　)。

A.样冲　　　　　　B.丝锥　　　　　　C.圆板牙　　　　　　D.钻头

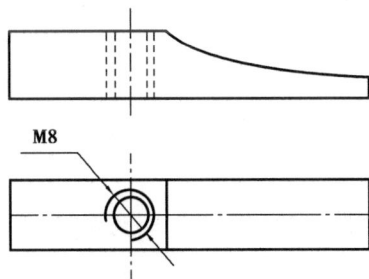

图 3-38

图 3-39

15.用铝板加工如图 3-39 所示的吊坠时,在下列关于该吊坠的加工说法中,不合理的是(　　)。

A.可用划针和划规划线

B.用钢丝锯锯出大致轮廓

C.可以用半圆锉的平面来锉削凸圆弧部分

D.中间内部圆弧部分可用半圆锉打磨

二、综合分析题

某学生用直径 20 mm 的铝棒加工成如图 3-40 所示的螺栓。

（1）恰当的加工工艺步骤是①→_____→_____→⑤→_____（请根据序号的内容在空格处填写正确的序号，①划线；②套外螺纹；③锯割；④锉削；⑤顶部倒角）。

（2）上述工艺中不需要的工具是_____、_____（从"①手锯；②锉刀；③钻头；④丝锥；⑤板牙扳手；⑥板牙"中选出两种，在空格处填写相应的序号）。

图 3-40

（3）在上述工艺流程中，采用_____可以缩短加工的时间（从"①砂轮机；②电焊机；③台钻"中选出一种，在空格处填写相应的序号）。

第二节　材料的选择及模型制作

1.材料分类

●天然材料:竹子、木头、大理石等。优点是安全、无害；缺点是生长周期长，破坏环境和生态平衡。

●金属材料:铜、铁、金、银等。优点是机械性能好，有韧性、塑性，容易加工，可大量生产；缺点是冶炼时消耗大量能源，产生废水、废气等污染环境。

●化学材料:油漆、涂料、塑料等，优点是稳定、耐用性能好；缺点是生产过程会产生有毒、有害物质，塑料不易降解，污染环境。

●复合物质:各类铝合金、玻璃等。优点是有特殊的性能，如铝合金既轻又硬；缺点是生产制造困难。

●新材料:纳米材料、高温超导材料等。优点是有新的特性，如超导电性；缺点是难生产，成本高。

●混合材料:天然材料与合成材料的综合，如胶合板、纸、混纺料等。

2.材料的挑选

●材料的特性:塑性（塑料、铜、铝）、弹性（橡胶、钢材）、耐腐蚀性（如塑料的耐酸碱）、光学特性、放射性、硬度特性等。

●标准件与元器件:标准件如螺纹件、键、销、滚动轴承等；元器件如电阻、电容、电感、晶体管和集成块等。

3.常用的连接方式

刚连接是指被连接的构件在连接处既不能相对移动又不能相对转动的一种连接方式，如榫接、胶接、焊接等；而铰连接是指组件连接在一起不可以分离，但组件可以相对运动的连接，如松螺栓、松铆、折叠伞伞骨间的连接、门与门框的连接等。

（1）金属的连接

金属的连接包括铆接、黏接、焊接、螺栓和螺母连接等。

●螺栓连接:金属板或金属件之间可拆装的连接方式，如图 3-41 所示。

平垫圈可使连接处受力均匀，弹簧垫圈常用于易受振动场所，元宝螺帽用于经常需要拆

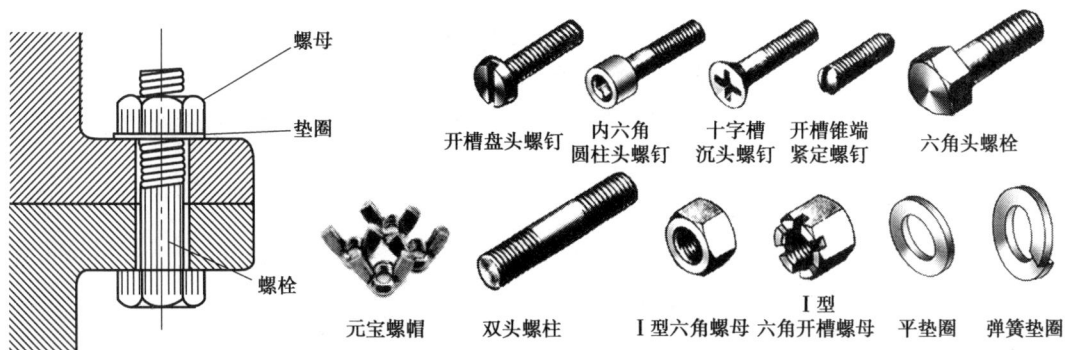

螺母

垫圈

螺栓

开槽盘头螺钉　内六角圆柱头螺钉　十字槽沉头螺钉　开槽锥端紧定螺钉　六角头螺栓

元宝螺帽　双头螺柱　Ⅰ型六角螺母　Ⅰ型六角开槽螺母　平垫圈　弹簧垫圈

图 3-41

装的零件的连接。

●铆接：用铆钉连接两件或两件以上工件的连接方式。铝合金或铝板之间的连接通用铆接，如图 3-42 所示是铝板铆接用到的铆钉和铆枪。

图 3-42

●焊接：金属铁板或铁块之间一般采用电焊接（图 3-43）；不锈钢管一般采用氩弧焊（图 3-44）；电子元件采用电烙铁锡焊接（图 3-45）。

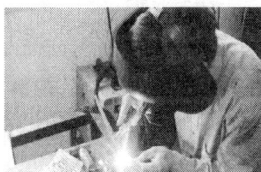

图 3-43　　　　　　　图 3-44　　　　　　　图 3-45

（2）木料的连接

木料的连接方法：螺栓连接、钉接、榫接、合页连接、胶连接等。

榫卯连接：在两个木构件上所采用的一种凹凸结合的连接方式，如图 3-46 所示。凸出部分称为榫（或榫头），凹进部分称为卯（或榫眼、榫槽）。

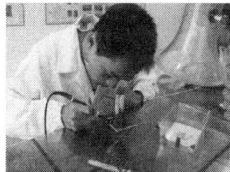

燕尾榫

图 3-46

塑胶管之间常采用胶粘接或热熔接。热熔接过程如图 3-47 所示。

设备或组件与墙体、地面之间的连接通常采用膨胀螺栓（膨胀螺丝）连接。如防护栏、雨篷、空调以及镜面灯的安装等都会用到膨胀螺栓（图 3-48）。

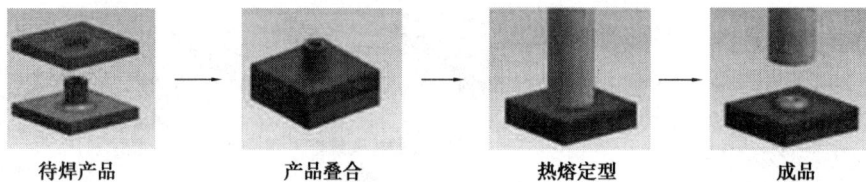

| 待焊产品 | 产品叠合 | 热熔定型 | 成品 |

图 3-47

图 3-48

4.模型或原型的制作

（1）原型和模型的概念

原型是指第一个能够全面反映产品的功能和性能的物体。模型是按比例制成与实物相似的一种物体。

●草模：用于产品设计造型的初期阶段，可将模型构思简单表示出来，供设计人员深入探讨时使用。

●概念模型：在草图的基础上，从整体上表现产品造型。

●结构模型：用于研究造型与结构的关系，清晰地表达产品的结构尺寸和连接方法，常用于结构试验等。

●功能模型：用于研究产品的性能和人机关系，并在一定条件下进行试验。

●展示模型：按照准确的尺寸，选择适当的比例，做成与实际产品形态高度相似的模型，作为样品、展示、市场宣传用。

（2）模型或原型的制作步骤

制作步骤如下：①按照设计图纸配备材料，根据材料的特性与现有的工具设备条件选择材料的加工工艺；②按设计图纸对材料进行零件加工；③将加工好的零件组装成部件，再将部件装配成产品；④根据需要进行表面涂饰。

（3）模型或原型的表面处理

表面处理有三个步骤：

①表面刷光：准备（清除毛刺和铁屑）→粗处理（用细锉锉平金属表面）→细处理（用精细级金刚砂纸打磨）。

②喷涂油漆：先检验油漆对金属表面的适用性，然后涂防锈漆，再喷涂油漆。

③镀层：如果不涂油漆，就可以在金属表面涂上一层塑料，也可以采用电镀的方法。

📋 典型案例分析

【案例1】下列不属于标准件的是（　　　　）。

 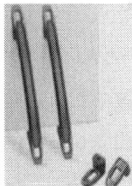

A.双头螺栓   B. 弹性垫圈   C.铆钉   D.门拉手

【答案】D

【解析】本题主要考查对标准件的认识。标准件是指具有统一的形状、尺寸、公差和技术要求等的零件(或部件)。常见的标准件包括紧固件、连接件、传动件、密封件、液压元件、气动元件、轴承、弹簧等,都有相应的国家标准。因此本题的正确答案是D。

【案例2】小王模仿了小型台虎钳夹持在工作台板上的结构,设计出能夹持桌子面板的台灯底座,如图3-49所示。如果构件1的材料采用硬质塑料,为了夹持更加牢固,在构件1的下表面最适合贴的材料是(   )。

A.钢板   B.铁板

C.木板   D.橡胶

【答案】D

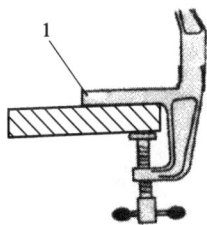

图 3-49

【解析】本题主要考查材料的选择。材料的选择要根据实际情况结合材料的性质,选择相应的材料,因为构件1比较硬,中间垫橡胶比较合适,摩擦力较大,也不会夹坏桌面,因此选择D选项。

【案例3】如图3-50所示是一款法兰阀门,法兰阀门与其他法兰或管道之间的连接方式通常是(   )。

A.螺栓螺母连接   B.铆接

C.焊接   D.膨胀螺丝连接

【答案】A

图 3-50

【解析】本题主要考查设计中结构的连接方式。法兰阀门与其他法兰或管道之间的连接方式常为螺栓螺母连接,这样方便安装与维护。所以本题的正确答案是A。

【案例4】如图3-51所示分别是螺栓、平垫圈和弹簧垫圈,关于这三种连接件的说法中,正确的是(   )。

A.螺栓使用时都要配有螺母、平垫圈和弹簧垫圈

B.弹簧垫圈和平垫圈的作用是一样的

C.平垫圈的作用主要是使受力面受力均匀

D.平垫圈和弹簧垫圈在螺栓上一起使用时,其放置顺序没有
关系

图 3-51

【答案】C

【解析】本题主要考查连接方法的选择。弹簧垫圈通常是防止振动引起连接处的松动而

使用,平垫圈的作用是让工件或平面的受力均匀,而平垫圈和弹簧垫圈在螺栓上的顺序关系是先放平垫圈后放弹簧垫圈。因此本题的正确答案是 C。

【案例5】某同学家的木质书桌长期使用后,其桌面已经严重掉漆,而且有很多地方坑洼不平,他决定对桌面进行简单的维修。下列维修工序中最合理的是( )。

A.打磨 →上漆 →刨平　　　　　　　　B.上漆 →打磨 →刨平

C.上漆 →刨平 →打磨　　　　　　　　D.刨平 →打磨 →上漆

【答案】D

【解析】本题主要考查表面加工工艺。正确的工艺顺序为先刨平再打磨最后才能上漆。因此本题的正确答案是 D。

检测练习

单项选择题

1.下列不属于标准件的是( )。

　　A.螺栓　　　　　　B.滚动轴承　　　　　　C.麻花钻头　　　　　　D.电脑键盘

2.下列选项中常用于加热造型的材料是( )。

　　A.玻璃　　　　　　B.铁板　　　　　　　　C.木板　　　　　　　　D.塑料

3.下列材料中塑性(延展性)最大的是( )。

　　A.铝　　　　　　　B.钢　　　　　　　　　C.玻璃　　　　　　　　D.木板

4.下列材料中弹性相对最大的是( )。

　　A.铝　　　　　　　B.橡胶　　　　　　　　C.玻璃　　　　　　　　D.木板

5.材料世界是一个丰富的世界,木质材料、金属材料、塑料材料、电子材料、纸质材料等都是常见的材料。有关材料的加工,下列说法正确的是( )。

　　A.不同的行业、不同的工种、不同的工序,往往有其特定的工艺要求和严格的工艺规范

　　B.材料不同,对其进行加工的工艺是相同的

　　C.对各种材料进行加工时,使用的工具是相同的

　　D.各种材料的加工可以使用统一的工艺规范

6.自行车采用了螺栓、螺母等许多标准件,下列关于标准件的相关说法中,正确的是( )。

　　A.使用标准件可提高产品的美观性

　　B.使用标准件可实现通用互换,降低生产成本

　　C.使用标准件可实现环保和可持续发展

　　D.使用标准件可减少零件数量

7.能清晰地表达产品的结构尺寸和连接方法,并用于进行结构强度试验的模型属于( )。

　　A.草模　　　　　　B.概念模型　　　　　　C.结构模型　　　　　　D.功能模型

8.有一位学生设计了一款收纳盒,想对其性能和人机关系进行研究,他设计的模型应该是( )。

A.展示模型　　　　　B.概念模型

C.结构模型　　　　　D.功能模型

9.要制作如图 3-52 甲所示的割草机,在设计制作时采用了如图 3-52 乙所示的模型进行试验,用于研究其性能以及人机关系。图乙所示的模型属于(　　　)。

图 3-52

A.概念模型　　　　　B.结构模型

C.功能模型　　　　　D.草模

10.如图 3-53 所示是东周时期的青铜鼎,它采用的工艺是(　　　)。

A.锻造工艺　　　　　B.铸造工艺

C.冲压工艺　　　　　D.钳工工艺

11.如图 3-54 所示为一款小凳子,设计该产品时,下列因素不需要考虑的是(　　　)。

图 3-53

A.制作小凳子所选用的材料　　　B.小凳子的加工工艺

C.构件间的连接方式　　　　　　D.产品的推销人员

小张设计了如图 3-55 甲所示的可折叠木质挂钩,安装在墙上使用,最大可展开至如图 3-55 乙所示位置。请回答 12、13 题。

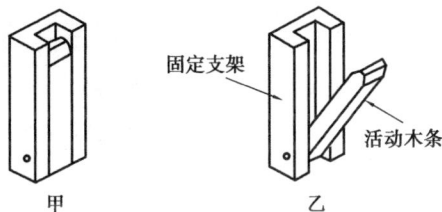

图 3-54

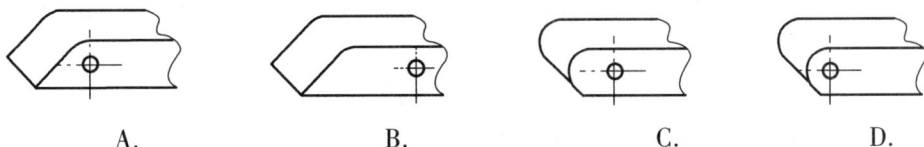

图 3-55

12.活动木条连接处的结构示意图应当是(　　　)。

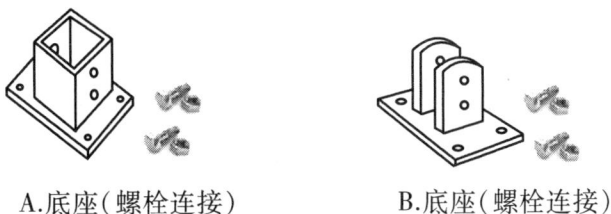

A.　　　　　　　B.　　　　　　　C.　　　　　　　D.

13.活动木条与固定支架之间不适宜采用的连接方式是(　　　)。

A.销钉连接　　　　　　B.螺栓连接

C.松铆连接　　　　　　D.膨胀螺丝连接

14.学校欲将旗杆(圆形钢管,可横向打孔)固定在旗台上,若既要保证足够的强度,又要使旗杆容易放倒以便维修,你认为以下最合理的方案是(　　　)。

A.底座(螺栓连接)　　　　　　B.底座(螺栓连接)

C.底座(自攻螺钉连接)　　　　　　　D.底座(自攻螺钉连接)

15.在家中的瓷砖墙面上安装挂毛巾的不锈钢架,如图3-56所示,通常选用的连接件是( )。

A.　　　　　B.　　　　　C.　　　　　D.　　　　　图3-56

📝 知识结构

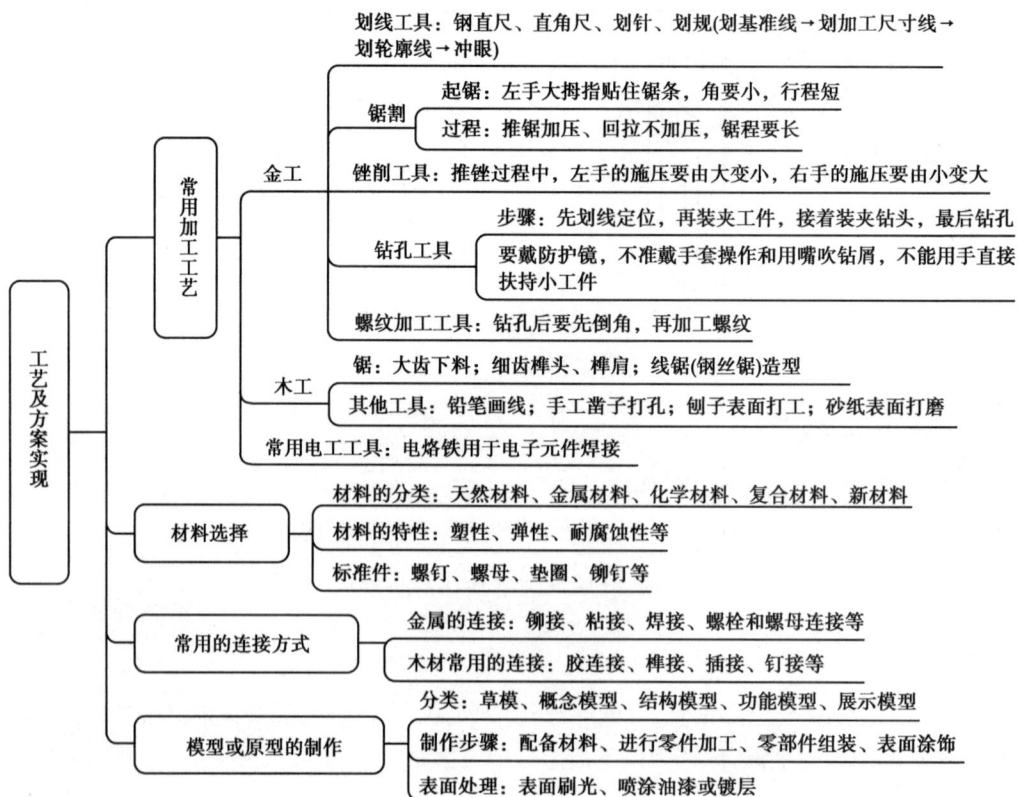

专题检测

一、单项选择题(共20小题,每小题2分,共40分)

1.关于锯割工艺,下列说法不恰当的是(　　)。

　　A.一般从工件靠近自己的一端起锯,起锯角小于15°

　　B.起锯时用左手的大拇指贴紧锯条,使它正确地锯在所需位置上

　　C.锯圆钢时,为得到整齐的锯缝,应从起锯到结束保持一个方向

　　D.锯圆管时,薄管应夹在木垫之间,锯到内壁就应把管子向推锯方向旋转一些再锯

2.关于金工工艺的操作要领,下列说法不正确的是(　　)。

　　A.钻孔操作时要做好安全防护措施,需要戴防护眼镜,但不准戴手套

　　B.在推锉过程中,两手均匀施压,保持受力方向平直

　　C.冲眼时冲尖对准划线的交点或划线

　　D.钻孔时,不能用手直接扶持小工件、薄工件,以免造成伤害事故

3.关于金工工艺的操作要领,下列说法不合理的是(　　)。

　　A.攻内螺纹的操作顺序是先钻孔,再进行底孔倒角,选择丝锥以后装夹工件就可攻内丝

　　B.窗户铝材加工时,铝板之间通常采用铆接

　　C.一般可用金刚砂纸对金属进行打磨,选择的金刚砂纸目数越高,筛孔越多,磨料就越细

　　D.为了防止锉刀生锈,可以在上面涂上润滑油

4.用6 mm钢板加工如图3-57所示的零件,下列工具不需要的是(　　)。

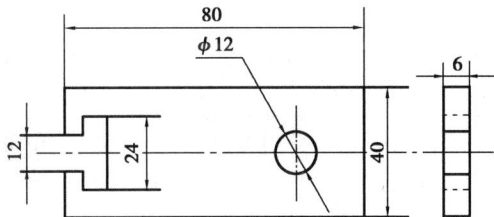

图 3-57

　　A.台钻　　　　　　B.钢丝锯　　　　　　C.样冲　　　　　　D.锉刀

5.用一定厚度的铝板制作如图3-58所示的小壁虎饰品,以下操作合理的是(　　)。

　　A.细长的躯体可直接用线锯先锯出外形

　　B.尾巴的锉削可用圆锉完成

　　C.可用精细级金刚砂纸进行表面打磨

　　D.为保证细小部位不发生变形断裂,要先淬火后加工

图 3-58

6.在如图3-59甲所示的榫卯结构中,图3-59乙为其榫头构件,则榫眼的结构是(　　)。

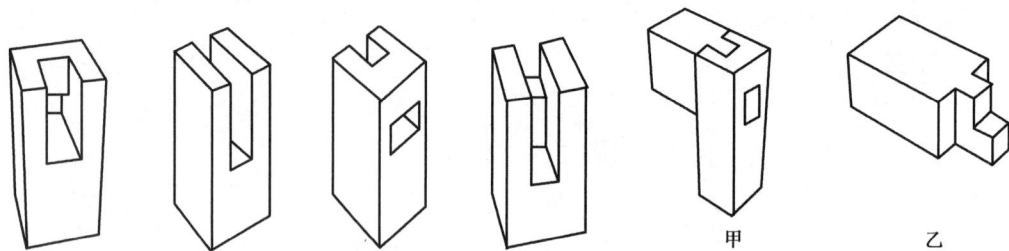

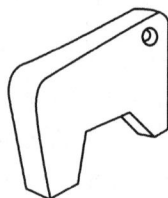

图 3-59

A.　　　　　B.　　　　　C.　　　　　D.

7.用一块矩形铝板加工如图 3-60 所示的工件,在下列关于加工工艺的说法中,不合理的是(　　)。

A.矩形凹槽可用钢锯锯割

B.连接件的圆角可以用平锉锉削加工

C.要在通孔内增加螺纹,可用板牙进行攻丝

D.锯割材料时,锯割线要保持竖直

图 3-60

8.在下列有关金属材料加工工艺操作要领的描述中,正确的是(　　)。

A.锯割时拉锯加压,推锯不加压

B.推锉过程左手施压要由小变大,右手施压要由大变小

C.锉削操作可以戴手套

D.手工套丝时,板牙不能反转

9.在下列有关锉削的操作描述中,正确的是(　　)。

A.夹持连接件时,锉削面应低于钳口平面

B.锉削后用手抹去锉屑,以免锉屑影响锉削的平整度

C.锉削平面时要保持锉刀平衡不摆动

D.在直锉法推锉过程中,右手施力由大变小,左手施力由小变大

10.下列是钻孔的加工工艺,最合理的加工步骤是(　　)。

①钻孔　　②冲眼　　③安装钻头　　④划线　　⑤安装工件

A.④③⑤①②　　　　　　　　　　　B.④②⑤③①

C.③④⑤①②　　　　　　　　　　　D.②③⑤④①

11.在下列加工工艺中,操作方法不合理的是(　　)。

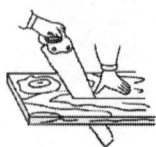　　　　　　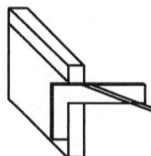

A.木材锯割　　B.用90°角尺检查　　C.样冲倾斜　　D.划垂直线
　　　　　　　　　工作面垂直度　　　　对准冲眼位置

12.如图 3-61 所示是用一块角铁和一根木条制作的三脚架,在下列有关加工工艺的说法中,合理的是(   )。

    A.划针紧贴钢直尺在角铁上划出锯割线

    B.用钢丝锯锯割角铁,并用平锉锉平锯割面

    C.木条钻孔前,先冲眼,后钻孔

    D.用扳手拧入铆钉连接角铁与木条

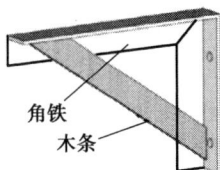

图 3-61

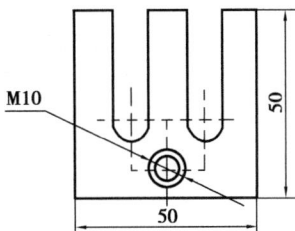

图 3-62

13.现有一块 80 mm×80 mm×10 mm 的铝板,以此为原料加工一个如图 3-62 所示的带螺纹孔的配件,以下加工顺序正确的是(   )。

    A.划线→锯割→锉削→冲眼→钻孔→倒角→攻丝

    B.划线→冲眼→钻孔→锯割→锉削→攻丝→倒角

    C.划线→冲眼→钻孔→锯割→锉削→倒角→攻丝

    D.划线→锯割→锉削→冲眼→倒角→钻孔→攻丝

14.用 4 mm 厚的铝板加工如图 3-63 所示的连接片,以下加工工艺不合理的是(   )。

    A.需要用到划针、划规和钢直尺进行划线

    B.用手锯锯出连接片的大致外轮廓

    C.用圆锉锉削外部整体形状

    D.内部 3-φ12 孔的加工流程为先冲眼,再钻孔

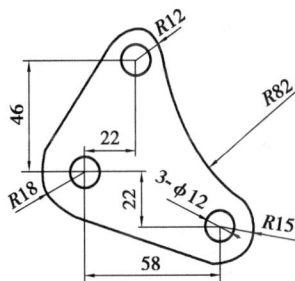

图 3-63

15.如图 3-64 所示是一个机械传动机构的设计图,该机构是通过转动手柄带动摇臂转动,再通过转动轴与转动臂,实现滑动臂在滑槽中滑移。为使手柄带着摇臂转动,使转动轴高度不变,需要设计一个固定转动轴位置的支撑架,而且该支撑架通过固定孔固定在底座上。以下方案最合理的是(   )。

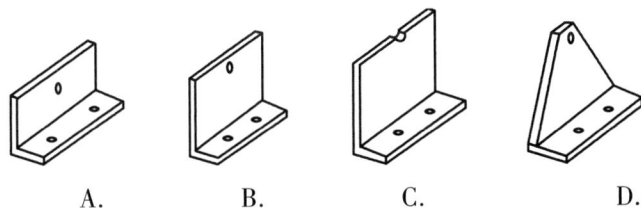

A.   B.   C.   D.

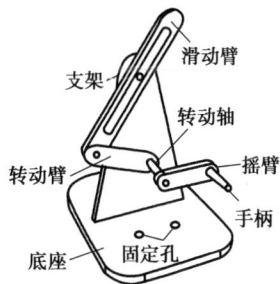

图 3-64

16.如图 3-65 所示,在户外墙体上安装空调架,通常选用的连接件是(　　)。

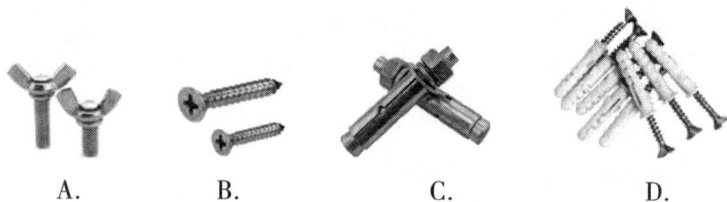

A.　　　　B.　　　　C.　　　　D.

图 3-65

17.如图 3-66 所示是一款自动捡球机,电机带动转轴转动,通过皮带使扫球机捡球。扫球时,轮子和球容易打滑,扫球轮应该选择(　　)。

A.橡胶轮　　　　B.硬塑料轮　　　　C.不锈钢轮　　　　D.金属轮子

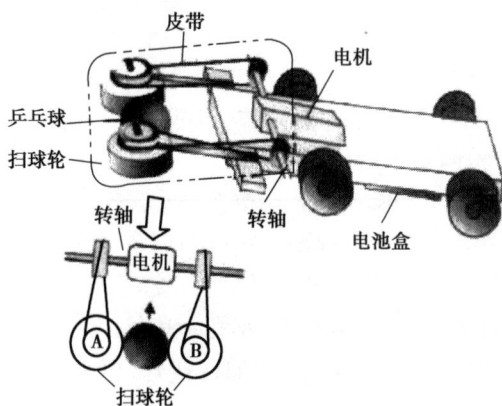

图 3-66

18.在下列两木板的连接结构中,连接后最稳定的是(　　)。

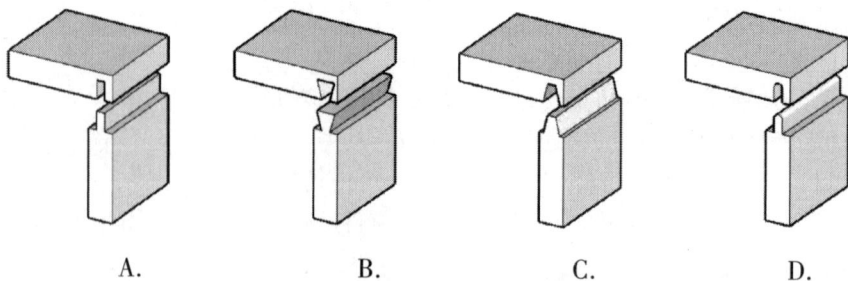

A.　　　　B.　　　　C.　　　　D.

19.如图 3-67 所示,要把直角钢板紧固在方钢管上,应采用的连接件是(　　)。

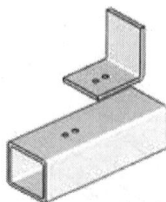

A.　　　　B.　　　　C.　　　　D.

20.对于需要经常拆装的部件(如木制报纸架)的连接,宜采用的连接件是(　　)。

图 3-67

A.螺栓、螺母和垫圈　　　　B.平头螺丝　　　C.元宝螺帽和螺栓　　D.螺栓和螺母

二、判断题(共15小题,每小题2分,共30分)

1.角尺在使用时要紧贴工件的一个基准面。 （　　）

2.划针在使用时一定要垂直角尺进行划线。 （　　）

3.为了使加工的金属端面更平整,通常选用细齿钢锯锯割。 （　　）

4.在凸面加工时,通常选用圆锉进行锉削。 （　　）

5.三角锉通常用于金属锐角的加工锉削。 （　　）

6.用手直接扶持小工件、薄工件进行钻孔,可以提高加工的精度。 （　　）

7.电钻可在墙面、金属、木材等物质上打孔洞。 （　　）

8.板牙与板牙扳手在套外丝时使用。 （　　）

9.钢丝锯常用于木板上锯割造型。 （　　）

10.手工凿是制作榫头的主要工具。 （　　）

11.电子元件具有互换性,它是标准件中的一类。 （　　）

12.汽车轮子的外胎,应选用摩擦系数小、硬度强度高的材料制作。 （　　）

13.剪刀两刀片之间的连接方式通常都是铆接。 （　　）

14.平垫圈可使连接处受力均匀,弹簧垫圈常用于易受振动场所,元宝螺帽用于经常需要拆装的零件的连接。 （　　）

15.功能模型常用于研究产品的性能和人机关系。 （　　）

三、综合分析题(共2小题,每小题15分,共30分)

1.如图3-68所示为实验室中常用的铁架台及固定到铁架台上的连接件,请分析该连接件的加工工艺,回答以下问题。

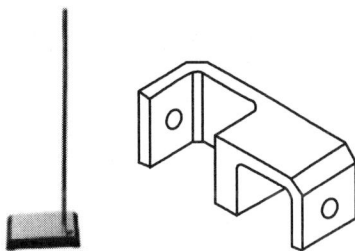

图3-68

(1)如果用大小合适的方钢加工该连接件,则合理的加工流程为:

划线→_____→_____→_____→攻丝(在"①锯割;②钻孔;③底孔倒角"中选择,将序号填写在"_____"处)。

(2)要把连接件固定到铁架台上,下列选项合适的是(　　)。

A.十字槽自攻螺钉　　B.元宝螺栓　　C.六角头螺栓　　D.紧定螺钉

（3）为了防止生锈,可以采用的工艺是(　　)。

  A.打磨　　　　　　B.淬火　　　　　　C.回火　　　　　　D.喷涂油漆

（4）铁架台的金属杆没有固定在中间而是偏向一侧,其目的是(　　)。

  A.减少金属杆的弯曲程度　　　　　　B.提高金属杆的强度

  C.提高铁架台的稳定性　　　　　　D.提高底座强度

2.小李用 3 mm 厚的钢板加工成如图 3-69 甲所示的连接片,用于木料和地面的连接(图 3-69 乙),请回答以下问题。

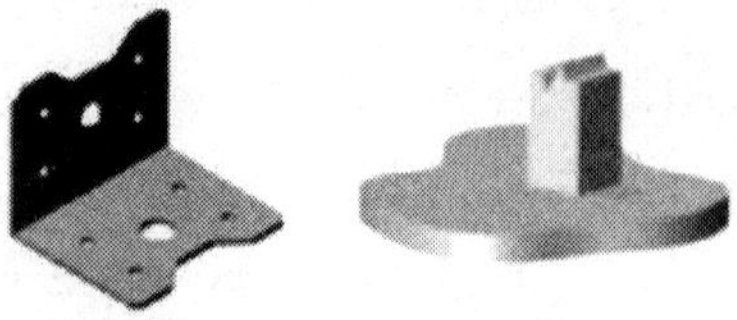

图 3-69

（1）加工该连接片的流程为:下料→划线→_____→锉削→冲眼→_____→折弯(在"①钻孔;②攻丝;③锯割;④套丝"中选择合适的选项,将序号填写在"_____"处)。

（2）加工该连接片不需要用到的工具为_____和_____(在"①手锯;②板牙;③螺丝刀;④平锉;⑤划针"中选择合适的两项,将序号填写在"_____"处)。

（3）将该连接片与水泥地面进行连接,需要用到的连接件为_____(在"①自攻螺丝;②膨胀螺栓;③紧定螺丝"中选择合适的选项,将序号填写在"_____"处)。

（4）将该连接片用于室外,为了防锈,现对其表面进行处理,在日常生活中最有效快速的加工方式为_____(在"①抛光打磨;②电镀;③喷漆"中选择合适的选项,将序号填写在"_____"处)。

专题四　技术交流与评价

课程标准

1.说明技术语言的种类及其应用,识读简单的机械加工图、电子线路图、效果图、装配图等常见的技术图样。运用手工绘图工具和简易的绘图软件绘制草图、简单的三视图,用恰当的技术语言与他人交流设计思想和成果。

2.阐述技术试验的意义、特点,结合技术作品的设计与评价进行简单的技术试验,写出技术试验报告,并体验技术探究、技术革新活动的乐趣。

3.从技术的功用性、可靠性、创新性和文化性以及专利保护等角度对作品(产品)设计过程和最终产品进行整体评价,写出评价报告,并形成初步的知识产权保护意识。

考试要求

知识点	内　容	考试层次		
		A	B	C
设计和交流中的技术语言	技术语言的种类、作用及草图绘制			√
简单三视图的绘制	三视图的绘制方法	√		
尺寸标注	常用的图线线型及标注方法	√		
设计评价	评价内容、过程及评价报告		√	
产品说明书	产品说明书的编写		√	

知识点拨

第一节　设计交流技术语言

1.设计和交流中的技术语言种类、作用

技术语言包括口头语言、文本、技术图样、图表、模型、符号、计算机演示、网页等。有时必须用图表或图纸来进行表达,常见的有三视图、模型、效果图。

效果图能正确表达实物的造型结构、尺寸比例和色彩,具有准确性和真实性的特点。

模型在设计和交流中起着十分重要的作用,用于研究交流的模型通常有物理模型和数学模型两种。

2.三视图

(1)正投影的特性

● 真实性:物体上的平面(或直线)与投影面平行时,投影就反映实形(或实长)。

● 积聚性:物体上的平面(或直线)与投影面垂直时,投影就积聚为一直线(或一点)。

● 收缩性:物体上的平面(或直线)与投影面倾斜时,投影就缩小(或缩短)。

(2)三视图的内容

三视图主要包括主视图、俯视图、左视图三个基本视图。

绘制三视图的原则:主视图和俯视图都反映物体的长度,而且"长对正";主视图和左视图都反映物体的高度,而且"高平齐";俯视图和左视图都反映物体的宽度,而且"宽相等"。画法如图 4-1 所示。

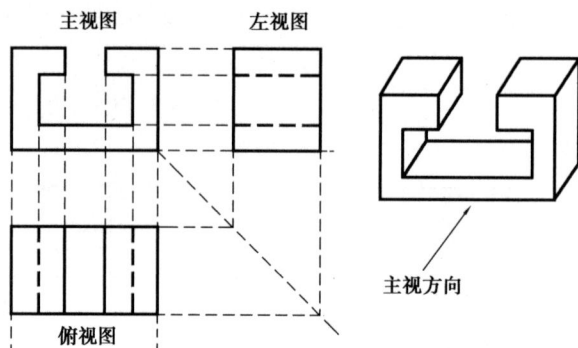

图 4-1

3.形体尺寸标注

(1)常用的图线线型

轮廓线使用粗实线;尺寸线、尺寸界线使用细实线;轴线、对称中心线使用细点画线;不可见轮廓线使用细虚线。

画线时,在同一张图中,同类图线的宽度应一致。尺寸线必须单独画出,不能与其他图线重合或在其延长线上,一般采用箭头作为尺寸线的终端。尺寸界线可用轮廓线和轴线代替。

(2)尺寸标注

图样的尺寸线所注尺寸是零件的真实大小,以 mm 为单位时,不用标注,使用其他单位时,要标注。角度以"°""'"为单位,要标注。标注时,一般情况下,水平方向的标注写在尺寸线的上方,字头朝上;垂直方向的标注写在尺寸线的左侧,字头朝左;一般不能有任何图线穿过数字;圆弧在标注尺寸线时应倾斜,不能与水平和竖直方向的点画线重合,半圆或不足半圆的圆弧要标注半径,半径用"R"标注,超过半圆的要使用直径,用"φ"标注,如图 4-2 所示,另外,同一图样中标注不能重复,不能闭合。

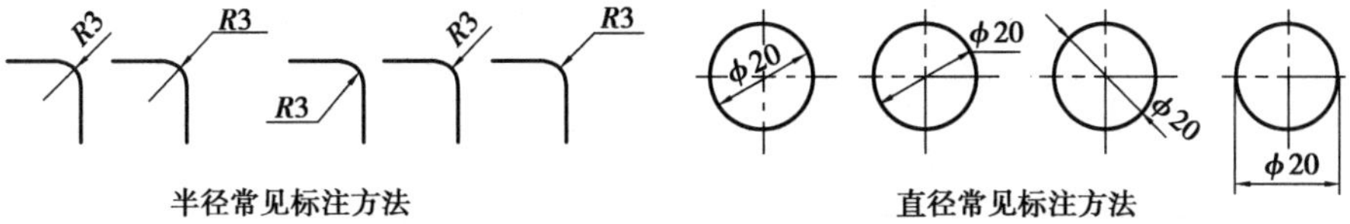

半径常见标注方法　　　　直径常见标注方法

图 4-2

📋 **典型案例分析**

【案例 1】关于设计的技术语言,下列说法不正确的是(　　　)。

A.包括口头、文本、技术图样、图表、模型等

B.效果图是一种技术语言,它能表现设计的形体、色彩

C.零件图、装配图以及电路图等都是一种技术语言

D.数学模型不是一种技术语言

【答案】D

【解析】本题主要考查技术语言的内容。技术语言是在技术设计中用于交流的语言,只要与技术设计相关的数学模型、物理模型以及计算机仿真等都是技术语言,所以选择 D。

【案例 2】如图 4-3 所示是一个物体的正投影图,下列说法正确的是(　　　)。

A.从图中可以看出这个物体是一个长方体

B.从图中不能看出这个物体的具体形状

C.这个物体的底面一定和图中长方形一致

D.这个物体的顶面一定和图中长方形一致

图 4-3

【答案】B

【解析】本题主要考查正投影的基本特性。从正投影的收缩性可以看出,当物体上的平面(或直线)与投影面倾斜时,它的投影会缩小(或缩短),并产生变形,所以只从正投影中不能看出这个物体的具体形状,故本题的正确答案是 B。

【案例 3】三视图中能够同时反映物体高的视图是(　　　)。

A.主视图和左视图　　　　　　　　B.主视图和俯视图

C.左视图和俯视图　　　　　　　　D.以上都不能

【答案】A

【解析】本题主要考查三视图的位置关系。要熟悉三种视图的画法,其原则是"主俯长对正、主左高平齐、俯左宽相等"。因此本题的正确答案是 A。

【案例 4】如图 4-4 所示是某零件的轴测图,其正确的左视图是(　　　)。

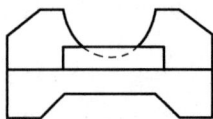

A.   B.

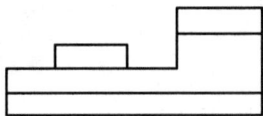

C.   D.

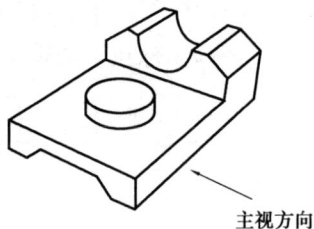

主视方向

图 4-4

【答案】B

【解析】本题主要考查简单形体的三视图。一定要注意主视方向,在主视方向的基础上进行各方向的投影,向右正投为左视图,被挡的轮廓线为虚线,因此 B 项正确。

【案例5】榫卯结构是我国古代建筑的一大特色,如图 4-5 所示是一个燕尾榫的立体图,以及其主视图和左视图,则俯视图为(　　)。

A.   B.

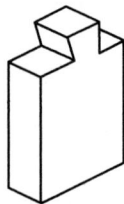

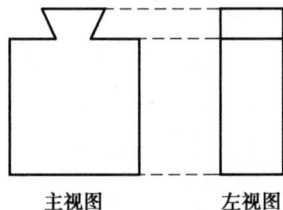

主视图   左视图

C.   D.

图 4-5

【答案】B

【解析】本题主要考查简单三视图的绘图方法。在观察者所在的位置看不到的图形轮廓线要以虚线标注。由主视图中可以看出,燕尾榫俯视图中应该有两条虚线,这两条虚线之间是没有实线存在的,故选择 B 选项。

【案例6】如图 4-6 所示为某零件的主视图和俯视图,根据主、俯视图判断,以下四个左视图中,正确的是(　　)。

A.   B.   C.   D.

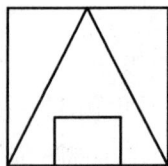

主视图

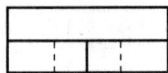

俯视图

图 4-6

【答案】A

【解析】本题主要考查三视图之间的关系。以"长对正、高平齐、宽相等"为依据,通过主视图可以看出零件下方有方形凹槽,通过俯视图看出凹槽只存在于三棱柱中,并没有贯穿整个零件,故选择 A 选项。

【案例7】请结合所学知识,将如图 4-7 所示构件的三视图补充完整。

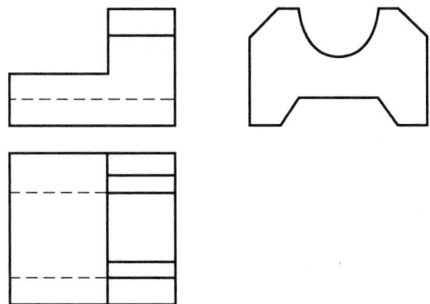

主视方向

图 4-7

【答案】

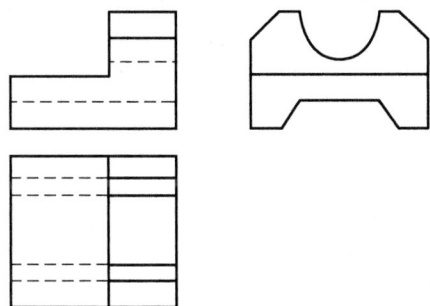

【解析】本题主要考查简单形体的三视图绘制。作图时要注意视图方向,其顺序分别为主视图、左视图和下方的俯视图,视图方向所能看见的轮廓线为实线,被挡的轮廓线为虚线。

【案例 8】如图 4-8 所示是一个构件的轴测图,请补全三视图所缺的三条线。

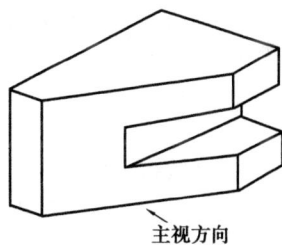

主视方向

图 4-8

【答案】

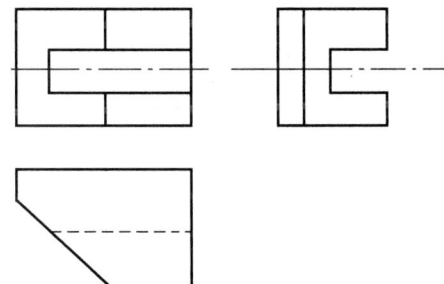

【解析】本题主要考查简单形体的三视图绘制。作图时根据"长对正,高平齐,宽相等"的原则,找出所缺三条图线与其他图线的关系,然后逐步补出即可。

【案例 9】下列为部分图纸的标注,其中尺寸标注正确的是(　　)。

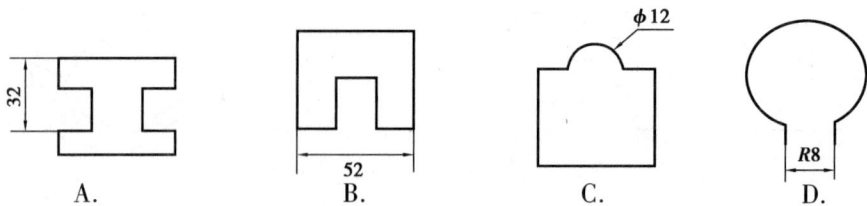

A.   B.   C.   D.

【答案】A

【解析】本题主要考查制图规范。制图时首先注意线型的选择,粗实线为轮廓线,细实线为尺寸线,细点画线为轴线,细虚线为不可见轮廓线。而标注时 R 表示圆弧,半圆或不足半圆的圆弧标注半径 R,故 C 与 D 都错误;水平方向的数字标注在上方,B 也错误;垂直方向的标注写在尺寸线的左侧,字头朝左,因此 A 正确。

【案例 10】在如图 4-9 所示的尺寸标注中,不正确的标注共有(   )。

A.3 处

B.4 处

C.5 处

D.6 处

【答案】C

【解析】本题主要考查制图规范。半圆或不足半圆的圆弧要标注半径,用"R"标注,超过半圆的圆弧要标注直径,用"ϕ"标注,图中"$R5$"标注

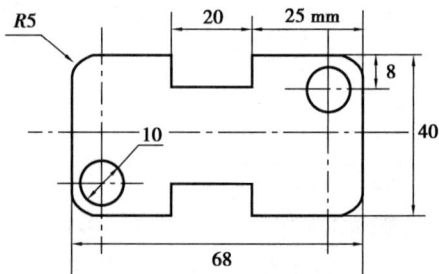

图 4-9

正确,"10"标注错误。标注时字头在上标线上方或左侧,如果单位是 mm,要省略,所以标注"68""8""40""25 mm"都错误。故本题的正确答案是 C。

📋 **检测练习**

一、单项选择题

1.装修新房时,为了有效描述装修风格,最适合的技术语言是(   )。

    A.口头语言   B.设计草图   C.效果图   D.技术图纸

2.下列不属于正投影基本特性的是(   )。

    A.真实性   B.平行性   C.收缩性   D.积聚性

3.能反映物体左右、前后的位置关系,即反映物体长度和宽度的视图是(   )。

    A.左视图   B.俯视图   C.主视图   D.右视图

4.在下列有关正投影三视图的投影规律的描述中,正确的是(   )。

    A.主俯视图"宽相等"   B.主左视图"宽相等"

    C.俯左视图"高平齐"   D.主俯视图"长对正"

5.如图 4-10 所示是某工件的轴测图,以下为某学生所画该工件的三视图,正确的是(   )。

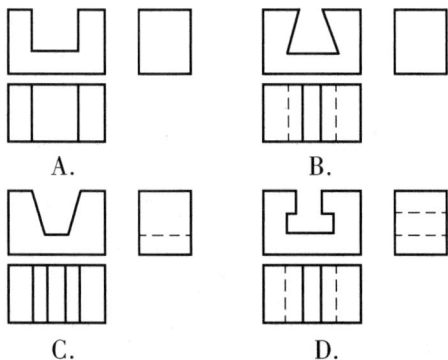

A.　　　　　　B.

C.　　　　　　D.

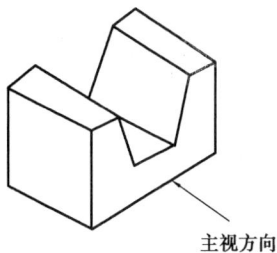

图 4-10

6.如图 4-11 所示为某工件的形体、主视图和俯视图,下列选项中正确的左视图是(　　)。

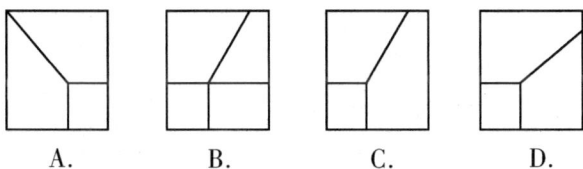

A.　　　B.　　　C.　　　D.

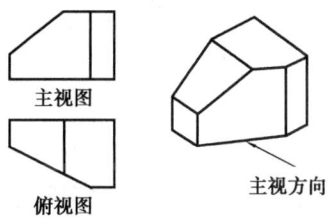

图 4-11

7.某模型如图 4-12 所示,以下为某学生所画该模型的三视图,正确的是(　　)。

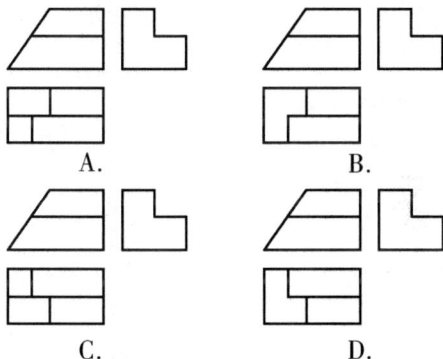

A.　　　　　　B.

C.　　　　　　D.

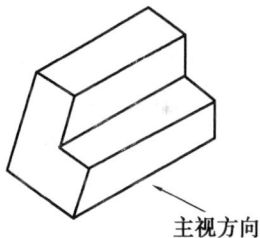

图 4-12

8.如图 4-13 所示是某模型的俯视图,以下与之对应的模型是(　　)。

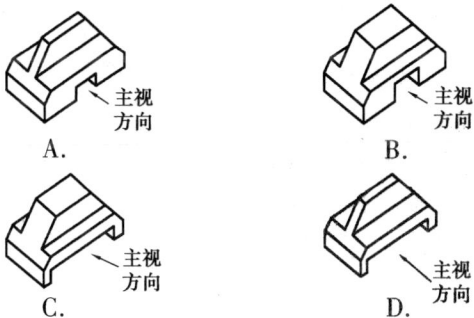

A.　　　　　　B.

C.　　　　　　D.

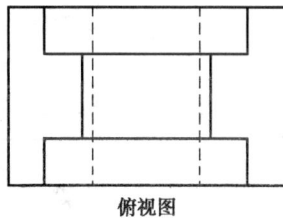

俯视图

图 4-13

9.如图 4-14 所示是一个模型的三视图,其正确的轴测图是(　　)。

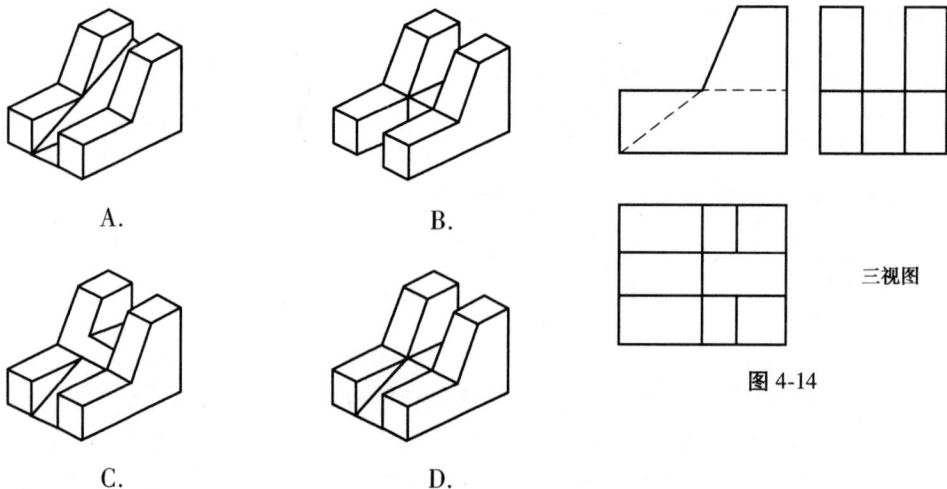

A.   B.   三视图

C.   D.   图 4-14

10.下列有关尺寸标注的说法中,不正确的是( )。

　A.标注时要注意尺寸线、尺寸界线和尺寸的数值

　B.尺寸线、尺寸界线要用细实线

　C.尺寸线必须单独标注

　D.尺寸界线必须单独标注

11.关于形体的尺寸标注,下列说法正确的是( )。

　A.图样上的尺寸以厘米为单位时可以不注写

　B.绘制尺寸线时,可以利用图形的轮廓线、轴线或对称中心线代替

　C.水平方向的尺寸数字应注写在尺寸线的下方

　D.图样上的尺寸表示形体的真实大小

12.下列说法错误的是( )。

　A.尺寸线必须用细实线画出,不得用其他图线代替,也不得与其他图线重合或画在其延长线上

　B.图样上的尺寸以毫米为单位时不用注明单位,否则必须注明

　C.尺寸界线用细实线绘制,可由图形的轮廓线、轴线或对称中心线引出

　D.尺寸数字允许被任何图线穿过

13.以下数据为某一零件图纸中的标注,关于这些标注的说法不合理的是( )。

　A.设计图纸上的标注比例为 10∶1,其含义是设计图纸上的尺寸为相应工件对应尺寸的十分之一

　B.M20 表示是公称直径为 20 mm 的标准公制螺纹

　C.4-Φ20EQS 表示四个直径为 20 mm 的圆孔,均匀分布

　D.R4 表示圆弧半径为 4 mm

14.如图 4-15 所示为一个零件的部分尺寸标注,其

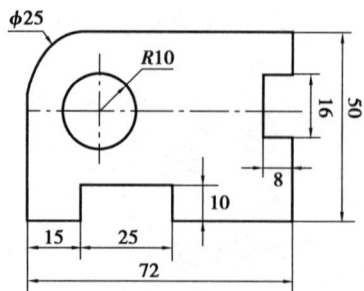

图 4-15

中不正确的标注共有(　　)。

　　A.3 处　　　　　　　　B.4 处　　　　　　　C.5 处　　　　　　　D.6 处

　　15.如图 4-16 所示为一个零件的部分尺寸标注,其中不正确的标注共有(　　)。

　　A.2 处

　　B.3 处

　　C.4 处

　　D.5 处

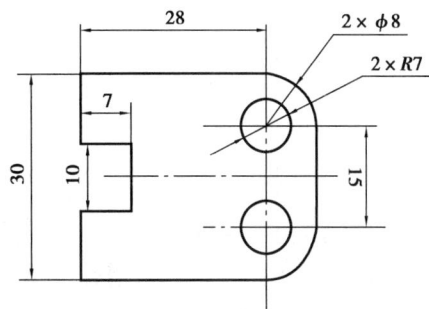

图 4-16

二、补全三视图

　　1.轴测图如图 4-17 所示,请补全三视图中所缺的两条图线。

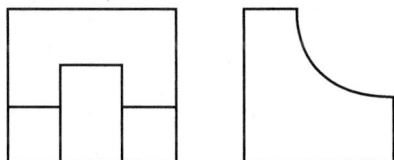

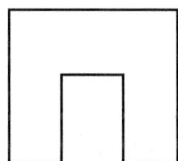

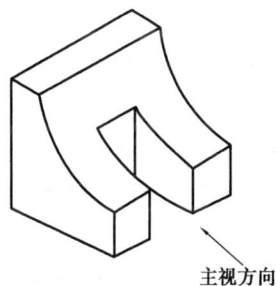

图 4-17

　　2.轴测图如图 4-18 所示,请补全三视图中所缺的图线。

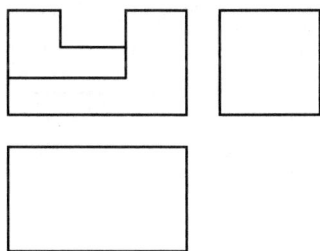

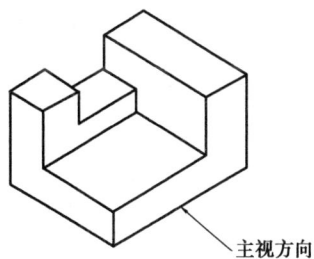

图 4-18

　　3.构件 A 和构件 B 如图 4-19 所示,请补全构件 A 的三视图中所缺的图线。

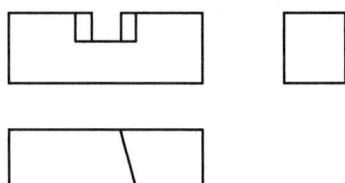

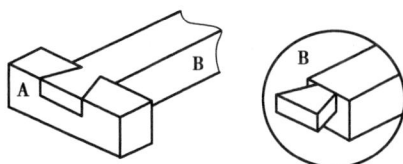

图 4-19

　　4.轴测图如图 4-20 所示,请补全三视图中所缺的图线。

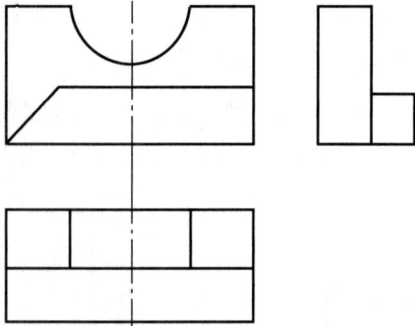

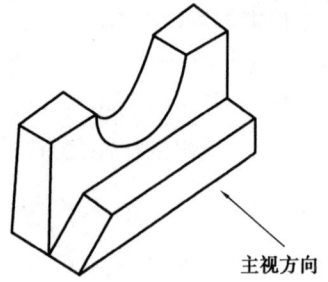

图 4-20

5.轴测图如图 4-21 所示,请补全三视图中所缺的图线。

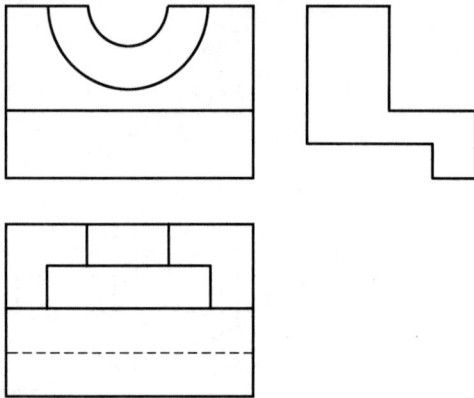

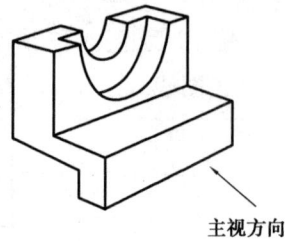

图 4-21

6.轴测图如图 4-22 所示,请补全三视图中所缺的图线。

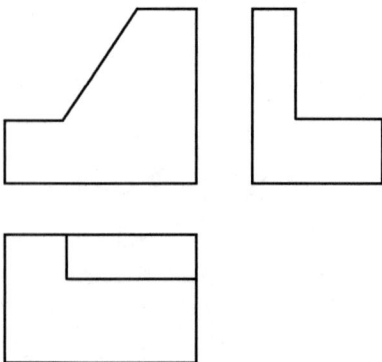

图 4-22

7.轴测图如图 4-23 所示,请补全三视图中所缺的图线。

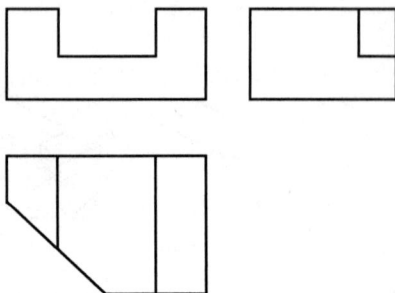

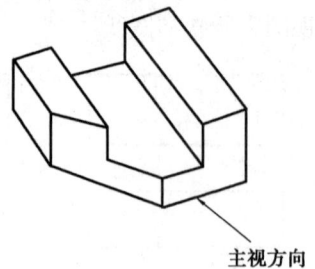

图 4-23

8.轴测图如图 4-24 所示,请补全三视图中所缺的图线。

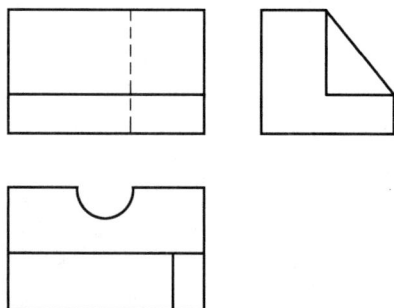

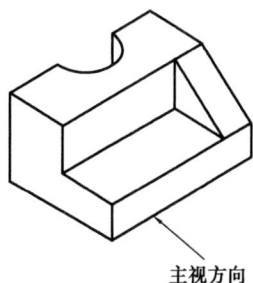

图 4-24

9.轴测图如图 4-25 所示,请补全三视图中所缺的三条图线。

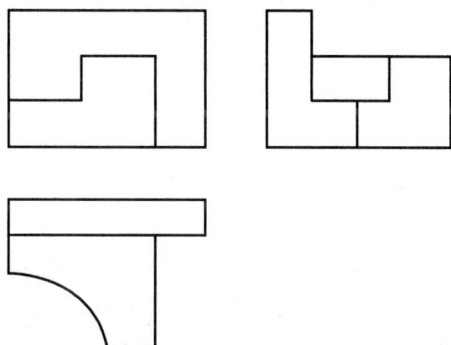

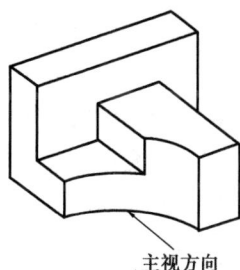

图 4-25

10.轴测图如图 4-26 所示,请补全三视图中所缺的图线。

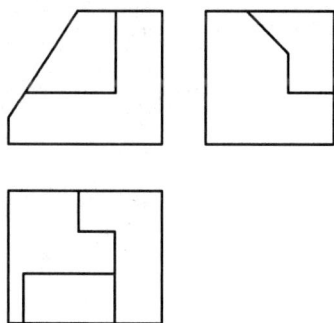

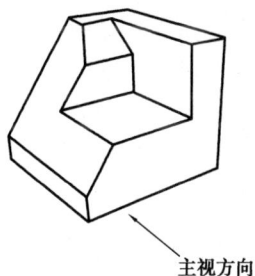

图 4-26

第二节　设计评价及产品说明书

1.设计评价的含义

设计评价是指依据一定的原则,采取一定的方法和手段,对设计所涉及的过程及结果进行事实判断和价值认定的活动。

2.设计评价的内容

在对设计进行评价时,需要从多方面、多角度进行评价。内容具体包括:①设计的技术性评价:安全性、实用性、可靠性、性价比等评价;②设计的使用性评价:耐用性、经济性;③设计的创新性评价:合理性、优化组合创新性、创新性评价;④设计的社会性评价:伦理道德、环境影响等方面的评价。

3.评价的类型

评价可分为过程性评价(阶段性评价)和最终性评价(总结性评价)两类。过程性评价主要包括产品设计过程中的监控、工具的使用、制作的步骤、分工等是否合理的评价;最终性评价是指对产品的功能、形态、创新性、安全性、操作性、性价比、美学、效率等方面的评价。

4.产品说明书

产品说明书是设计者与用户交流的渠道。其主要包括产品的规格、性能、技术指标、使用方法、维护、使用注意事项及配件清单等。

典型案例分析

【案例1】下列是关于一款收纳盒设计的评价,其中属于设计过程评价的是(   )。

A.收纳盒外观设计合理,形态新颖

B.收纳盒采用分层设计,能装不同大小的文具

C.收纳盒的材料用线锯切割,便于造型,工具选用合适

D.收纳盒用木质材料制作,造价低、性价比高

【答案】C

【解析】本题主要考查设计评价的类型。过程性评价主要包括产品设计过程中的监控、工具的使用、制作的步骤、分工等是否合理的评价;最终性评价是指产品的功能、形态、创新性、安全性、操作性、性价比、美学、效率等方面的评价。因此本题的正确答案是 C。

【案例2】如图 4-27 所示是一款创新的儿童书桌,客户试用后作出如下评价:外形美观,可自由调节高度,有卡通图案和时钟,适合孩子使用。以上评价属于(   )。

A.对最终产品的评价

B.对设计方案的评价

C.对设计过程的评价

D.对产品价值的评价

【答案】A

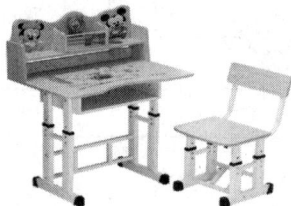

图 4-27

【解析】本题主要考查设计评价的类型。过程性评价主要包括产品设计过程中的监控、工具的使用、制作的步骤、分工等是否合理的评价;最终性评价是指产品的功能、形态、创新性、安全性、操作性、性价比、美学、效率等各方面的评价。因此本题的正确答案是 A。

【案例3】如图 4-28 所示是一款环保保温水杯及其评价坐标图,保温水杯以玉米和玉米秆结晶物作为原材料,该产品有六种图案供不同消费人群选择。以下对坐标图的分析中,最恰当的是(   )。

A.该产品设计新颖、非常美观

B.该产品的设计成本大大低于同类产品

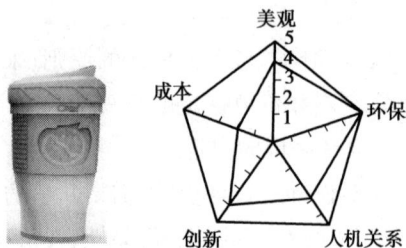

图 4-28

C.该产品很环保,符合可持续发展原则

D.该产品的杯盖密封性好、保湿性好、实用性强

【答案】C

【解析】本题主要考查设计产品的评价。从坐标图上得知,"环保"项的评价是5,说明该产品的环保性能最好;而"创新"和"美观"均为4,表示这两项性能较好;对"成本"的评价为2,说明它的制作成本较高。因此本题的正确答案是C。

【案例4】如图4-29所示为一款室内喷雾降温风扇及其评价坐标图。根据坐标图,下列说法不恰当的是( )。

A.安全性好,可以放心使用

B.只适合室内使用,使用场所较少

C.外形美观,创新性较好

D.结合水雾进行降温,降温制冷效果很好

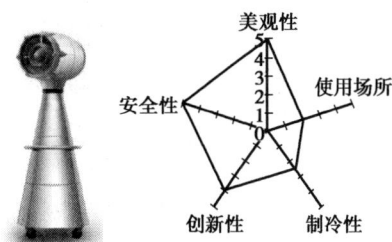
图 4-29

【答案】D

【解析】本题主要考查设计产品的评价。安全性的评价指标是5,说明产品很安全,A正确;使用场合的指标得分低,即使用场合比较少,B正确;美观性和创新性的指标都得分高,说明外形美观,创新性较强,C正确;只有制冷性的指标得分最低,所以降温制冷效果很好的说法是错误的。故本题的正确答案是D。

【案例5】如图4-30所示为一款热熔胶枪,可以用于材料涂胶,使用时只需按压扳机,就可从喷嘴挤出熔胶;暂不使用时,还可以打开支架将胶枪斜立放置。下列对该热熔胶枪的评价中,不是从功能角度进行评价的是( )。

A.通过按压扳机,可轻松挤出熔胶

B.外壳采用隔热、绝缘材料,确保安全

C.设有支架,不用时可有效防止喷嘴与桌面接触

D.切换电源开关,实现方便通、断电

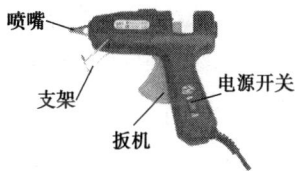
图 4-30

【答案】B

【解析】本题主要考查设计的评价。材料隔热绝缘,体现了人机关系的安全目标,不属于产品的功能,因此B项符合题意。

【案例6】编制某种充电式剃须刀使用说明书时,不必写入说明书中的内容是( )。

A.剃须刀的维护　　　　　　　　B.剃须刀的操作步骤

C.剃须刀的充电要求　　　　　　D.剃须刀的工作原理

【答案】D

【解析】本题主要考查说明书的书写。产品说明书是设计者与用户交流的渠道,主要包括产品的规格、性能、技术指标,产品整体结构,安装使用注意事项,常见故障的维护处理以及配件清单等,而工作原理通常不作说明。故本题的正确答案是D。

检测练习

单项选择题

1.设计评价有多种方式,以下不属于过程性评价的是(　　)。

    A.分工是否合理　　　　　　　　　　B.方法是否正确

    C.过程是否完备　　　　　　　　　　D.是否取得社会效益

2.小李到电器商场去购买电冰箱,导购员介绍某款冰箱时说:"这款电冰箱采用了无氟制冷技术,外壳和部件是用可回收的新型工程塑料制成的。"导购员对产品评价的角度是(　　)。

    A.环保性能　　　　B.牢固可靠　　　　C.操作方便　　　　D.性能价格比

3.如图 4-31 所示是一款有安全保护功能的暖手宝。以下关于暖手宝的评价中,不属于功能评价的是(　　)。

    A.有过热保护装置,安全性好

    B.具有加热状态指示,人机关系好

    C.设计新颖,外观美观

    图 4-31

    D.通电 5~7 分钟,可以取暖 1 小时,使用方便,经济实惠

4.如图 4-32 所示是一款水壶。以下对该水壶的评价中,不是从功能角度进行评价的是(　　)。

    A.采用优质塑料,无毒无味

    B.手柄弧形设计,方便拿取

    C.设有倒水口,可有效防止倒水溅滴

    D.设有观察窗,可看到壶内的水量

    图 4-32

5.如图 4-33 所示是一款多功能不锈钢伸缩盘。下列对该伸缩盘的评价中,不恰当的是(　　)。

收缩效果　　　　部分展开效果　　　　全展开效果

图 4-33

    A.可伸缩设计,收纳方便

    B.沥水孔设计,能有效过滤积水

    C.不锈钢制作,牢固耐用

    D.展开后的形状不同,功能就不同

6.如图 4-34 所示为一款轻巧折叠式 USB 笔记本散热垫。这款散热垫采用高耐磨且具有散热功能的合金材质制造,外形美观,深受消费者的喜爱。下列对该产品的评价中,不恰当的是(　　)。

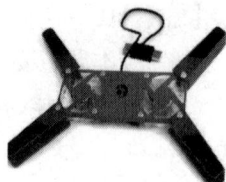

图 4-34

A.两个超强散热风扇,能防止笔记本电脑过热,使其性能更加稳定

B.四脚橡胶垫设计考虑到防滑效果,让笔记本电脑不会滑落,安全性能好

C.无需专门的电源适配器,使用 USB 口直接供电,即插即用,符合实用原则

D.采用高耐热合金材质制造而成,产品牢固可靠,这主要是对设计的过程进行评价

7.如图 4-35 所示是一款带圆孔的插头,插入插座后圆孔会发出微光,其设计符合国家标准。以下对该插头的评价中,不恰当的是( )。

图 4-35

A.圆孔插头设计要符合技术规范

B.发光指示设计可起到信息交互作用

C.插头设计符合国家标准是这类设计的限制条件

D.圆孔设计是为了节省材料

8.如图 4-36 所示是一款用回收纸制成的收纳桶。该收纳桶采用分层设计,可以分类收纳不同物品。以下对该收纳桶的评价中,不合理的是( )。

图 4-36

A.采用分层设计,可以分类收纳不同物品,符合实用目标

B.该收纳桶可以用于家中收纳各种食品

C.整体为一个大箱,内部分成多个小箱,可保证结构具有一定的稳定性

D.采用回收纸作为原材料符合可持续发展原则

9.如图 4-37 所示是一款新型无线电子秤及其评价坐标图,显示器可以手持,也可以固定在秤上。以下对坐标图的分析中,恰当的是( )。

图 4-37

A.该产品使用方便,实用性好

B.该产品的成本大大高于同类产品

C.该产品非常美观

D.坐标图是按照设计的原则进行评价的

10.近年来,城镇饮用水健康问题受到广泛关注。新型家用龙头净水器成为"新宠",如图 4-38 所示为水龙头净水器及其评价坐标图。以下对该净水器及坐标图分析不恰当的是( )。

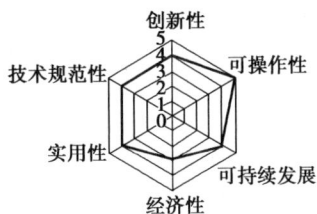

图 4-38

A.通过标准转化头可以匹配95%以上的水龙头,技术规范性较好

B.采用硅藻陶瓷活性炭复合滤芯,可持续发展性较好

C.不需通电,安装方便,市场上销售情况很火爆,经济性好

D.精滤精度达到0.1微米,可以有效去除自来水中的余氯、铁锈、泥沙、细菌及微生物等有害物质,起到净化水质的作用,实用性较好

📖 知识结构

- 技术交流与评价
  - 技术语言
    - 种类：口头语言、文本、技术图样、图表、模型、计算机演示、网页等
    - 技术图纸精准，效果图可表达实物的结构、比例和色彩
  - 三视图
    - 正投影的特性：真实性、积聚性、收缩性
    - 绘制视图的原则：长对正、高平齐、宽相等
  - 形体尺寸标注三要素
    - 尺寸界线：使用细实线，有时可用其他线代替
    - 尺寸线：使用细实线，必须单独画出，箭头为终端
    - 数值：以mm为单位时，不用标注，使用其他单位时，要标注
  - 设计评价
    - 类型：过程性评价(阶段性评价)和最终性评价(总结性评价)
    - 内容：对设计的技术性、使用性和社会性进行评价
  - 产品说明书
    - 内容包括：产品的规格、性能、技术指标、使用方法、故障处理、使用注意事项及配件清单等

📖 专题检测

一、单项选择题(共 20 小题,每小题 2 分,共 40 分)

1.在如图 4-39 所示的尺寸标注中,不正确的标注共有( )。

A.3 处

B.4 处

C.5 处

D.6 处

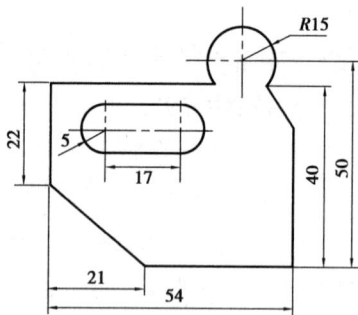

图 4-39

2.如图 4-40 所示是某零件俯视图的部分尺寸标注,下列说法正确的是( )。

A.图中所标尺寸里有重复标注

B.两个圆孔均是通孔

C.该零件的长度为 54 mm,高度为 30 mm

D.图中已标尺寸中共有 4 处错误

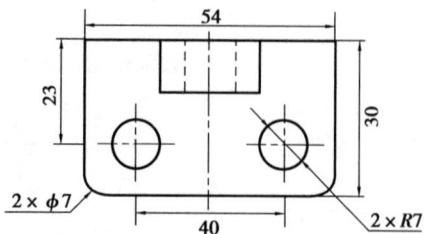

图 4-40

3.如图 4-41 所示的轴测图,在它的三视图的所有尺寸标注中,漏标的尺寸共有(   )。

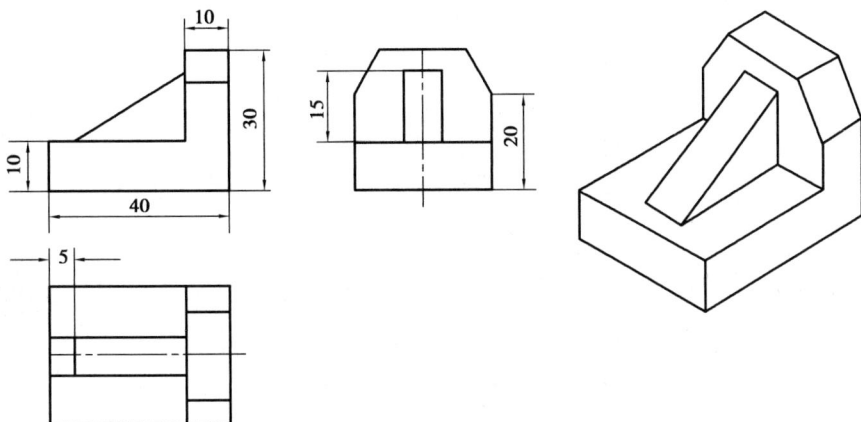

图 4-41

A.1 处

B.2 处

C.3 处

D.4 处

4.某同学绘制的零件加工图如图 4-42 所示,图中已有的尺寸标注中错误的地方有(   )。

A.2 处

B.3 处

C.4 处

D.5 处

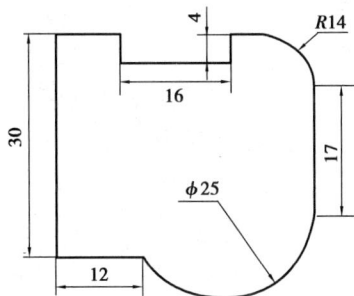

图 4-42

5.如图 4-43 所示,已有的尺寸标注中不正确的是(   )。

A.R16 的标注

B.R7 的标注

C.18 的标注

D.14 的标注

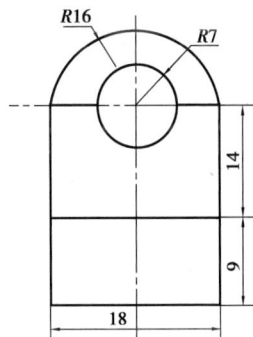

图 4-43

6.一个零件的轴测图和三视图如图 4-44 所示,加工时发现尺寸标注不完全。漏标的尺寸有(   )。

A.1 处

B.2 处

C.3 处

D.4 处

7.如图 4-45 所示是某形体的轴测图、主视图和俯视图,正确的左视图是(   )。

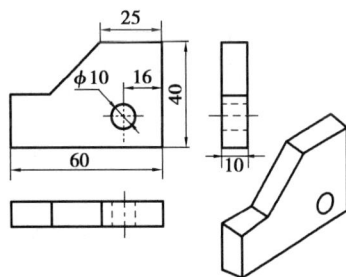

图 4-44

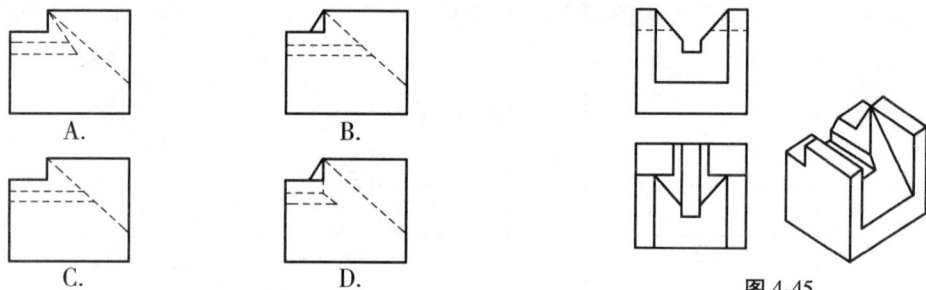

A.　　　　　　B.

C.　　　　　　D.

图 4-45

8.有如图 4-46 所示的实体图,它的三视图是(　　　　)。

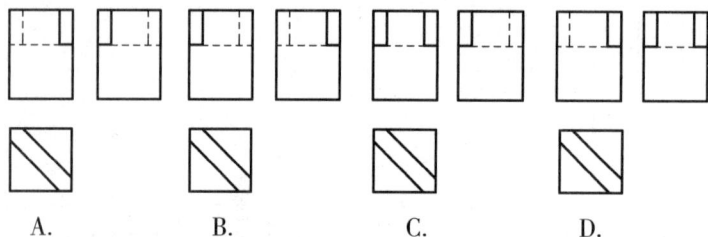

A.　　　　B.　　　　C.　　　　D.

主视方向

图 4-46

9.如图 4-47 所示是一款多孔插座,通电后指示屏会亮起。以下关于该插座的评价中,不恰当的是(　　　　)。

　　A.该插座设有 USB 供电插孔,可为手机充电

　　B.各类插孔符合技术规范

　　C.多个插孔同时使用能节约用电

　　D.指示屏亮起时有指示作用

图 4-47

10.如图 4-48 所示,汽车的尾灯由多组不同颜色、不同亮度的灯组成,其颜色、亮度等必须符合相关的规范。下列关于尾灯的描述中,不恰当的是(　　　　)。

　　A.遵循了汽车设计的技术规范

　　B.用于传递技术语言

　　C.设计符合美观原则

　　D.主要是为了满足公众和使用者的审美需求

图 4-48

11.如图 4-49 所示是按照相同评价标准对两款手机作出的评价坐标图,根据坐标图,下列说法不正确的是(　　　　)。

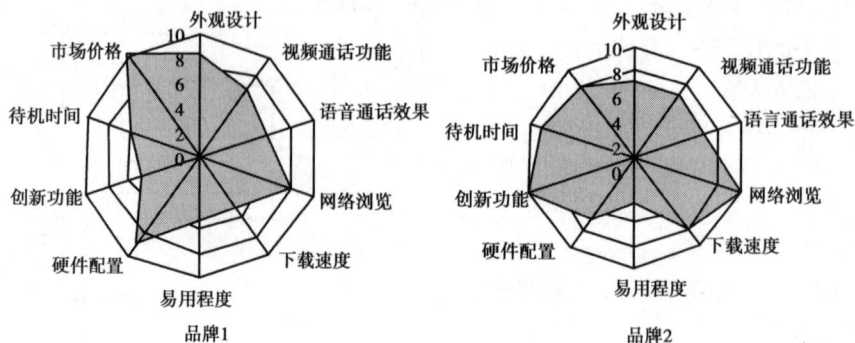

图 4-49

A.品牌 2 手机的制造商更注重产品的创新

B.综合各方面因素,比较它们的性价比,品牌 1 手机略差

C.品牌 1 手机硬件配置比品牌 2 手机好

D.该坐标图是对最终产品的评价

12.如图 4-50 所示是一款电脑桌椅,下列关于该产品的评价中,不恰当的是(　　)。

图 4-50

A.椅子的形状符合人机工程学原理,舒适性好

B.桌面角度可调节,方便操作电脑

C.桌椅与地面接触面大,方便移动

D.造型新颖、美观,具有创新性

13.如图 4-51 所示为两款规格相同的合页,它们用于连接木门与门框。左图的合页在安装时要在木门上开槽,用以嵌入合页的一侧,以便减小门框和门之间的缝隙,右图的合页则不需要开槽可直接安装在木门上。两款合页在使用时,右图的合页更优,关于其更优的原因描述中,最合理的是(　　)。

图 4-51

A.右图的合页制作时节约材料、使用时安装方便

B.右图的合页制作时节约材料、与门的连接更牢固

C.右图的合页使用时安装方便、结构比左图更稳定

D.右图的合页外形美观、与门的连接更牢固

14.如图 4-52 所示是一款定时插座。该插座能根据用户设定的工作时间,自动切断电源。以下对该插座的评价中,不恰当的是(　　)。

A.该插座的设计体现了可持续发展原则

B.该插座能实时显示通电剩余时间,主要是从“人”的角度考虑

C.该插座要通过上千伏高压绝缘性能测试,属于模拟试验法

D.该插座中使用了较多的标准件,便于通用通换

图 4-52

15.如图 4-53 所示是一个火灾报警器,当火灾发生时,报警器会发出警报声并释放浓烈的焦糊味气体,这种气体不会刺激人的眼睛。下列对该火灾报警器的设计分析和评价中,不正确的是(　　)。

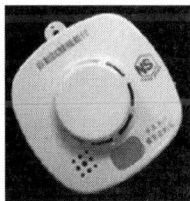

A.内置高功率喇叭和高浓度焦糊味气体是从“物”的角度考虑

B.双途径报警,考虑了特殊人群

C.报警气体不会刺激人的眼睛,主要是从“人”的角度考虑

图 4-53

D.可在-40 ℃至 130 ℃的温度范围内正常工作,主要是从“环境”的角度考虑

16.如图 4-54 所示是一款智能扫地机器人。以下对该扫地机器人的评价中,不是从功能角度进行评价的是(　　)。

A.设有 Wi-Fi 远程操控功能,随时一键启动,更人性化

B.配有渗水水箱和干湿分离抹布,实现拖抹创新

C.全方向信号防撞配置,让机器人可以更加有效识别环境

D.使用独特的材质,让扫地机器人外观更有质感

图 4-54

17.智能手环支持活动、锻炼、睡眠等模式,可以记录摄入食物的营养情况,拥有智能闹钟、健康提醒等功能。如图 4-55 所示是甲、乙两款智能手环以及各自的评价坐标图。以下根据评价图进行的分析中,不合理的是(   )。

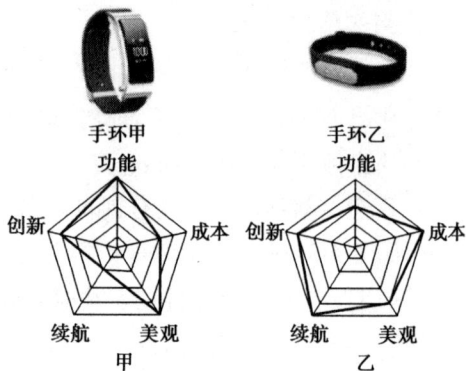

图 4-55

A.这是对最终产品的评价

B.手环甲功能好、成本低,手环乙功能一般、成本高

C.两个手环都较新颖,但乙的续航能力比甲要好

D.从评价图来看,两个手环的性价比高低难以确定

18.以下关于产品说明书的描述中,不合理的是(   )。

A.可以帮助消费者正确使用、保养产品

B.要充分考虑用户的阅读需要

C.重点是应突出产品结构及设计特点

D.语言准确、通俗、简洁,内容条理清晰

19.关于产品说明书的作用,下列说法不合理的是(   )。

A.让用户正确地使用该产品

B.让用户了解该产品的使用注意事项和使用方法

C.让用户安全地使用该产品

D.让用户了解产品性能,能维修产品

20.以下是关于产品说明书的写作要求,说法不合理的是(   )。

A.充分考虑用户的阅读需要

B.体现产品的特点

C.重点介绍产品的功能

D.语言准确、通俗、简洁,内容条理清晰

二、判断题(共 10 小题,每小题 2 分,共 20 分)

1.口头语言也属于技术语言。   (   )

2.房屋的装修,最好使用效果图进行技术交流。   (   )

3.机械零件的设计,最好使用技术图样进行交流。   (   )

4.正投影具有平行性、收缩性和积聚性。   (   )

5.三视图的主视图和俯视图都反映物体的宽度。   (   )

6.尺寸界线可用轮廓线和轴线代替。   (   )

7.图样的尺寸线所注尺寸是零件的真实大小,以 mm 为单位时,不用标注,使用其他单位

时,要标注。 （　　）

8.技术图样在标注数值时,数字上一般不能有任何图线穿过。 （　　）

9.过程性评价又称阶段性评价,工具的使用属于过程性评价。 （　　）

10.产品说明书的主要内容是产品的性能说明。 （　　）

三、补全三视图(共 2 小题,每小题 10 分,共 20 分)

1.请补全三视图中所缺的三条图线。

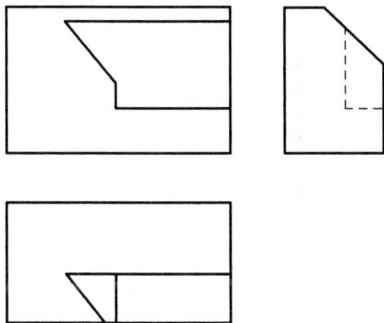

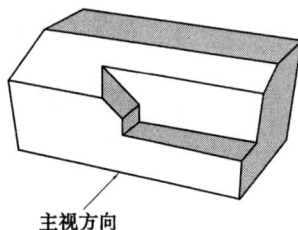

主视方向

2.请补全三视图中所缺的三条图线。

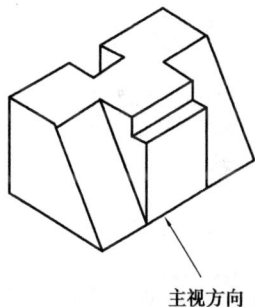

主视方向

四、综合设计题(共 2 小题,每小题 10 分,共 20 分)

1.请设计一款衣架,可以晾晒不同肩宽的衣服。画出衣架的草图,标注尺寸并写出产品说明书。

2.请设计一款手机支架。画出手机支架的草图,并写出产品说明书。

技术与设计二

专题五　结构及其设计

📑 课程标准

1.从力学的角度理解结构对技术产品及其功能实现的独特价值,了解结构的一般分类和简单的受力分析,并从技术和文化的角度赏析经典结构案例。

2.通过技术试验或技术探究分析影响结构的强度和稳定性的因素,并写出试验报告。

3.结合生活中的实际需求进行简单的结构设计,并绘制设计图样,做出模型或原型。

📑 考试要求

知识点	内　容	考试层次		
		A	B	C
结构的概念	结构的内涵			√
结构的类型	基本结构类型:实体结构、框架结构、壳体结构	√		
结构与力	受力的基本形式	√		
结构稳定性	影响稳定性的因素:重心位置的高低、支撑面大小、结构的形状	√		
结构的强度	影响结构强度的因素、外力与内力		√	
结构的设计	草图设计绘制,实物模型或原型的制作	√		
欣赏与评价	从技术和文化的角度欣赏并评价典型结构设计案例		√	

📑 知识点拨

第一节　结构与力

1.结构的概念

结构是指可承受一定外力的架构形态,具有保持原来形状和大小的性质。一个较复杂的结构通常是由多个部件和零件组成,在工程中将这些部件和零件称为构件。

2.结构的类型

根据结构形态在受力时承受和传递力的方式的差别,将结构分为三种基本类型:实体结构、框架结构、壳体结构。

● 实体结构:结构体本身是实心的。利用自身来承受荷载,主要承受压力。例如,实心砖头、铅球、大坝等。

● 框架结构:结构体由细长的构件组成。通过条状物的连接来承受荷载,既可以承受压力又能够承受拉力。例如,建筑用脚手架、防盗网、户外输电的铁架、人字梯架等。

● 壳体结构:结构体由片状或层状结构组成。通过壳体来传递力和承受荷载,特别是当壳体顶部受到压力时,它能将力均匀扩散。例如,乒乓球外壳、飞机外壳、摩托车手的头盔等。

3.构件受力的基本形式

结构的受力分析有别于物理学的受力分析,在技术课程中受力分析强调构件受力后的整体形变,而非质点的受力分析。构件受力的基本形式通常有拉力、压力、扭转力、弯曲力、剪切力等,如图5-1所示。

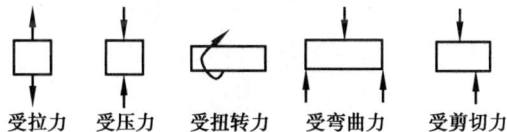

受拉力　受压力　受扭转力　受弯曲力　受剪切力

图 5-1

● 拉力:拉拽的物体所承受的力。例如,手提水桶时手臂所受的力。

● 压力:受到挤压的物体所承受的力。例如,支撑桥梁的桥墩所受的力。

● 扭转力:由于物体两端反向受力产生扭转形变而承受的力。例如,衣服拧干时所受的力。

● 弯曲力:在受到其他力如拉力、压力时,使构件产生弯曲或有弯曲的趋势,此时构件所受的力。例如,钓鱼竿钓起鱼时所受的力。

● 剪切力:两个距离很近、大小相等、方向相反的平行力。剪切力的作用距离很近,且作用于同一物体上,但不在同一条直线上。例如,剪刀的铆钉。

📋 典型案例分析

【案例1】有如图 5-2 所示的大桥,从结构的形态来看,横跨于两个桥墩之间的桥梁所属的基本结构类型是( )。

图 5-2

A.实体结构   B.框架结构

C.壳体结构   D.组合结构

【答案】B

【解析】本题主要考查结构的类型。结构一般分为三种基本类型:实体结构、框架结构、壳体结构。大多数现代建筑物的结构是由若干种基本结构类型组合而成的。大桥的桥墩是实体结构,横跨桥墩之间的桥梁是框架结构。故本题的正确答案是 B。

【案例2】大多数城市的下水管道截面是圆形的,从结构视角分析,其主要是因为( )。

A.方便运输   B.容易畅通

C.节省材料   D.地面压力可以沿外表面扩散

【答案】D

【解析】本题主要考查壳体结构受力的特点。壳体结构通过壳体来传递力和承受荷载,特别是当壳体顶部受到压力时,它能将力均匀扩散。故本题的正确答案是 D。

【案例3】如图 5-3 所示,在晾晒衣服时,横杆和衣架勾主要受到的力有( )。

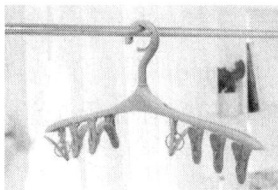

A.弯曲力和压力   B.弯曲力和拉力

C.剪切力和拉力   D.扭转力和压力

【答案】B

【解析】本题主要考查结构的受力分析。结构的受力分析有别于物理学的受力分析,重点分析强调构件受力后的整体形变,而非质点的受力分析。横杆整体的形变为弯曲,而衣架勾会受到向上的拉力,否则会落下。因此本题的正确答案是 B。

图 5-3

【案例4】在下列操作过程中,主要的受力形式为既受压力又受扭转力的工具是( )。

A.台钻钻孔时的麻花钻

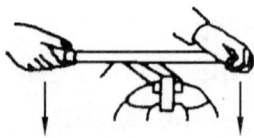

B.锉削的锉刀

C.冲眼的样冲

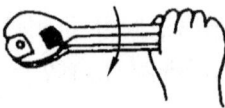

D.拧螺帽的扳手

【答案】A

【解析】本题主要考查结构的受力分析。结构的受力分析有别于物理学的受力分析,重点分析强调构件受力后的整体形变,而非质点的受力分析。台钻钻孔时,麻花钻除了受到向下的压力外,还要受到扭转力的作用。因此本题的正确答案是 A。

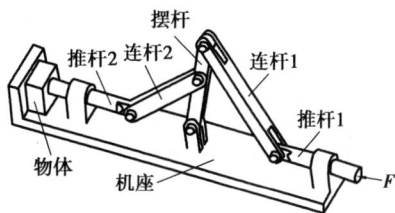

图 5-4

【案例5】如图5-4所示是一种压紧机构。在力 F 的作用下,推杆1通过连杆1、摆杆、连杆2推动推杆2将物体压紧。下列受力形式分析中,正确的是(   )。

A.连杆1受弯曲力、摆杆受拉力、推杆2受压力与弯曲力

B.连杆1受压力、连杆2受压力、推杆2受压力与弯曲力

C.连杆1受压力、摆杆受拉力、推杆2受压力

D.连杆1受压力、连杆2受压力、推杆2受压力

【答案】B

【解析】本题主要考查结构的受力分析。在力 F 的作用下推杆1往左运动,带动连杆1往左运动,连杆1两端分别受到摆杆的斜向下的反作用力和推杆1斜向上作用力,故连杆1受压力;摆杆两端分别受向左的作用力和连杆2的反作用力,故摆杆受弯曲力;连杆2两端受的作用力作用在同一条线上面,连杆2主要受压力;推杆2前端受连杆2斜向下的作用力,可分解为水平方向和竖直方向,前端受物体的水平反作用力,有变短和变弯的趋势,故受压力和弯曲力。因此本题的正确答案是 B。

检测练习

单项选择题

1.下列结构中,属于壳体结构的是(   )。

　　A.水库大坝　　　　　B.竹篮子　　　　　　C.教学楼　　　　　　D.安全帽

2.下列结构中,不属于壳体结构的是(   )。

　　A.天文台穹顶　　　B.鸡蛋外壳　　　　C.金字塔　　　　　D.安全帽

3.下列物体中,属于实体结构的是(   )。

　　A.房屋的墙体　　　　　　　　　　B.教室的门窗

　　C.化工厂的储油罐　　　　　　　　D.煮饭用的高压锅

4.下列物体中,属于框架结构的是(   )。

　　A.汽车引擎盖　　　　　　　　　　B.喝水的水杯

　　C.防盗网　　　　　　　　　　　　D.建筑大桥上的钢梁

5.多数自行车都采用框架结构设计,从结构上分析,其主要原因是(　　　)。

　　A.框架结构制作工艺很简单

　　B.框架结构所用的材料最少

　　C.各条状构件不仅能支撑人体的压力,而且具有很强的拉力

　　D.构件能保证人坐车的安全

6.奥运会上运动员手握单杠做大回环动作时,运动员的手和单杠的受力形式分别是(　　　)。

　　A.受拉力和压力　　　　　　　　　　B.受弯曲力和拉力

　　C.受剪切力和拉力　　　　　　　　　D.受拉力和弯曲力

7.小张的书桌桌面松了,正用螺丝刀将一颗螺丝钉旋紧钉入,这时螺丝刀的主要受力形式是(　　　)。

　　A.受弯曲力、剪切力　　　　　　　　B.受压力、扭转力

　　C.受压力、剪切力　　　　　　　　　D.受弯曲力、扭转力

8.在外墙上,通常用膨胀螺栓固定放空调外机的三角铁架,在安装上空调后,安装在三角铁架与墙体之间底侧的膨胀螺栓的主要受力形式是(　　　)。

　　A.受剪切力　　　　　　　　　　　　B.受拉力

　　C.受压力　　　　　　　　　　　　　D.受弯曲力

9.如图 5-5 所示为装吊夹钳,在夹持重物上吊过程中,构件 1、铆钉和构件 2 的受力形式分别是(　　　)。

　　A.受拉力、受剪切力、受弯曲力

　　B.受弯曲力、受剪切力、受拉力

　　C.受拉力、受剪切力、受拉力

　　D.受弯曲力、受弯曲力、受拉力

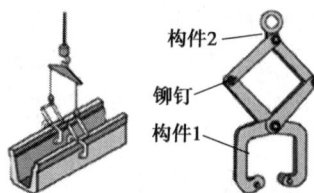

图 5-5

10.如图 5-6 所示是一款手动压力装订器。在力 F 的作用下,手柄通过连杆 1、摇杆、连杆 2 带动压杆向下运动,将工件压紧。连杆 1、摇杆、连杆 2 的主要受力形式是(　　　)。

　　A.连杆 1 受拉力,摇杆受弯曲力,连杆 2 受压力

　　B.连杆 1 受压力,摇杆受扭转力,连杆 2 受拉力

　　C.连杆 1 受拉力,摇杆受弯曲力,连杆 2 受拉力

　　D.连杆 1 受压力,摇杆受扭转力,连杆 2 受压力

11.如图 5-7 所示为一款防爆断线钳,小明拿它剪粗铁丝,在剪断粗铁丝的过程中,粗铁丝和手柄的主要受力形式是(　　　)。

　　A.粗铁丝受压力,手柄受弯曲力

　　B.粗铁丝受剪切力,手柄受弯曲力

图 5-6

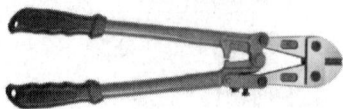

图 5-7

C.粗铁丝受压力,手柄受压力

D.粗铁丝受剪切力,手柄受压力

12.如图 5-8 所示为一款台虎钳。丝杠装在活动钳身上,可以旋转,但不能轴向移动,并与安装在固定钳身内的丝杠螺母配合。当摇动手柄使丝杠旋转,就可以带动活动钳身相对于固定钳身做轴向移动,起到夹紧或松开工件的作用。在夹紧工件的过程中手柄和丝杠的主要受力形式是(　　)。

A.手柄受压力,丝杠受弯曲力、拉力

B.手柄受弯曲力,丝杠受扭转力、拉力

C.手柄受拉力,丝杠受扭转力、压力

D.手柄受弯曲力,丝杠受剪切力、扭转力

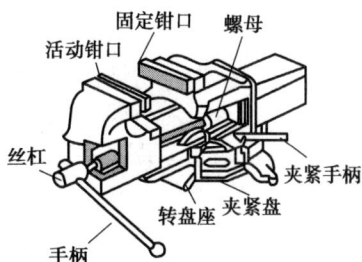

图 5-8

13.如图 5-9 所示为垃圾桶,当用脚踩下踏板打开时,各构件受力变形分析正确的是(　　)。

A.连杆主要受压力,踏杆主要受弯曲力,弹簧主要受压力

B.连杆主要受拉力,踏杆主要受弯曲力,弹簧主要受压力

C.连杆主要受压力,踏杆主要受弯曲力,弹簧主要受扭转力

D.连杆主要受压力,踏杆主要受压力,弹簧主要受扭转力

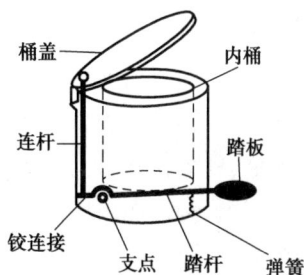

图 5-9

14.如图 5-10 所示是水泥梁的受力分析示意图。水泥梁的下表面有钢筋,在受力后会发生形变,此时它的上、下表面(沿表面)的受力形式分析最合理的是(　　)。

A.梁的上表面受压力,下表面受压力

B.梁的上表面受压力,下表面受拉力

C.梁的上表面受拉力,下表面受压力

D.梁的上表面受拉力,下表面受拉力

图 5-10

15.如图 5-11 所示是一款单边吊伞,下面对连接杆和支柱的主要受力分析正确的是(　　)。

A.连接杆受压力,支杆受弯曲力

B.连接杆受拉力,支杆受压力

C.连接杆受拉力,支杆受弯曲力

D.连接杆和支杆都受弯曲力

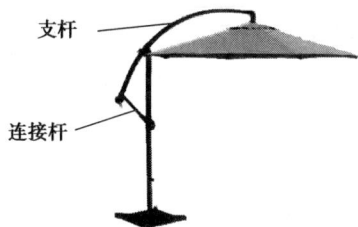

图 5-11

第二节　结构稳定性与结构强度

1.结构的稳定性

结构的稳定性是指结构在荷载的作用下维持其原有的平衡状态的能力。影响结构稳定性的因素有三个方面。

- 重心位置的高低：重心越低，结构越稳定。为了结构稳定，要求重心垂线落在支撑面内。
- 支撑面大小：支撑面是指支撑结构（地面）接触部分所围成的面。支撑面越大，结构越稳定。
- 结构的形状：几何形状要科学合理，结构才更加稳定。采用三角形结构可增强结构的稳定性。

2.结构的强度

结构的强度是指结构具有的抵抗被外力破坏的能力。

- 外力：对于研究构件而言，其他物体作用于该构件上的力。
- 内力：构件受到外力变形时，引起内部各质点之间相互作用而产生的力。外力增加，内力增大，外力拆除，内力消失。
- 应力：构件在单位面积上所受的内力。该概念是针对受力相同、材料的截面大小不同而提出的。

影响结构强度的因素有三个。

- 结构的形状：包含结构的外部形状和结构的构件截面形状。例如，薄板可用折叠或圆管加固，材料相同时使用"工"字形或角钢等。
- 结构的材料：通常情况下金属类材料的强度比木材、塑料类材料强度大。
- 结构之间的连接方式：榫接、胶粘接、螺栓接、铆接、焊接等。

典型案例分析

【案例1】如图5-12所示为某企业设计的一款电脑桌，在实际使用时很容易翻倒。为了提高其稳定性，以下改进措施有效的是（　　）。

A.增加支撑腿的高度

B.桌面用更厚的木板制作

C.增加底部构件的质量

D.缩短底部各构件的长度

图5-12

【答案】C

【解析】本题主要考查影响结构稳定的因素。影响结构稳定性的因素有三个方面，第一个是支撑面大小，第二个是重心的高低，第三个是结构的形状。在本题的选项中，C选项是降低了重心，提高了结构的稳定性，其他各项的做法均错误，故本题的正确答案是C。

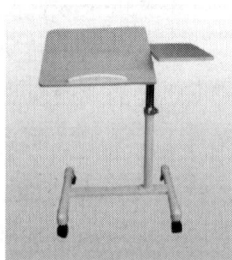

【案例2】如图5-13所示为防震桌,由桌面抵消撞击力,脚架采用斜三角形设计,要将此桌子用在学校教室里,需增加其强度,下列措施不合理的是(　　)。

A.桌腿都向外展开一个角度

B.增厚桌面

C.由铰连接变为刚连接

D.加粗桌腿

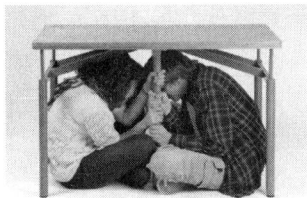

图5-13

【答案】A

【解析】本题主要考查影响结构强度的因素。影响结构强度的因素有三个,分别为结构的形状、结构的材料和结构的连接方式,其中B、D为改变材料,C为改变连接方式,而A是增大支撑面积,B、C、D说法均正确,因此本题的正确答案是A。

【案例3】以下是一个水库的坝体结构,其中抗压能力最强的是(　　)。

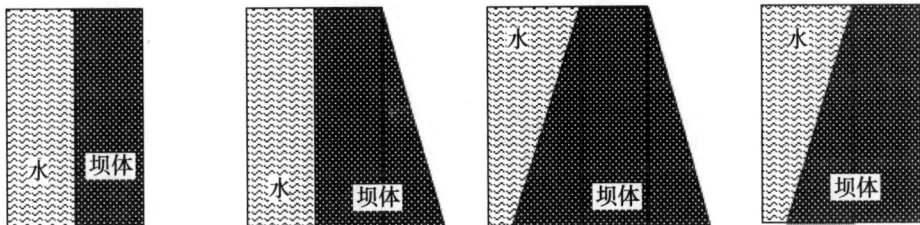

A.　　　　　B.　　　　　C.　　　　　D.

【答案】C

【解析】本题主要考查结构的稳定性。影响结构稳定性的因素有三个方面,C选项就是通过改变形状,增大底面积来增强坝体的稳定性,因此选择C。

【案例4】如图5-14所示是一款演奏音乐时放置乐谱的谱架,以下对该谱架结构的分析中,不正确的是(　　)。

A.构件①受弯曲力,设计时可将该构件设计得更长,使谱架的结构更稳定

B.构件②受压力,设计时可以采用抗压能力强的钢材材料

C.构件③受拉力,设计时可以考虑用绳子作为材料

D.为了实现该谱架能够上下伸缩,构件②可以采用自调整螺丝进行固定

图5-14

【答案】C

【解析】本题主要考查结构的特性。构件①受弯曲力,设计时将该构件设计得更长,展开时与地面的支撑面将变大,稳定性变好,选项A正确;构件②受压力,设计时可以采用抗压能力强的钢材材料,选项B正确;构件③受拉力,如果采用绳子,就不能保证底座的功能,选项C错误;构件②上下调整后可以用自调整螺丝进行固定,选项D也正确。故本题的正确答案是C。

【案例5】如图5-15所示为一款高度可调、灯罩角度可调的台灯,利用平行四边形结构和高性能弹簧实现高度和角度的调节。下列对该产品的描述中,不正确的是(   )。

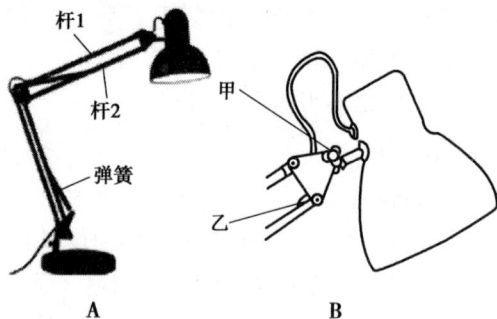

A.当台灯处于图A所示位置时,杆1主要受压力,杆2主要受弯曲力

B.底座较重是为了防止使用时台灯翻倒

C.用于支撑的杆采用塑钢铝材,可保证结构强度

D.图B中甲处宜用元宝螺栓螺母连接,乙处宜用铆钉连接

图5-15

【答案】A

【解析】本题主要考查结构的特性。在图A中,杆1主要受弯曲力,杆2主要受压力,因此A错误,而其他各项都正确。故本题的正确答案是A。

检测练习

单项选择题

1.如图5-16所示为某厂家设计制作的一款台灯,可以根据使用者的需求调节角度和高度,但是这种灯很容易倾倒。为了提高其稳定性,下列优化措施最有效的是(   )。

A.将灯罩制作得更大

B.尽可能增大底座的面积和质量

C.采用强度大的塑钢铝材作为支架

D.采用节能环保灯管

图5-16

2.下列选项中,影响结构稳定性的因素有(   )。

①结构的形状;②结构的材料;

③材料之间的连接方式;④结构重心的位置

A.①②③   B.①④   C.②③   D.①②③④

3.走钢丝的人手上拿着一条长棒的目的是(   )。

A.美观   B.改变重心   C.增加质量   D.支撑

4.下列结构中,不是利用不稳定性结构实现其功能的是(   )。

A.跨栏栏架   B.地动仪   C.跳高的支架   D.单杠

5.脚手架通常不采用块状钢条,而采用钢管,其主要原因是(   )。

A.节约材料   B.增加强度   C.方便连接   D.方便制作

6.下列选项中,最影响户外安装的钢筋混凝土电线杆的稳定性的是(   )。

A.电线杆的粗细   B.电线杆内加入钢筋的多少

C.电线杆埋入地下的深度   D.电线杆的形状

7.以下因素中,不能影响结构强度的是(　　　)。

　　A.形状　　　　　　　B.材料　　　　　　　　C.材料的连接方式　　D.重心高低

8.材质相同、截面积不同的两个杆件,在相同的拉力作用下,遭受破坏的程度不一样,截面小的杆件先被破坏,原因是(　　　)。

　　A.截面越大,杆件承受的内力越大　　　　　　B.截面越小,杆件承受的内力越小

　　C.截面越大,杆件承受的应力越大　　　　　　D.截面越小,杆件承受的应力越大

9.下列有关结构的强度和稳定性的说法中,正确的是(　　　)。

　　A.物体的结构强度越大,其稳定性越好

　　B.照相机的三脚架稳定是因为它与地面的接触面积大

　　C.结构的形状也会影响结构的稳定性

　　D.运动的物体无法保持稳定

10.下列关于结构强度的说法中,不正确的是(　　　)。

　　A.结构强度与使用的材料有关

　　B.在内力不变的情况下,构件的截面积越大,应力越小

　　C.材料截面的形状对强度没有影响

　　D.材料构件的连接方式会影响结构强度

11.折叠伞的伞骨之间的连接属于(　　　)。

　　A.铰连接　　　　　　B.榫接　　　　　　　　C.刚连接　　　　　　D.焊接

12.有的矿泉水瓶上有若干凸起的横向纹路,从结构上分析其作用是为了(　　　)。

　　A.美观　　　　　　　B.增加强度　　　　　　C.提高稳定性　　　　D.节省材料

13.如图 5-17 所示是某厂家生产的一款塑料凳,很多客户反映凳脚强度不足,容易变形或断裂,以下解决策略不可行的是(　　　)。

　　A.增加四条凳脚的宽度和厚度

　　B.采用强度更高的塑料作为凳脚材料

　　C.减少凳脚用料,降低凳子的重心

　　D.在相邻凳脚间利用塑料横档连接

图 5-17

14.下列构件连接方式属于不可相对运动连接的是(　　　)。

　　A.合页连接　　　　　B.轴承连接　　　　　　C.单螺栓连接　　　　D.胶链接

15.用木条制作简易相框,从牢固的角度考虑,相框四个边框的连接宜采用(　　　)。

　　A.榫接　　　　　　　B.胶接　　　　　　　　C.榫接加上胶接　　　D.焊接

第三节　结构设计与欣赏

1.结构的设计过程

设计的结构一定要实用、安全、经济、美观和人性化,同时还要考虑它的稳定性、强度、连接方式和材料的选用等。结构设计过程如下:

①发现明确问题。明确该产品设计的具体要求、设计的目的以及限制条件等。

②收集信息，调查分析。通过用户、互联网、市场收集相关产品信息，了解已有相似产品（或结构）的大小、尺寸、类型、材质等。

③方案分析与构思。根据已有的材料、工具、可用的连接方式等构思设计方案，并绘制草图。

④方案的呈现与筛选。根据构思的方案，对材料、连接和结构进行对比，筛选合理的材料和工艺，设计制作相应的产品。其过程为首先挑选材料，选择合适的工具，按图尺寸制作各部分构件，再采用合理的连接将构件组装，最后打磨装饰。

⑤产品的检测、优化与改进。采用压重、转动、体验等方式对结构的强度、稳定性、舒适度等进行测试，不断优化改进。

⑥写出产品说明书。其内容包括说明书的名称、产品的特点和功能、技术参数、使用方法、使用注意事项等。

2.构件的外形设计

为了实现产品的功能，设计的结构内部构件之间要相互配合，下面为一些常见的结构构件，为大家学习时提供参考，如图 5-18 所示。

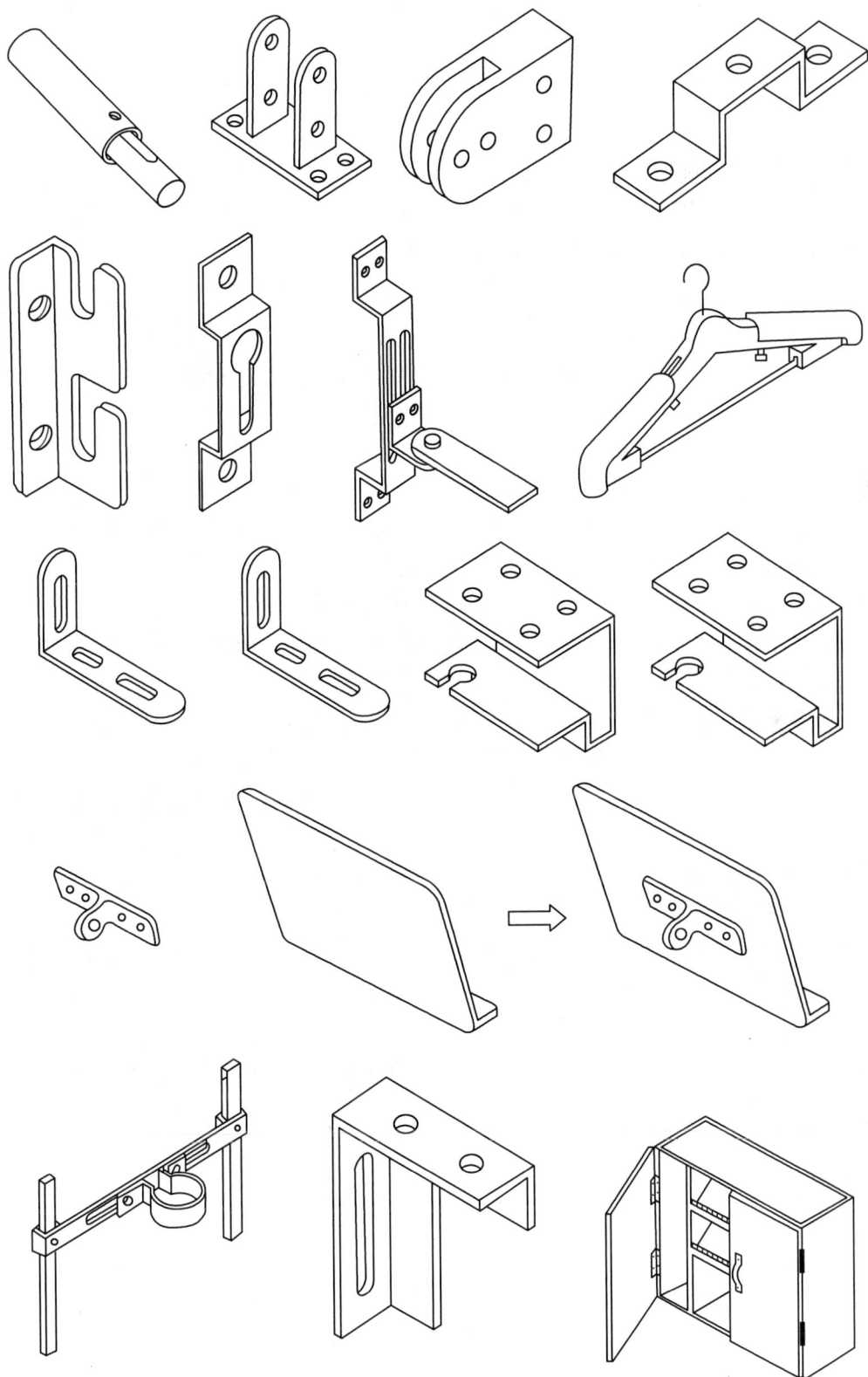

图 5-18

3.结构的欣赏

地域的不同,民族的差异,历史、宗教、思想、文化背景的差别都会直接或间接影响建筑结构的设计思想。

典型案例分析

【案例1】如图5-19所示是一款折叠式人字梯,从图中可以看到它的连接片、连接支撑脚和梯架。请分析人字梯的整体结构,回答以下问题。

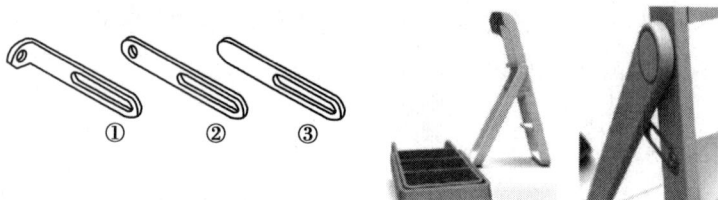

图5-19

(1)为了使支撑脚与梯架折叠方便,又开后连接可靠,图中三个连接片可行的是_____(选择一个,将序号填写在"_____"处)。

(2)加工连接片上的腰形槽,需要用到的设备和工具是_____、_____、_____、_____(从"①线锯;②样冲;③划针;④锉刀;⑤台钻;⑥板牙"中选择四种工具,将序号填写在"_____"处)。

(3)若要检验该人字梯是否牢固,合理的试验方案是_____(在"①在梯子最下面一层踏脚板上放置与成人相当的重物,观察梯子是否损坏;②在梯子最上面一层踏脚板上放置与成人相当的重物,观察梯子是否损坏;③同时在梯子各层踏脚板上放置与成人相当的重物,观察梯子是否损坏;④在梯子最下面一层踏脚板上放置与成人相当的重物,然后将重物逐层向上移动,观察梯子是否损坏"中选择一种,将序号填写在"_____"处)。

【答案】(1)②;(2)②③④⑤;(3)④

【解析】(2)加工腰形槽需要钻孔,所以需要划针、样冲、台钻,钻孔后需要锉削,使用锉刀。(3)在使用梯子时,人是一个阶梯一个阶梯走上去的,所以试验时,重物也应逐层上移,并观察梯子是否损坏。

【案例2】根据所学知识,请设计一款便携式手机支架,便于使用者在办公室、家里等场所使用,要求结构稳定,样式新颖,方便拆卸。

(1)请画出草图,正确标注主要尺寸。

(2)请用文字说明设计方案。

(3)请列出制作的材料及所需的工具。

【解析】本题是一个结构设计的案例,设计的结构一定要实用、安全、经济、美观和人性化,同时还要考虑它的稳定性、强度、连接方式和材料的选用等。

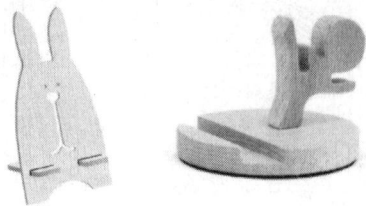

图5-20

(1)草图(参考图5-20所示的实物图):须清晰,比例恰当,标注正确。

（2）设计方案要求：能表达主要功能，设计合理，有一定创新性。文字内容翔实，能表达设计意图，功能表达清晰。要点：①收集信息，调查分析。通过用户、互联网、市场收集相关产品信息，了解已有相似产品（或结构）的大小、尺寸、类型、材质等；收集本作品所处环境的条件与要求。②方案分析与构思。根据提出的要求，对选择的材料、连接方式以及结构组成等进行分析。③方案的呈现。画出草图，对其长、宽、高和功能特色进行介绍。

（3）可能所需材料：木板、PVC 板、PVC 管、铝皮、铁丝、钉子、粘接胶水、螺钉等（仅供参考）。可能所需工具（注：工具必须与列出的材料相对应。仅供参考）：画线工具类（木工铅笔、划规等）、量具类（卷尺、角尺等）、锯割工具类（手锯、电锯等）、夹持工件的工具（台虎钳、夹钳等）、打磨工具类（手锉、砂纸等）。

检测练习

一、单项选择题

如图 5-21 所示是中国闻名天下的古代建筑岳阳楼。它是一座三层的纯木结构建筑，斗拱、飞檐的结构复杂，工艺精美，令人惊叹。斗拱使屋面凹曲，飞檐使沉重的建筑增添了轻快欲飞的美感，体现了中国古代建筑高贵华美的风韵，丰富了中国古代建筑文化。根据以上内容完成 1、2 题。

图 5-21

1.以上这段文字是对古代建筑的鉴赏，关于欣赏角度的分析最合理的是（　　）。

    A.从技术与工艺角度　　　　　　　　B.从技术与民俗角度

    C.从工艺与民俗角度　　　　　　　　D.从技术与文化角度

2.关于木结构的加工工艺，通常是先加工各个构件，然后处理表面，最后进行榫卯连接。其加工过程中用于表面抛光的工具是（　　）。

    A.锯　　　　　　B.刨　　　　　　C.锉　　　　　　D.凿

3.飞檐是中国古代建筑屋顶结构的一种特色，在欣赏飞檐结构时，以下欣赏角度与内容不相符的是（　　）。

    A.从技术角度看，飞檐结构复杂，施工难度大

    B.从技术角度看，使采光面积增大，排泄雨水顺畅

    C.从文化角度看，飞檐的曲线与房屋的直线和谐融合

    D.从文化角度看，仅靠木质构件榫接而成，工艺精湛

如图 5-22 所示为某户外雨棚，该雨棚用钢管支撑，结构简洁美观，请根据所学知识回答 4、5 题。

4.关于该雨棚的分析，下列说法不正确的是（　　）。

    A.雨棚的支撑钢管与顶棚钢架之间的连接方式是刚连接

    B.顶上雨棚部分属于框架结构

    C.该结构与地面的支撑面较小，因而稳定性不佳

图 5-22

D.下雨造成顶棚积水时,支撑钢管所受的压力会增加

5.以下改进措施不能增强该雨棚的强度或稳定性的是(　　)。

　　A.将钢管之间的连接方式改为铰连接

　　B.在支撑钢管和顶棚钢架间加装三角形加强筋

　　C.将顶棚换用高强度新型材料

　　D.增加支撑钢管的数量或增大支撑钢管直径

6.有如图 5-23 所示的椅子,为防止其翻倒,以下措施中合理的是(　　)。

　　A.增加靠背的长度

　　B.提高坐垫的高度

　　C.增加底部椅脚的长度

　　D.采用强度更大的合金材料制作

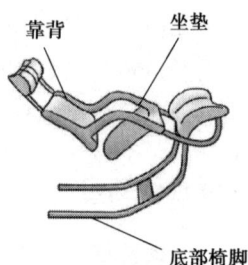

图 5-23

7.如图 5-24 所示,图甲为一高度可调的家用熨衣架,利用支架卡在图乙所示的调节块凹槽的不同位置来实现熨衣架的高度调节,调节块固定在熨衣板的背面。为了改善熨衣架的结构性能,以下方案最合理的是(　　)。

　　A.为了提高熨衣架的稳定性,采用更坚
　　　硬的材料做支架

　　B.为了提高熨衣架的强度,将支架直接
　　　固定在熨衣板的背面

　　C.为了提高熨衣架的稳定性,采用不锈钢板做熨衣板

　　D.为了提高熨衣架的强度,采用直径稍大一点的金属管做支架

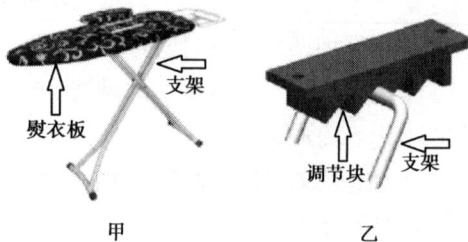

图 5-24

8.如图 5-25 所示是一款创意纸巾盒,但抽取纸巾时发现纸巾盒容易翻倒。为了提高其稳定性,以下改进措施最有效的是(　　)。

　　A.抽纸口适当上移

　　B.增加腿的长度

　　C.增加两只脚板的长度

　　D.整体采用更薄的木板制作

图 5-25

如图 5-26 所示是一款折叠床,长期使用后床体中部两侧的钢管下弯变形,床中部的纸质面板损坏下陷,床面中部形成明显的凹坑。根据描述回答 9、10 题。

9.关于该折叠床设计存在的不足,以下分析不合理的是(　　)。

　　A.折叠床的床面板设计为纸板,承重不足

　　B.折叠床两侧的钢管跨度过长,容易变形

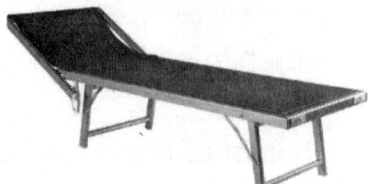

图 5-26

C.为了提高强度,可以适当增加钢管的厚度

D.为了增强稳定性,可以用相同截面的钢条代替钢管

10.以下改进措施不合理的是(　　)。

A.用木板代替纸质面板　　　　　　　　B.中部增加一组床脚

C.降低两腿脚的高度　　　　　　　　　　D.适当减小两组床脚间的间距

二、综合分析题

1.自行车是我们生活中常见的结构,请根据你所学的有关结构的知识回答以下问题:

(1)自行车的结构设计除了考虑稳定性,还主要考虑什么性质? 它跟什么因素有关?

(2)自行车的车架为什么采用三角形结构?

(3)自行车的支架部分采用了空心钢管材料,请说明使用这种材料的两种优点。

2.如图 5-27 所示为某学生设计的一款树形书架。使用时将书架放于地面上,其中搁板、支撑条均使用木质材料,各构件之间采用胶水粘接。

(1)分析有哪些改进方案可进一步提高该书架的稳定性(至少两种)。

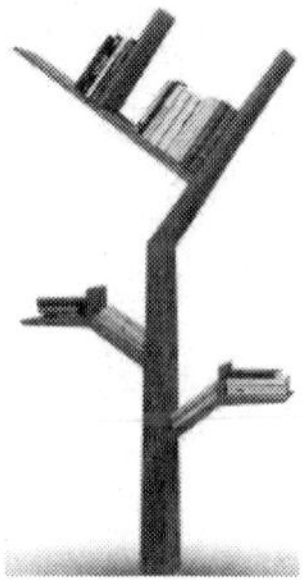

图 5-27

(2)怎样测试书架构件连接的强度。

(3)为了增强书架的结构强度,以下选项中最有效的是_____。

A.降低书架高度　　　　　　　　　　　B.改变搁板形状

C.改变构件间的连接方式　　　　　　D.扩大底柱的支撑面

3.如图 5-28 所示,图(a)为抓拍摄像头,其底部有两个孔距为 100 mm 的 M5 螺纹孔。现要将其安装到路口的支架上,支架如图(b)所示。支架安装杆截面是边长为 50 m 的正六边形,其安装面上有两个孔距为 40 mm 的 M6 螺纹孔。

(1)请设计摄像头与支架之间的连接件,画出草图、标注必要的尺寸并进行简要说明。设计要求如下:①能够实现摄像头与支架的连接;②摄像头能够实现从图(b)位置向下 45°范围连续调节,并能在调节范围内可靠固定;③结构简单,安装调节方便;④材料为 2 mm 厚钢板。

(2)连接件设计完成后,进行了以下技术试验,你认为不合理的是＿＿＿＿＿＿＿＿(在"①安装连接件,连接摄像头与支架,试验安装是否方便;②调节摄像头角度,观察连接件能否实现垂直 45°调节;③调节摄像头,观察摄像头能否准确对准车辆;④调节摄像头角度,观察连接件能否在需要的角度可靠固定"中选择合适的选项,将序号填在"＿＿＿＿＿"上)。

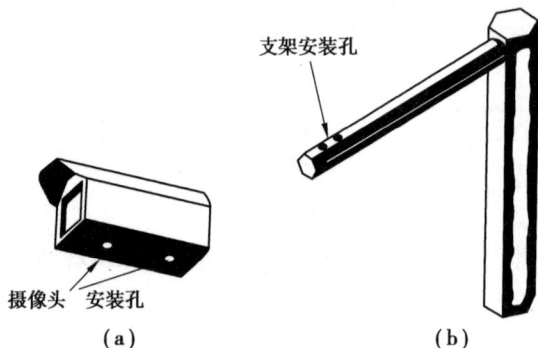

图 5-28

📖 知识结构

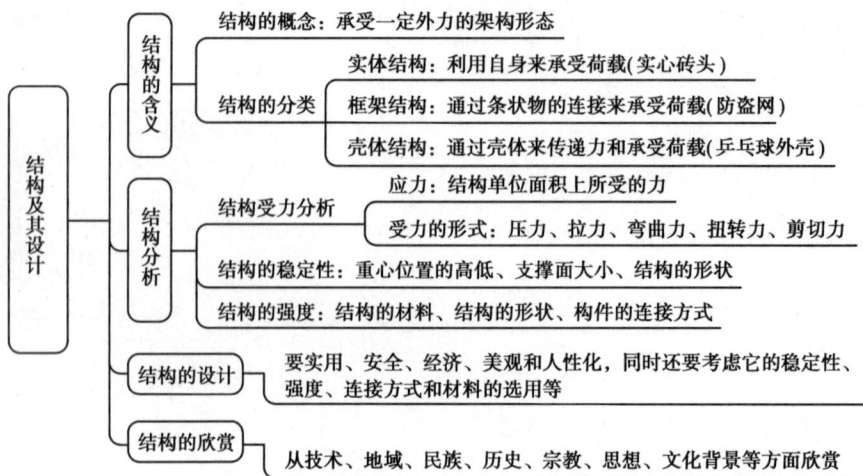

专题检测

一、单项选择题(共 20 小题,每小题 3 分,共 60 分)

1.下列的物体中属于实体结构的是(　　)。

　　A.电灯泡　　　　　　B.脚手架　　　　　　C.橡皮擦　　　　　　D.足球

2.下列物体中不属于壳体结构的是(　　)。

　　A.摩托车头盔　　　　B.汽车引擎盖　　　　C.贝壳　　　　　　　D.金字塔

3.如图 5-29 所示,在攻丝的过程中,丝锥和丝锥扳手的主要受力形式是(　　)。

　　A.丝锥受压力、扭转力和丝锥扳手受剪切力

　　B.丝锥受压力、剪切力和丝锥扳手受扭转力

　　C.丝锥受扭转力和丝锥扳手受压力、弯曲力

　　D.丝锥受压力、扭转力和丝锥扳手受弯曲力

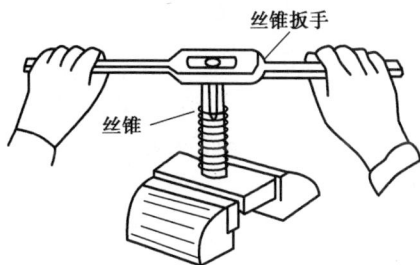

图 5-29

4.如图 5-30 所示为室内灯具,下面对连接杆和支柱的主要受力分析正确的是(　　)。

　　A.连接杆受压力和支柱受弯曲力

　　B.连接杆和支柱都受压力

　　C.连接杆受弯曲力和支柱受压力

　　D.连接杆和支柱都受弯曲力

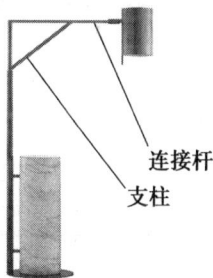

图 5-30

5.如图 5-31 所示是两边支架用钢钉固定在墙壁上的一款搁板,把花盆放在中央时,支撑板和钢钉的主要受力形式是(　　)。

　　A.搁板受拉力和钢钉受剪切力

　　B.搁板受拉力和钢钉受压力

　　C.搁板受弯曲力和钢钉受弯曲力

　　D.搁板受弯曲力和钢钉受剪切力

6.发生交通事故时,摩托车手的头盔能有效保护车手的头部安全。以下分析正确的是(　　)。

　　A.头盔的壳体结构能分散撞到头盔上的力

　　B.头盔的壳体结构能吸收撞到头盔上的力

　　C.头盔的框架结构能分散撞到头盔上的力

　　D.头盔的组合结构能吸收撞到头盔上的力

图 5-31

7.如图 5-32 所示为一款创意太阳伞,若要提高它的稳定性,有效的改进措施是(　　)。

A.加粗中央立柱

B.伞面选用优质的碳钢材料

C.减轻底部底盘的质量

D.增加底部底盘的面积

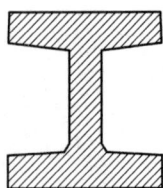

图 5-32

8.以下关于不倒翁"不倒"的原因分析中,合理的是(　　)。

A.其构成材料的强度大

B.下端大,上端小

C.底部接触面小

D.其重心低,底部接触面是光滑的弧面

9.下列是具有相同截面、相同长度、相同材质、结构不同的四种钢梁,它们中承重能力最强的是(　　)。

A.

B.

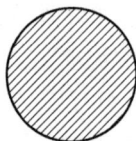

C.

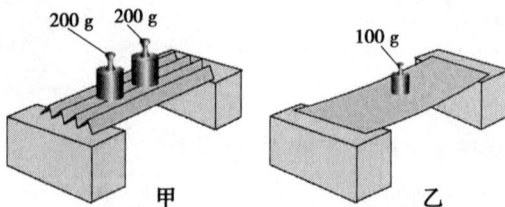

D.

10.如图 5-33 所示,用两张相同的纸做结构强度对比试验,此试验可说明影响结构强度的因素是(　　)。

图 5-33

A.结构的材料　　　　B.结构的面积　　　　C.结构的形状　　　　D.结构的支撑点

如图 5-34 所示是一款平衡吊,吊臂为平行四边形机构,能在铅垂面内运动。请完成 11—13 题。

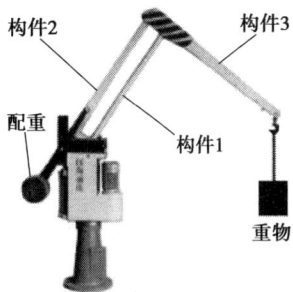

图 5-34

11.在图 5-34 中,构件 1、构件 3 的主要受力形式是( )。

A.构件 1 受压力,构件 3 受弯曲力

B.构件 1 受拉力,构件 3 受拉力

C.构件 1 受弯曲力,构件 3 受拉力

D.构件 1 受弯曲力,构件 3 受压力

12.起吊时,配重除了起平衡作用外,还可以( )。

A.增加强度　　　　　　　　　　B.减小载荷

C.改变支撑面　　　　　　　　　　D.增加稳定性

13.构件 2、构件 3 与构件 1 之间的连接方式是( )。

A.紧铆连接　　　　　　　　　　B.铰连接

C.榫接　　　　　　　　　　D.焊接

14.如图 5-35 所示是一款儿童用三轮车。若要提高它的稳定性,有效的改进措施是( )。

A.增大两后轮的间距

B.缩短前后轮的距离

C.增大两后轮的直径

D.增大前轮的直径

图 5-35

如图 5-36 所示是一款钣金剪的结构示意图。请完成 15、16 题。

15.在加力杆上施加力 F 时,以下构件的主要受力形式是( )。

A.连杆受拉力,加力杆受弯曲力

B.连杆受压力,加力杆受弯曲力

C.连杆受拉力,加力杆受压力

D.连杆受压力,加力杆受压力

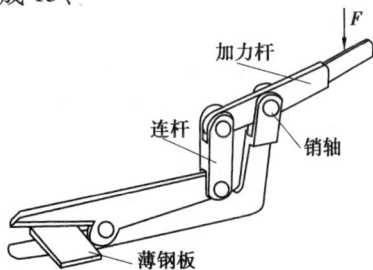

图 5-36

16.图 5-36 中的销轴可采用( )。

A.铆钉　　　　B.自攻螺钉　　　　C.紧固螺钉　　　　D.膨胀螺栓

17.如图 5-37 所示是一款手动冲压机,扳动手柄,通过连杆带动压杆工作。下列关于该冲压机的分析中,正确的是( )。

A.手柄受力形式为受压力

B.压杆只能上下移动,不能转动,压杆与机座之间的连接属于刚连接

C.冲压机的底座设计厚重,有利于提高冲压时的稳定性

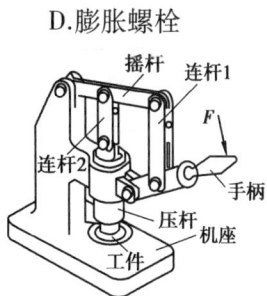

图 5-37

D.手柄上施加力 F 时,压杆向上运动

18.为了增强结构的强度,用混凝土和钢筋制作房屋的大梁时,钢筋通常放在混凝土柱的( )。

    A.上侧   B.下侧   C.中间轴线   D.都可以

19.如图 5-38 所示为一款折叠式书报架,为了提高其稳定性,以下措施中不合理的是( )。

    A.降低书报架的高度

    B.增大底部的支撑面积

    C.采用较重的底座

    D.将其中的连接方式由铰连接改为刚连接

图 5-38

20.如图 5-39 所示是一款木制双人秋千。以下改进措施能增加其稳定性的是( )。

    A.更换原材料,把木质改为不锈钢

    B.把支撑架两脚的交叉角度增大,增大其支撑面

    C.加粗横杆,加固座椅与钢索的连接

    D.加固最上端横杠与钢索的连接部分

图 5-39

二、判断题(共 15 题,每小题 1 分,共 15 分)

1.实体结构的结构体本身是实心的,它利用自身来承受荷载,主要承受压力。(　　)

2.框架结构的结构体由细长的构件组成,它通过条状物的连接来承受荷载,既可以承受压力又能够承受拉力。(　　)

3.壳体结构的结构体由片状或层状结构组成。(　　)

4.手提水桶时手臂主要所受的力是压力。(　　)

5.钓鱼竿钓起鱼时,鱼竿主要所受的力是拉力。(　　)

6.剪切力是指大小相等、方向相反,作用于同一个物体上的一对平衡力。(　　)

7.通常情况下,支撑面要比接触面大。(　　)

8.采用三角形结构,有时既可增大结构的稳定性,还能增强结构的强度。(　　)

9.结构的强度越强,越不易侧翻或倾倒。(　　)

10.材质相同时,在相同截面积的结构中,工字形结构强度最大。(　　)

11.一般情况下,在同一构件上,外力增加,内力增大,外力拆除,内力消失。(　　)

12.相同的物体只要外力增大,应力就会增大。(　　)

13.写产品说明书时,重点是介绍该产品的结构。(　　)

14.地域、文化背景的不同会直接或间接影响建筑结构的设计。(　　)

15.任何结构都可从技术、人文、思想、文化等方面进行欣赏评价。(　　)

三、设计分析题(共 25 分)

张雷发现通用技术实验室里的投影仪不能调节高度,经拆解发现投影仪支架结构如图

5-40 所示。支架由上、下两部分组成,上半部分连接到天花板上,下半部分与投影仪连接,上、下两部分的侧边都有直径为 8 mm 的通孔。请你帮张雷在支架的上、下两部分之间设计一个连接件,设计要求如下:

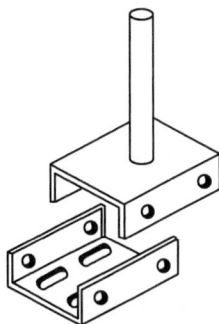

①能对投影仪进行高度调节,调节范围至少有 100 mm;

②能使投影仪在某一个高度固定;

③连接件主要材料采用 30 mm 宽、3 mm 厚的条钢,辅助材料自选;

④结构简单,调节方便。

(1)画出连接件的设计草图,必要时可用文字说明。

(2)在设计草图上标注连接件的主要尺寸。

图 5-40

(3)以下连接方式中最适合用于支架与连接件进行安装和调节的是_____(在"①六角螺栓与螺母;②紧定螺钉;③膨胀螺丝;④六角螺栓与元宝螺母;⑤自攻螺钉"中选择最适合的一项,将序号填写在"_____"处)。

(4)连接件安装到投影仪支架上后,为了检验其是否达到设计要求,张雷进行了以下技术试验,其中合理的有_____(从下列项目中找出所有合理的项目,将序号填写在"_____"处)。

①在连接投影仪处挂上普通投影仪两倍重的砝码,观察所固定高度是否变化;

②将连接件置于潮湿环境中,看是否容易生锈;

③反复调节高度,看操作是否简便;

④敲击与天花板连接的圆柱,观察其与天花板连接的牢固程度;

⑤安装不同的投影仪到支架上,测试支架对不同投影仪的适应性。

专题六 流程及其设计

📑 课程标准

1.理解流程及其环节、时序的含义,识读和绘制简单的流程图,分析流程设计和流程优化过程中的基本要素,体会流程设计的基本思想和方法。

2.结合技术需求进行流程设计和对已有流程进行优化,并用流程图表达出来。

📑 考试要求

知识点	内 容	考试层次		
		A	B	C
流程的含义	流程的概念及分类			√
流程的组成	流程的环节与时序	√		
流程的设计与表达	流程图识读与绘制		√	
流程的优化	优化改进的目的、内容		√	

📑 知识点拨

第一节 认识流程

1.流程的含义

(1)流程的概念

流程是一项活动或一系列连续有规律的事项或行为进行的程序。这些活动以确定的方式发生或执行,导致特定结果的实现。

(2)流程的分类

流程通常可分为工作流程和工艺流程两类。工作流程反映完成一件事情、一项任务而进行的一系列有序的工作或活动的全过程。工艺流程是反映从原料投入到成品产出,通过一系列工艺或加工环节,顺序地进行生产或制造某种产品的全过程。

2.流程的组成

（1）环节

环节是指完成某个具体的目标、组成某项生产或某个活动过程的若干阶段或小的过程。环节的划分是相对的。

（2）时序

流程中各环节按照一定的时间顺序先后出现、完成，这种时间顺序关系称为时序。有的时序可颠倒，有的时序不可颠倒。不可颠倒的时序往往反映了事物或活动的内在规律或机理，我们应尊重和遵循这些规律和机理。

3.串行工序和并行工序

• 串行工序：依次进行的工序，特点是上一步完成后才能进行下一步。

• 并行工序：可以同时进行的工序，特点是多人或多台设备可同时进行工作，这样可以大大提高生产效率。

典型案例分析

【案例1】流程广泛存在于人们的生产和生活中，下列有关流程的表述不合理的是（　　）。

A.流程中环节的划分是相对的，不同的人可能有不同的分法，而且有时可以再划分为更小的环节

B.不同行业的流程设计考虑的基本要素是不同的

C.有些流程的时序不可颠倒，不可颠倒的时序往往反映了事物的内在规律

D.设计流程的目的都是节约时间

【答案】D

【解析】本题主要考查流程的概念和流程的组成。流程是一项活动或一系列连续有规律的事项或行为进行的程序。有的时序可颠倒，有的时序不可颠倒。不可颠倒的时序往往反映了事物或活动的内在规律或机理，因此本题中 A、B、C 的表述是正确的。只有 D 选项表述错误。

【案例2】在下列四种表达方式中，不属于流程的是（　　）。

申报单位（盖章）：

序号	采购项目名称	采购预算			采购资金来源	
		单价	数量	合计	预算内	预算外
1	办公用纸	300元/箱	200箱	60 000元	√	
2	油印室用纸	250元/箱	500箱	125 000元	√	
3	办公自动化设备耗材	200元/箱	10箱	2000元	√	

A.采购表

星期	节　次						
	上午				下午		
	1	2	3	4	5	6	7
星期一	政	英	数	物	体	美	自
星期二	语	数	化	英	物	生	体

B.课程表

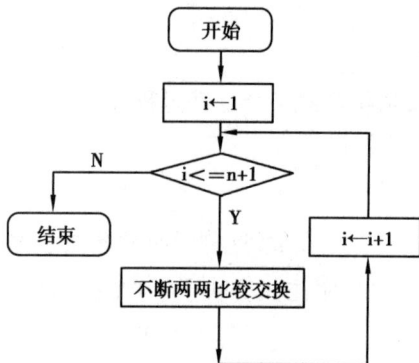

C.计算机程序

节目预告

03:54 天天饮食

04:09 今日说法

04:59 新闻联播

05:29 人与自然

06:00 朝闻天下

D.节目单

【答案】A

【解析】本题主要考查流程的基本组成。流程基本组成含环节和时序,缺一便不构成流程,本题中 A 选项缺时序,所以不是流程;而 B、C、D 选项都存在各自的环节、时序要素,故本题的正确答案是 A。

【案例3】在钢板上钻孔,其操作流程为:划线→冲眼→选择钻头→钻孔。结果发现孔的位置钻偏了。在下列原因中,最不可能的是(   )。

A.划线位置不准确   B.冲眼偏离了划线交点

C.选用的钻头直径不符   D.麻花钻未对准冲眼中心

【答案】C

【解析】本题主要考查流程结果跟环节的内在联系。其中划线位置不准确、冲眼偏离了划线交点、麻花钻未对准冲眼中心等环节跟孔位偏了的结果都成因果关系,而选用的钻头直径不符跟孔位偏了的结果不构成因果关系,所以本题中只有 C 选项最不可能。

【案例4】用小麦加工挂面的流程通常是:小麦磨粉→面粉渗水搅拌→面块成型→分割成条→晾晒(或烘干)成挂面。在以下关于该流程的说法中,表述不合理的是(   )。

A.该流程属于工作流程

B.该流程属于工艺流程

C.该流程的五个环节的时序都不能交换

D.该流程的环节还可进一步细化

【答案】A

【解析】本题主要考查流程的基本概念。流程中各环节按照一定的时间顺序先后出现、完成,有的时序可颠倒,有的时序不可颠倒,C 与 D 都正确。工作流程反映完成一件事情、一项任务而进行的一系列有序的工作或活动的全过程。工艺流程是反映从原料投入到成品产出,通过一系列工艺或加工环节,顺序地进行生产或制造某种产品的全过程。所以本题的 A 不合理。

【案例5】某工程由 A、B、C、D 四道工序组成,完成它们需用时间依次为 2、5、x、4 天。四道工序的先后顺序及相互关系是:①A、B 可以同时开工;②A 完成后,C 可以开工;③B、C 完成后,D 可以开工。为了让该工程能在 9 天内完工,C 工序最多要安排几天完成?

【答案】3 天

【解析】本题主要考查串行工序和并行工序的理解和应用。在本工程的流程中,既存在串行工序,又存在并行工序。具体是:C 跟 A 串行后跟 B 并行,并行后再跟 D 串行的流程。因为 A 完成后,C 才可以开工,C 完成后,D 才可以开工,完成 A、C、D 需用时间依次为 2、x、4 天,且 A、B 可以同时开工,该工程总时数为 9 天,$2+x_{max}+4=9$;$x_{max}=3$,故答案为 3 天。

检测练习

单项选择题

1.下列关于流程的说法不合理的是(　　)。

　　A.任何的流程都可由环节和时序两部分组成

　　B.根据不同的需要,同一流程的环节可以有不同的划分方法

　　C.时序有时可颠倒,有时不可颠倒

　　D.任何环节在时序上都是可以调整的

2.洗衣机的洗涤流程通常是波轮循环执行"正转→暂停→反转→暂停"的过程。以下关于该流程的说法合理的是(　　)。

　　A."正转"与"反转"交替执行可增强洗涤效果

　　B.为了节省洗衣时间可以取消"暂停"环节

　　C."暂停"环节会增加衣服的缠绕

　　D.循环执行的次数与洗涤时间无关

3.如图 6-1 所示是用不锈钢薄板制作的小饰品。在加工过程中,下列不合理的操作是(　　)。

　　A.钻孔时可使用手钳夹持

　　B.锯割时选用细齿锯条

　　C.锉削外轮廓时均用圆锉

　　D.表面抛光时用砂纸打磨

图 6-1

4.小黄同学用纸来制作工艺品,其环节有:①买纸;②裁剪;③划线;④组装。下列加工流程正确的是(　　)。

　　A.②→③→④→①　　　　　　　　　B.①→②→④→③

　　C.③→①→②→④　　　　　　　　　D.①→③→②→④

5.在电子控制技术实践课上,同学们用电烙铁进行焊接操作(图 6-2)。在下列关于焊接的操作流程的说法中,最合理的是(　　)。

　　A.先用电烙铁加热元件引脚,再加焊锡,熔化的焊锡沿着引脚流到焊盘上形成焊点

　　B.先将焊锡移到焊盘上方,再用电烙铁加热焊锡,让熔化的焊锡滴到焊盘上形成焊点

　　C.先将焊锡熔化在电烙铁上,再用电烙铁在焊盘上来回涂抹,把焊锡均匀地涂在引脚四周

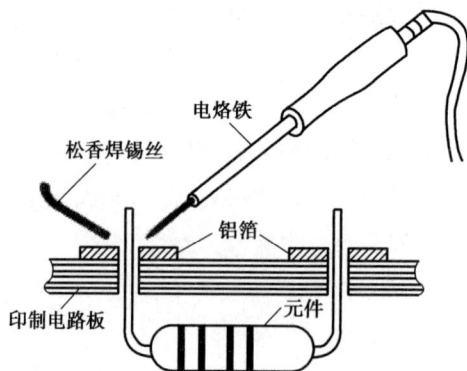

图 6-2

D.先用电烙铁同时加热焊盘和元件引脚,再将焊锡送入使其熔化,在引脚和焊盘间形成焊点

装修新房时,通常有:①安地砖;②装水管;③打线槽;④装电线;⑤做家具等环节。请根据上面的描述,回答6、7题。

6.上述五个装修环节的合理时序是(　　　)。

A.①→②→③→④→⑤　　　　　　　　B.③→①→②→⑤→④

C.⑤→④→③→①→②　　　　　　　　D.③→④→②→①→⑤

7.在上述五个环节中,为了加快进度,可以实施并行的环节是(　　　)。

A.①安地砖和②装水管并行完成　　　　B.②装水管和③打线槽并行完成

C.③打线槽和④装电线并行完成　　　　D.②装水管和④装电线并行完成

8.小明放学回到家,刚打开房门就闻到一股煤气的味道,以下处理流程最合理的是(　　　)。

A.先关闭煤气总开关,再打开窗户,隔一会后再打开电灯检查漏气的原因

B.先打开电灯,再关闭煤气总开关,然后检查漏气的原因

C.先打开电灯,再打开窗户,隔一会后再检查漏气的原因

D.先关闭煤气总开关,然后打开电灯,隔一会后再检查漏气的原因

9.有一次小张在家使用电饭煲时,刚把电饭煲的插头插入插座,家中的空气开关就跳闸断电。为了确定故障的位置,正确的处理流程是(　　　)。

A.先更换空气开关,再通电试验

B.先拔掉电饭煲的插头,然后再打开空气开关通电试验

C.先把电饭煲的插头交换到其他插孔,再打开空气开关通电试验

D.直接打开空气开关,用测电笔检测

10.在做饭炒菜的过程中,通常有:①加热炒锅;②锅中放入菜叶;③加入佐料调味盐;④锅中放入菜油;⑤打开抽油烟机;⑥菜叶起锅;⑦关闭抽油烟机等环节。以下最合理的时序是(　　　)。

A.①→②→④→③→⑤→⑥→⑦　　　　B.⑤→④→①→②→③→⑥→⑦

C.⑤→④→③→②→①→⑦→⑥　　　　D.③→④→②→①→⑤→⑦→⑥

11.下列属于流程的是(　　)。

  A.学生座位表   B.工程零件的加工图

  C.电脑配置清单   D.课程表

12.下列关于流程的叙述正确的是(　　)。

  A.流程反映了一定的时序,体现出一定的环节

  B.流程的时序都是不可颠倒的

  C.流程的环节不能再分出子环节

  D.流程中的串行工序都不能改为并行工序

第二节　流程的设计与表达

1.流程的设计

(1)流程设计的目标

流程设计的目标如图6-3所示。

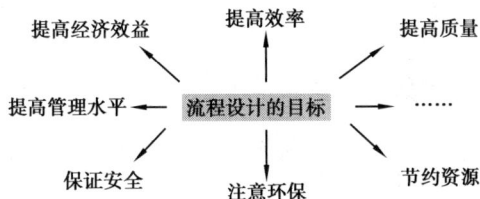

图6-3

(2)流程设计需考虑的因素

总体考虑流程内在属性与规律。具体考虑流程设计所涉及的材料、工艺、设备、人员、资金和环境等。材料:不同的材料有不同的加工处理方法;工艺:不同产品的工艺要求各异,流程设计也不同;设备:生产设备的水平往往决定了流程的自动化水平;人员和资金:不同的技术水平和必要的资金影响生产的过程、质量和周期;环境:关注生产过程对环境的污染以及环境对生产的反作用。

不同行业的流程有不同的特点,流程设计中应考虑的因素也各不相同。如农业生产中还要考虑气候、季节、自然灾害、生态平衡等。

流程设计要依据事物的内在属性和客观的变化规律,科学地设计时序和环节,以达到设计目标。

2.流程的表达

流程可以用文字、表格、图示、模型、方框流程图、动画等表达。

方框流程图是最广泛的流程表达方式,其方法为:根据对事物的内在属性和规律的分析,将流程的全过程按每个阶段的不同功能和作用,分解为若干小过程(环节),并用"方框"表示环节。按照每个小过程应该经历的时间顺序,将各环节依次排开,并用"箭头"连接起来。其各种标识含义如图6-4所示。

环节　　　　　　检测点和决策点　　　　　开始和停止　　　　　　时序

图 6-4

🖋️ 典型案例分析

【案例1】如图 6-5 所示为一快餐店的扫码点餐形式,操作流程为:用户通过微信或支付宝扫描二维码,查看电子菜单自主点餐并买单,餐厅接到订单后配餐,服务员送餐至对应餐桌。一般可以节约顾客 5~10 分钟的用餐时间。请根据描述,回答1、2题。

图 6-5

1.请问常见流程的表达方式有哪些?（至少列举两个）

【答案】流程可以用文字、表格、图示、模型、方框流程图、动画等表达。

【解析】本题主要考查流程的表达方式。流程可以有文字、表格、图示、方框流程图、动画、模型等表达方式。

2.请画出顾客扫码点餐的方框流程图。

【答案】

扫描桌面二维码 → 线上点餐、买单 → 餐厅配餐 → 送餐

【解析】本题主要考查流程的表达方式。方框流程图是流程的主要表达方式,识记符号是规范绘制流程图的关键,矩形框代表环节,箭头代表时序,圆弧矩形框代表开始和停止,菱形框代表检测点和决策点。本题要求绘制的是简单的方框流程图,只涉及环节和时序,根据题干描述的顺序将点餐的过程用方框图表达出来即可。

【案例2】如图 6-6 所示为一把木工锯,小宏在锯割操作中不小心折断了锯条,现在要换新锯条。正确的流程是(　　　　)。

A.旋松螺母→取下断锯条→旋紧螺母→安上新锯条

B.取下断锯条→旋松螺母→安上新锯条→旋紧螺母

C.旋紧螺母→取下断锯条→安上新锯条→旋松螺母

D.旋紧螺母→取下断锯条→旋松螺母→安上新锯条

【答案】B

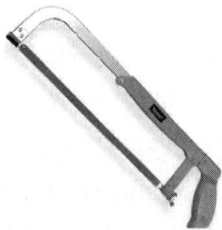

图 6-6

【解析】本题主要考查流程的设计。有的同学装过锯条,最后一步是旋紧螺母,所以同学们条件反射地认为锯条断掉后要先旋松螺母,就很容易错选为 A,其实仔细观察锯子的结构可以发现,锯条是靠两端的拉力固定在锯子上的,断掉之后,两边的拉力也就不存在了,直接从锯子上取下即可。因此本题的正确答案是 B。

【案例3】如图6-7左图所示为一块 40 mm×20 mm×2 mm 的扁钢,要手工加工为右图的挂钩,以下工艺流程中最合理的是(　　)。

A.划线→钻孔→锯割→弯折→锉削

B.划线→锯割→锉削→弯折→钻孔

C.划线→钻孔→弯折→锯割→锉削

D.划线→锯割→锉削→钻孔→弯折

图6-7

【答案】A

【解析】本题主要考查流程的设计。正确的加工流程为:先划线,通过钻孔加工出两个圆孔,再通过锯割和弯折得到挂钩轮廓,最后锉削。因此本题的正确答案是 A。

【案例4】要清洗如图6-8所示的空调过滤网,有如下操作:①拔掉空调的电源;②拆下过滤网;③拆开空调正面面板;④阴凉处风干;⑤自来水冲洗;⑥过滤网装回空调内部。合理的流程为(　　)。

A.①→③→②→⑤→④→⑥

B.⑥→③→②→⑤→④→①

C.⑥→②→③→④→⑤→①

D.①→②→③→④→⑤→⑥

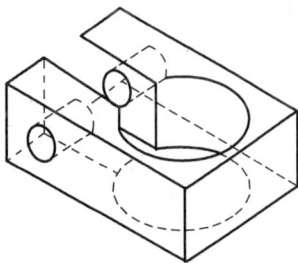

图6-8

【答案】A

【解析】本题主要考查流程的设计。过滤网在空调内部,其正确的拆洗流程为:第一步拔掉电源,第二步拆开面板,第三步取下过滤网,然后清洗、风干,最后装回空调内部。因此本题的正确答案是 A。

【案例5】在通用技术实践课上,某同学准备用外形已加工的矩形钢制作如图6-9所示的零件,设计了下列工艺流程,其中最合适的是(　　)。

A.划线→钻大孔→锯割槽→钻小孔→锉削

B.划线→钻大孔→钻小孔→锯割槽→锉削

C.划线→钻小孔→锯割槽→钻大孔→锉削

D.划线→锯割槽→钻大孔→钻小孔→锉削

图6-9

【答案】B

【解析】本题主要考查金属加工工艺流程时序的设计。这里必须先钻孔才能进行锯割,划线一般是在最前面,锯割之后一般是锉削。因此,应该选 B 选项。

检测练习

一、单项选择题

1.在下列事例中,采用流程表达方式的有(　　)。

①晚会节目单;②学校班级课程表;③产品加工工序表;④零件的三视图

A.②③④　　　　　B.①②③　　　　　C.①②④　　　　　D.①③④

2.下面是小张更换电灯泡的流程,时序最合适的是(　　　)。

　　A.更换灯泡→切断电源→揭下灯罩→通电测试

　　B.揭下灯罩→更换灯泡→切断电源→通电测试

　　C.切断电源→揭下灯罩→更换灯泡→通电测试

　　D.揭下灯罩→切断电源→更换灯泡→通电测试

有如图 6-10 甲所示的铝板,把它加工成图乙所示的零件。请回答 3、4 题。

3.在下列加工工艺的流程中,时序最合适的是(　　　)。

　　A.划线→钻孔→锯割→锉削

　　B.划线→锯割→锉削→钻孔

　　C.划线→钻孔→锉削→锯割

　　D.划线→锉削→锯割→钻孔

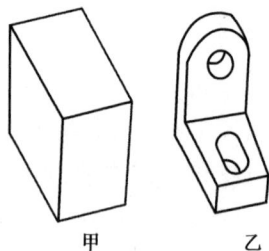

甲　　　　　乙

图 6-10

4.在该工件的加工过程中,以下工具不需要的是(　　　)。

　　A.台虎钳　　　　　　B.台钻　　　　　　C.钢丝锯　　　　　　D.锉刀

5.将一块大小合适的矩形钢加工成如图 6-11 所示的零件,以下加工流程最合适的是(　　　)。

　　A.划线→锯割→锉削→钻孔→攻丝

　　B.划线→钻孔→锯割→锉削→攻丝

　　C.划线→锉削→钻孔→攻丝→锯割

　　D.划线→钻孔→攻丝→锉削→锯割

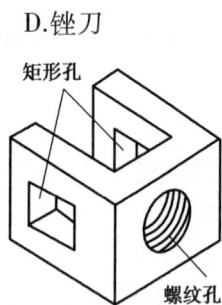

矩形孔

螺纹孔

图 6-11

6.小张在一块厚为 3 mm 的钢板上加工如图 6-12 所示的连接件,该连接件的加工流程最合适的是(　　　)。

　　A.划线→钻孔→锉削→锯割　　　　　　B.划线→锉削→锯割→钻孔

　　C.划线→钻孔→锯割→锉削　　　　　　D.划线→锯割→锉削→钻孔

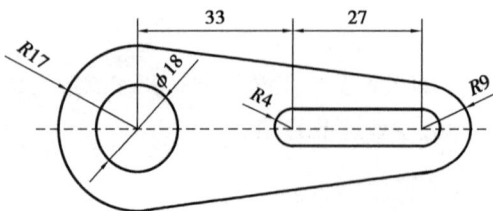

图 6-12

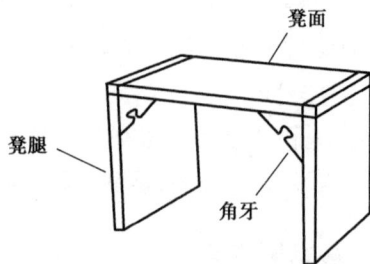

凳面

凳腿

角牙

图 6-13

如图 6-13 所示是一款木质小凳,由凳腿、凳面、角牙构成,构件间采用榫接。根据以上描述回答 7、8 题。

7.以下是凳腿板与凳面板之间的榫接设计,其中最合适的是( )。

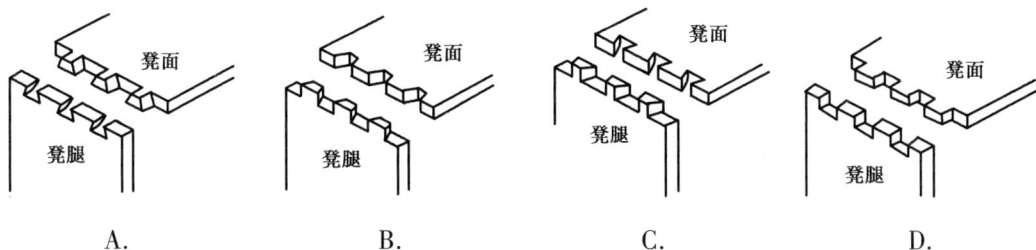

A.   B.   C.   D.

8.现要将厚50 mm的长实木板加工成符合设计要求的凳面,下列流程中最合适的是( )。

   A.下料→划线→刨削→锯割→凿削   B.下料→刨削→划线→锯割→凿削

   C.划线→下料→刨削→锯割→凿削   D.划线→下料→刨削→锯割→打磨

9.如图6-14所示是通用技术实践课上用铝板制作的工件,以下加工流程最合适的是( )。

   A.划线→钻孔→抛光→锯割→锉削

   B.划线→抛光→钻孔→锯割→锉削

   C.划线→锯割→锉削→钻孔→抛光

   D.划线→钻孔→锯割→锉削→抛光

图6-14

10.如图6-15所示是某企业的污水处理工艺流程图,主要运用了物理处理法、生化处理法和化学处理法,实现了污水的科学处理排放。关于该流程的说法不正确的是( )。

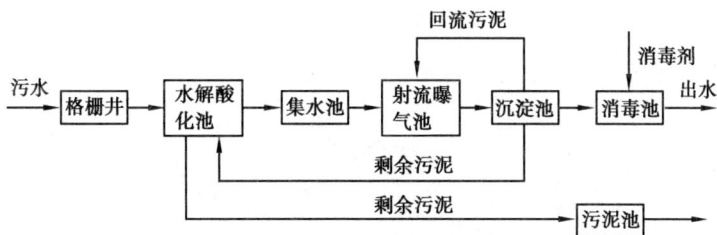

图6-15

   A.从水解酸化池里分离出来的剩余污泥可以直接进入污泥池

   B.该企业通过物理、生化和化学处理法,实现了污水的有效处理,提高了经济收入

   C.该流程中格栅井的主要目的是收集污水中的渣滓

   D.企业污水有效处理,达标排放,保护了生态环境

11.如图6-16所示为自行车滚珠式大轴承的结构示意图,中轴插入花鼓体后用挡圈固定,固定螺帽用于大轴承与车架的固定。大轴承的装配,需要以下环节:①安装滚珠;②安装挡圈盖;③安装轴碗;④安装固定螺帽;⑤中轴插入花鼓体。其正确的装配顺序是( )。

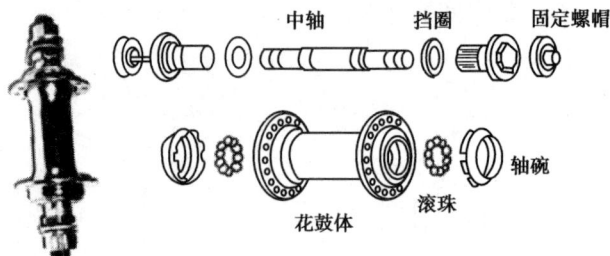

中轴　　挡圈　　固定螺帽

轴碗

花鼓体　　滚珠

图 6-16

A.②①③④⑤　　　　B.⑤②③④①　　　　C.⑤①②③④　　　　D.⑤②①③④

12.如图 6-17 所示为木质水车的装配示意图。装配水车的流程环节有:①组装叶轮;②将轴心穿过叶轮中心孔;③将轴心连接右支架;④将轴心连接左支架。在以下有关水车装配工艺和结构连接的分析中,不合理的是(　　)。

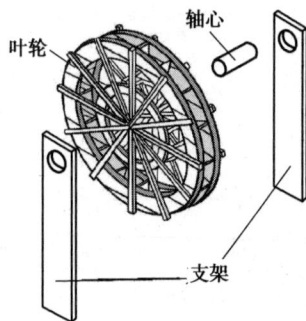

轴心

叶轮

支架

图 6-17

A.正确的装配流程可以是①→④→②→③

B.正确的装配流程也可以是③→④→②→①

C.叶轮与轴心之间的连接方式是铰连接

D.叶轮构件间可以采用不锈钢螺钉固定或榫卯连接

二、综合分析题

1.如图 6-18 所示是排球网的绕线装置,其中固定座固定在排球网立柱上,其他各零件装配在固定座上。它的装配过程有四个环节:①安装弹性挡圈;②安装绕线齿轮;③安装传动轴;④安装紧定螺钉。根据以上内容,完成以下各题。

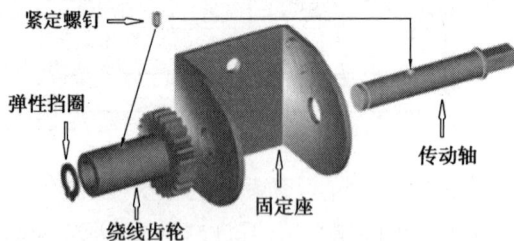

紧定螺钉

弹性挡圈

传动轴

绕线齿轮　　固定座

图 6-18

(1)合理的装配流程是:③→_____→_____→_____(将装配环节的序号填写在"_____"处);

(2)该图中属于标准件的有:_____、_____(填写标准件名称);

(3)图中紧定螺钉的作用:_____。

2.如图 6-19 所示是齿轮轴的结构装配示意图。键安装在轴的键槽中,齿轮键槽对准键套到轴上,套筒安装在轴上并顶住齿轮端面,轴承安装在轴的两端起支撑作用。该部件需要以下四个装配环节:①安装轴承;②安装齿轮;③安装套筒;④将键装入轴的键槽中。请根据上述描述,回答以下问题。

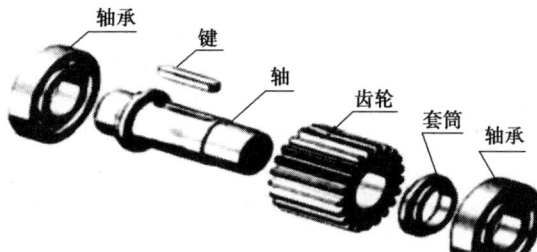

图 6-19

（1）齿轮轴的装配流程为:_____→_____→_____→_____（将装配环节的序号填写在"_____"处）;

（2）用一段矩形钢手工加工图中的键,需要用到的设备和工具有:_____、_____、_____（在"①手锯;②板牙;③锉刀;④划规;⑤丝锥;⑥台虎钳"中选择三种,将序号填写在"_____"处）;

（3）为了提高齿轮表面的强度,可以采用的工艺是_____（在"①电镀;②淬火;③回火"中选择一项,将序号填写在"_____"处）。

3.如图 6-20 所示是车轮的结构示意图,轴承 1 和轴承 2 安装在滚轮的孔中,用于滚轮与螺栓间的支承,套筒 1 和套筒 2 分别安装在支撑座两侧板的孔中,用于对滚轮的轴向定位,螺栓穿过套筒 1、滚轮、套筒 2 安装在支撑座上,垫圈、螺母安装在螺栓上,用于锁紧。

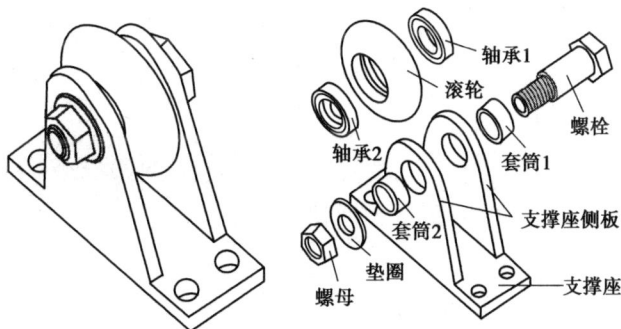

图 6-20

车轮的装配需要以下环节:①安装轴承 1 和轴承 2;②安装螺栓;③安装套筒 1;④安装螺母;⑤安装垫圈;⑥放置滚轮;⑦安装套筒 2。请分析车轮的结构和装配工艺,回答以下问题。

（1）合理的装配流程为:_____→③→_____→_____→⑦→⑤→_____（在"_____"处填写装配环节的序号）;

（2）如果车轮要在振动场合使用,为防止螺母松动,垫圈应该选择_____（在"①平垫圈;②弹簧垫圈"中选择合适的一项,将序号填入"_____"处）;

（3）要把螺母拧紧,合理的工具是_____（在"①螺丝刀;②扳手;③老虎钳"中选择合适的一项,将序号填入"_____"处）。

第三节　流程的优化

1.流程的优化

在流程的设计和实施过程中,要对流程进行不断的改进,以期取得最佳的效果,这一过程称为流程的优化。

2.优化的目的

优化的目的有提高工作效率、降低成本、降低劳动强度、节约能耗、减少环境污染、保证生产安全等。

3.优化的内容

优化的内容包括工期优化、工艺优化、成本优化、技术优化、质量优化等。其中,"工期优化"的目的是缩短加工时间,如串行工序改为并行工序;"工艺优化"或"技术优化"是指用新的设备、工具、加工方法代替以前的加工环节;"成本优化"是指降低耗材成本、减小运营开支、缩短运行路径等;"质量优化"通常指规范和加强管理或提高产品的质量性能的优化。

📋 典型案例分析

【案例1】如图 6-21 所示为某小组学生设计的台灯制作流程图,请根据此图完成 1、2 题。

| 外观设计 | → | 外观加工 | → | 电路设计 | → | 电路焊接 | → | 整体组装 |

图 6-21

1.关于这个流程图,下列说法不正确的是(　　　)。

A.完成该流程需要经历五个环节

B.这些环节之间是串行工序

C.流程图中的箭头代表了工作进行的先后顺序,也就是环节

D.通过合理的流程优化,可以降低台灯制作成本

【答案】C

【解析】本题主要考查对流程的理解。矩形方框代表环节,箭头代表时序,串行工序是依次进行的工序,通过优化可以降低台灯制作成本。因此只有 C 选项表述错误。

2.对以上流程进行优化,以下说法不正确的是(　　　)。

A.电路设计与电路焊接的时序是不可颠倒的

B.取消外观设计和电路设计环节,直接进行加工可节约制作时间

C.将部分环节并行进行,可以节约制作时间

D.小组成员可以分别进行外观加工和电路设计,最后统一装配

【答案】B

【解析】本题主要考查流程的优化。将部分串行工序改为并行工序,可以减少完成该流程的时间,外观加工和电路加工是可以同时进行的,所以 C、D 选项描述正确;根据设计的一般过程,必须先进行设计再进行外观和电路加工,所以 A 选项描述正确,B 选项描述错误。

因此本题的正确答案为 B。

【案例2】小明同学拟设计一款在学校食堂使用的餐具自动回收清洁一体机,其工作流程如图6-22 所示。为了防止病菌滋生,提升餐具卫生品质,以下优化措施合理的是( )。

回收餐具 → 倒掉剩余饭菜 → 分类 → 清洗 → 漂洗 → 烘干 → 洁净的餐具

图 6-22

A.在清洗环节增加洗涤剂用量　　　　B.取消分类环节

C.在烘干后增加消毒环节　　　　　　D.将清洗环节和漂洗环节合并

【答案】C

【解析】本题主要考查流程的优化。在清洗环节增加洗涤剂用量、取消分类环节、将清洗环节和漂洗环节合并这几项措施都不能提升餐具卫生品质,在烘干后增加消毒环节可以避免餐具上滋生病菌。因此本题的正确答案为 C。

【案例3】如图 6-23 所示为某大米加工厂工艺优化前后的流程图,优化后的工艺是对大米加工过程中产生的稻壳和米糠进行加工。请根据示意图和描述完成1、2 题。

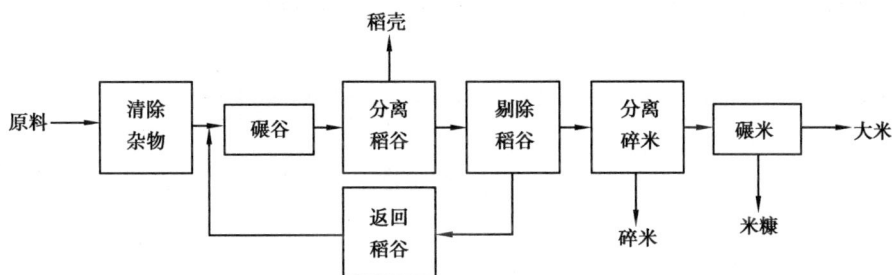

原料 → 清除杂物 → 碾谷 → 分离稻谷 → 剔除稻谷 → 分离碎米 → 碾米 → 大米
分离稻谷 ↑ 稻壳
返回稻谷
分离碎米 ↓ 碎米
碾米 ↓ 米糠

（a）优化前流程

原料 → 加工 → 稻壳 → 发电 → 稻壳灰加工 → 活性炭
　　　　　　→ 大米
　　　　　　→ 米糠 → 深加工 → 米蛋白饲料粉
　　　　　　　　　　　　　　→ 米糠油

（b）优化后流程

图 6-23

1.关于优化前的流程图,以下说法正确的是( )。

A.碾谷环节与分离稻壳环节的时序可以颠倒

B.碾谷环节与碾米环节是串行工序

C.稻壳、碎米、米糠是三个并行工序

D.返回稻谷环节与分离碎米环节是串行工序

【答案】B

【解析】本题主要考查环节和时序。分离稻谷环节必须在碾谷环节之后,A 选项错误;串行工序是依次进行的工序,碾米环节在碾谷环节之后,属于串行工序,B 选项正确;并行工序是可以同时进行的工序,稻壳、碎米、米糠三个工序不能同时进行,C 选项错误;返回稻谷环节与分离碎米环节是可以同时进行的,属于并行工序,D 选项错误。因此本题的正确答案为 B。

2.对优化前后的流程图进行分析,下列说法不正确的是(   )。

A.该流程的优化,缩短了大米加工的工期

B.稻壳发电后的稻壳灰加工成活性炭,减少了排放

C.米糠深加工后产出米糠油和米蛋白饲料粉,提高了综合效益

D.优化后的流程图中,稻壳、大米、米糠是三个串行工序

【答案】D

【解析】本题主要考查流程的优化。串行工序是依次进行的工序,并行工序是可以同时进行的工序,优化后的流程图中稻壳、大米、米糠三个工序可以同时进行,D 选项描述错误。因此本题的正确答案为 D。

【案例4】小明要制作一支个性水笔,他准备用 3D 打印机打印笔管,购买笔头、墨水。下列流程不合理的是(   )。

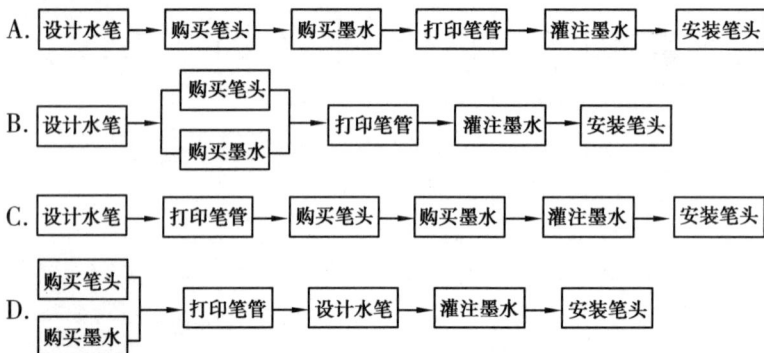

A. 设计水笔 → 购买笔头 → 购买墨水 → 打印笔管 → 灌注墨水 → 安装笔头

B. 设计水笔 → [购买笔头 / 购买墨水] → 打印笔管 → 灌注墨水 → 安装笔头

C. 设计水笔 → 打印笔管 → 购买笔头 → 购买墨水 → 灌注墨水 → 安装笔头

D. [购买笔头 / 购买墨水] → 打印笔管 → 设计水笔 → 灌注墨水 → 安装笔头

【答案】D

【解析】本题主要考查流程的设计。一道工序完成之后才能进入下一道工序称为串行;不同的工序可以同时进行称为并行。从题干可知,D 不正确,设计水笔和打印笔管的顺序不可颠倒。

检测练习

一、单项选择题

1.下列关于流程优化的叙述中,正确的内容有(   )。

①流程优化可以是环节的优化;②流程优化可以是时序的优化

③增加环节不利于流程优化;④技术发展有利于流程优化

A.②③④   B.①③④   C.①②④   D.①②③

2.如图 6-24 所示是珍珠粉生产工艺优化前后的流程图,下列说法不正确的是(　　)。

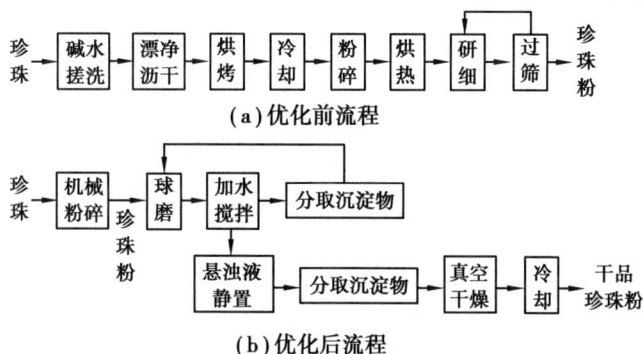

（a）优化前流程

（b）优化后流程

图 6-24

A.引入球磨设备是该流程优化的技术条件

B.加水搅拌后沉淀物中的较大颗粒珍珠粉需重新球磨

C.该流程优化主要实现了工期优化

D.球磨与悬浊液静置为串行工序

3.早期人们到银行存取款需要进行人工填单、记账、确认等工作,自从引入计算机管理系统后,大大提高了工作效率,以上这种流程优化内容主要属于(　　)。

A.质量优化、技术优化　　　　　　　B.技术优化、成本优化

C.成本优化、质量优化　　　　　　　D.质量优化、工期优化

4.移动公司从建立服务体系、完善服务流程入手,让公司的决策者、管理者和流程制订者深入基层,亲身体验业务受理的全过程,查找服务流程中存在的问题,从而推动业务流程的优化及再造。以上事例从流程的优化角度来说,主要的优化内容是(　　)。

A.工期优化　　　　B.技术优化　　　　C.成本优化　　　　D.质量优化

5.在自行车补胎的流程中,用锉子将洞口四周的胎皮锉毛,目的是清洁表面和增大摩擦力,使补丁与胎皮的附着力更强。而小王在修补扎破的自行车轮胎时,就没有研磨周围的胎皮,用胶直接就把补丁贴上去。这个案例说明小王的操作流程(　　)。

A.进行了成本优化　　　　　　　　　B.进行了质量优化

C.提高了效率,缩短了时间　　　　　D.工艺环节存在缺陷

6.如图 6-25 所示是某公司针对生活垃圾厌氧发酵处理优化后的工艺流程图,关于该流程,以下说法不正确的是(　　)。

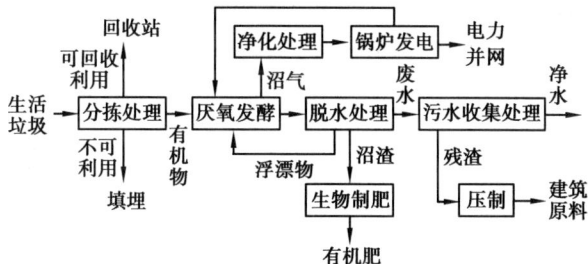

图 6-25

A.锅炉发电环节和污水收集处理环节是并行工序

B.该流程的设计和实施过程中,要对流程进行不断的改进,才能实现优化

C.该流程优化的条件是厌氧发酵技术和先进的设备

D.该流程优化后,能完全实现生活垃圾无污染处理

7.如图 6-26 所示是某工厂优化后的活性石灰生产流程示意图。与优化前的生产流程相比,增加了布袋除尘环节,既回收利用排放物,又减少废气排放量。关于该流程的优化,下列说法正确的是(   )。

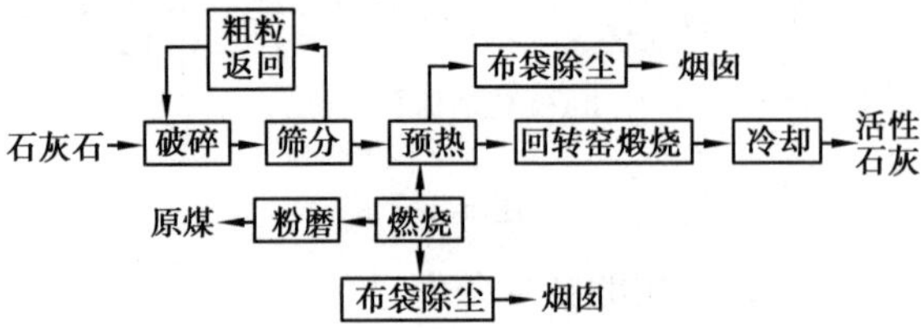

图 6-26

A.保护了环境,提高了产品质量

B.增加布袋除尘设备是该流程优化的条件

C.燃烧后的布袋除尘和预热后的布袋除尘回收的是同一排放物

D.提高了生产效率,缩短了生产工期

如图 6-27 所示是某造纸厂污水处理工艺优化前后的流程图。请根据流程图完成 8、9 题。

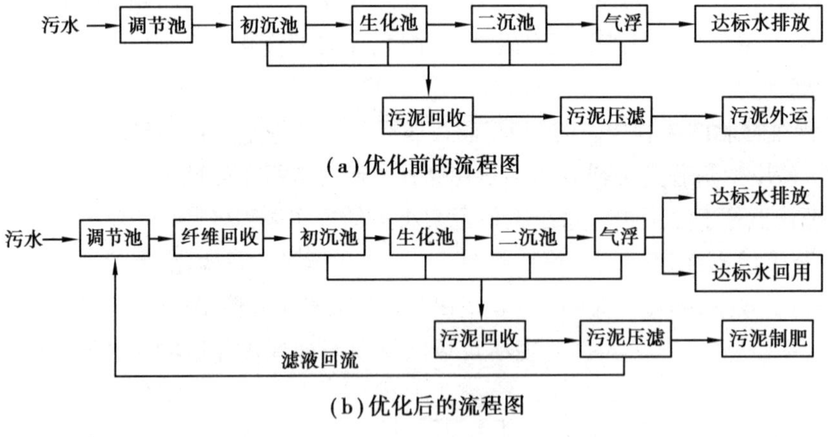

(a)优化前的流程图

(b)优化后的流程图

图 6-27

8.关于优化前的流程图,下列说法不正确的是(   )。

A.初沉池、生化池、二沉池、气浮环节都会产生污泥

B.达标水排放和污泥回收是并行工序

C.污泥回收环节在气浮环节之前

D.调节池与达标水排放之间的环节是串行工序

9.比较优化前后的流程图,下列关于优化目标的说法中,不合理的是(   )。

    A.达标水回用主要是为了节约用水

    B.纤维回收主要是为了减少原料的浪费

    C.污泥制肥主要是为了提高综合效益

    D.滤液回流主要是为了废物再利用

如图 6-28 所示是某企业生产路灯流程图,请根据该流程图完成 10、11 题。

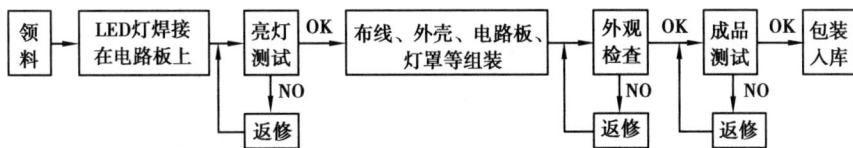

图 6-28

10.关于该流程图,以下说法合理的是(   )。

    A.若亮灯测试不合格,返修后需重新进行亮灯测试

    B.三个返修是并行环节

    C.亮灯测试与成品测试环节的测试内容相同

    D.外观检查环节可在 LED 灯焊接在电路板上环节之前

11.为了保证成品的外观质量,以下对该流程进行优化的措施合理的是(   )。

    A.将外观检查环节调整到布线、外壳、电路板、灯罩等组装环节之前

    B.取消亮灯测试及其返修环节

    C.将外观检查及其返修环节调整到成品测试与包装入库之间

    D.将三个返修环节合并

二、综合分析题

1.利用存折在银行取款的流程如图 6-29 所示,使用柜员自助取款机可对上述取款流程进行优化,优化后的取款流程如图 6-30 所示。根据两个在银行的取款流程,回答以下问题。

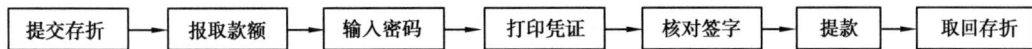

图 6-29

图 6-30

（1）上述流程优化的目标是_____（从"①提高效率；②降低成本；③减少环境污染"中选择合适的一项,将序号填入"_____"处）。

（2）上述流程优化的内容是_____（从"①工期优化；②技术优化；③成本优化；④质量优化"中选择合适的一项,将序号填入"_____"处）。

（3）流程中各环节之间的时序_____颠倒（从"①可；②不可"中选择合适的一项,将序号填入"_____"处）。

2.某垃圾自动分拣工厂对生活垃圾处理的流程如下:首先利用筛网分离出纸质垃圾,然后利用传送带上的电磁铁分离出铁制品垃圾,再利用电磁感应原理分离出铝制品垃圾,之后利用光谱分拣仪分拣塑料垃圾,最后对分离出的各类垃圾进行清洗,打包发送至相应的再生材料车间。

(1)请根据上面的流程描述,补全图 6-31 所示的垃圾处理流程图。

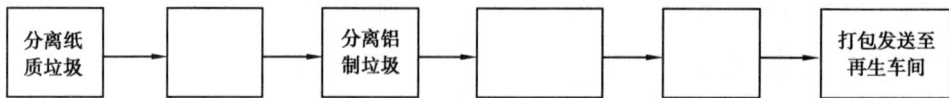

图 6-31

(2)目前许多国家都提倡在垃圾投放时就进行垃圾分类,如果居民都能够严格执行垃圾分类投放,就能大幅减少垃圾处理所需的资源和时间。试从流程优化的角度分析垃圾投放时就进行分类对整个流程带来的影响。

📑 知识结构

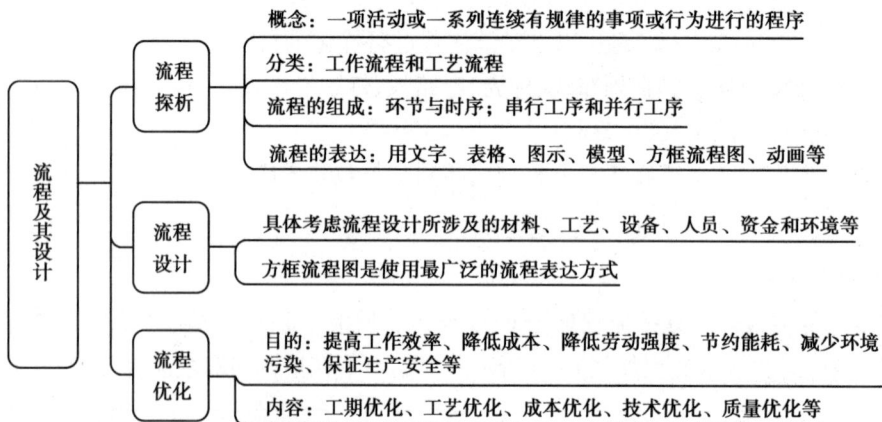

📑 专题检测

一、单项选择题(共 20 小题,每小题 2 分,共 40 分)

1.下列有关流程内容的描述,不合理的是(   )。

  A.流程是一项活动或一系列连续有规律的事项或行为进行的程序

  B.运用科学合理的流程可以有效地组织生产、提高生产效率、保证产品质量、保护环境等

  C.流程中工序的作业方式通常有串行和并行两种,其中并行工序可以同时进行

  D.流程的改进和优化需要一定的条件,它一定建立在设备和工艺水平提高的基础上

2.如图 6-32 所示为一块方钢,要求按虚线加工成右图所示的弧形弯头。以下加工流程中最合理的是(　　)。

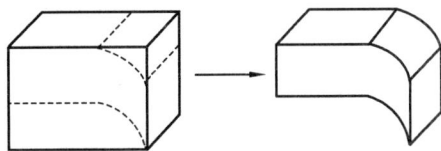

图 6-32

　　A.划线→攻丝→锉削

　　B.划线→锉削→锯割

　　C.划线→锯割→锉削

　　D.划线→锯割→钻孔

3.家中制作葡萄酒的主要环节有:①清洗葡萄、去除枝梗;②榨汁、装入容器并密封;③清洗榨汁机、盛放容器等;④准备新鲜的葡萄;⑤10~12 天后检查葡萄酒是否制作成功;⑥适宜温度下发酵。合理的流程为(　　)。

　　A.③→④→①→②→⑥→⑤

　　B.①→②→③→④→⑥→⑤

　　C.③→④→①→②→⑤→⑥

　　D.①→②→③→④→⑤→⑥

4.下列对流程方框图的理解不正确的是(　　)。

　　A.方框表示某个事项或活动,称为环节

　　B.单向箭头表示时序不可以颠倒,双向箭头表示时序可以颠倒

　　C.串行框表示需依次进行,称为串行环节

　　D.并行框表示可由多人或在多个地点同时进行,称为并行环节

5.如图 6-33 所示为张丽家一把木质椅子的连接处结构示意图,她发现连接处已经严重松动,于是决定把有榫头的横杆换掉,重新加工一根有榫头的横木。下列最合理的加工流程是(　　)。

　　A.下料→锯割→锉削→划线

　　B.下料→锯割→划线→打磨

　　C.下料→划线→锯割→打磨

　　D.下料→划线→凿眼→锉削

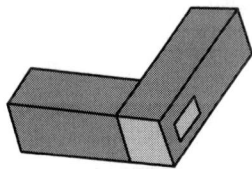

图 6-33

6.要截取一段圆钢制作成如图 6-34 所示的 U 形螺栓,下列工艺流程合理的是(　　)。

　　A.划线→锯割→倒角→套丝→弯折

　　B.划线→套丝→弯折→锯割→倒角

　　C.划线→弯折→套丝→倒角→锯割

　　D.锯割→划线→倒角→套丝→弯折

图 6-34

7.现在的医院一般都设有自助挂号系统,该系统对挂号流程进行了优化,解决了老百姓去医院排队挂号难的问题。此优化属于(　　)。

　　A.工期优化　　　　　　　　　　　B.成本优化

　　C.质量优化　　　　　　　　　　　D.技术优化

8.如图 6-35 所示是高速公路电子收费系统示意图,其工作原理是:车辆进入收费站车道时,由路侧感应天线通过车辆上的电子标签获取信息,并通过读写器传送至车道机进行处理,从而达到自助缴费的目的。该电子收费系统中信息传递流程正确的是( )。

图 6-35

    A.电子标签→感应天线→车道机→读写器

    B.感应天线→电子标签→车道机→读写器

    C.感应天线→读写器→电子标签→车道机

    D.电子标签→感应天线→读写器→车道机

9.某同学用木料按流程①制作了一个小书架,结果书架强度不够,难以使用。于是对流程①进行了优化,并按优化后的流程②重新制作了书架,试验证明按流程②制作的书架强度更好。

    流程①:画线→制作侧板和底板构件→胶水连接构件→试验

    流程②:画线→制作侧板和底板构件并开榫→榫连接构件→试验

    以上实现的流程优化属于( )。

    A.工期优化   B.成本优化

    C.工艺优化   D.质量优化

10.如图 6-36 所示是某垃圾处理厂的有机生活垃圾生化处理流程图。下列对该流程的分析正确的是( )。

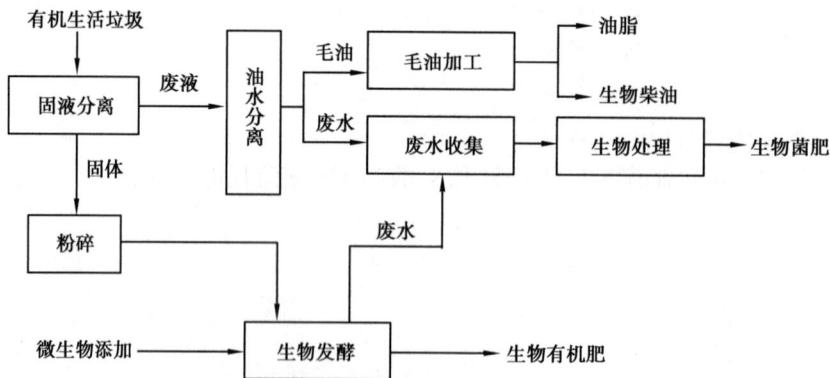

图 6-36

    A.油水分离环节与粉碎环节是串行工序

    B.废水收集环节与生物发酵环节的时序可以颠倒

    C.固液分离出来的固体经过加工处理后产出生物柴油

    D.废水经过生物处理后产出生物菌肥

11.如图 6-37 所示为某大学校园一卡通。以前学生在食堂需要用现金购买食物,费时费力且不卫生,自从学校改用"校园一卡通"系统后,学生只需要使用一张小小的卡片就能够在食堂快速消费。这种优化属于( )。

图 6-37

 A.技术优化

 B.成本优化

 C.工艺优化

 D.质量优化

12.以下关于流程优化的说法正确的是( )。

 A.为了提高效率,必须把所有环节设计为并行工序

 B.为达到流程优化的最佳效果,必须降低流程所需时间

 C.流程优化的目的可以是提高产品质量或降低成本

 D.每个环节所需的时间是固定不变的,流程优化影响的是总时间

13.如图 6-38 所示为某厂生产电话机的流程。根据该流程图,下列说法不正确的是( )。

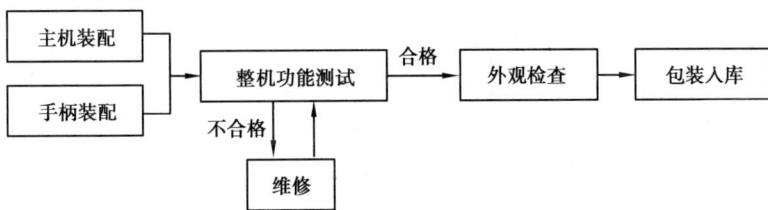

图 6-38

 A.手柄装配环节和主机装配环节是并行工序

 B.维修后可直接进入外观检查环节

 C.为了保证质量可以在包装入库前再加一个抽样检查环节

 D.流程图中没有说明外观检查不合格的产品该如何处理

14.如图 6-39 所示为奶粉生产流程,如果要对其工艺流程进行改进,以下说法正确的是( )。

图 6-39

 A.去掉杀菌环节,因为在喷雾干燥环节就可以把细菌杀死

 B.去掉浓缩环节可以提高工作效率

 C.把杀菌环节放到出粉前,效果会更好

 D.五个环节一个也不能少,顺序不可随意变动

15.如图 6-40 所示是王鑫同学在通用技术课上用角铁制作的挂钩,以下工艺流程合理的是(　　)。

A.划线→锯割→钻孔→锉削→折弯

B.划线→折弯→钻孔→锉削→锯割

C.划线→锉削→锯割→钻孔→折弯

D.锯割→划线→钻孔→锉削→折弯

图 6-40

16.如图 6-41 所示为一个长 50 mm、有内螺纹的零件。小红想用一根圆钢加工成该零件,合理的加工流程是(　　)。

A.划线→锯割→锉削→钻孔→底孔倒角→攻丝

B.划线→锯割→锉削→钻孔→攻丝→底孔倒角

C.划线→锯割→钻孔→底孔倒角→锉削→攻丝

D.划线→锯割→锉削→底孔倒角→钻孔→套丝

图 6-41

17.如图 6-42 所示是某设计师设计的手机贴膜自助加工机。用户可以通过触摸屏操作,自主完成贴膜的裁剪工作。设计师设计了如图 6-43 所示的操作流程,为了完善该流程,增加了"查看价格"和"付费"环节,下列说法合理的是(　　)。

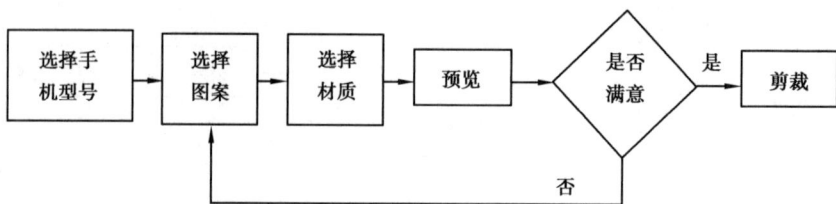

图 6-42　　　　　　　　　　　　　　图 6-43

A.查看价格环节不能与预览环节合并为一个环节

B.查看价格环节应放在选择材质环节之前

C.查看价格之后应马上付费

D.付费应当放在是否满意与裁剪环节之间

18.以下表达方式不属于流程的是(　　)。

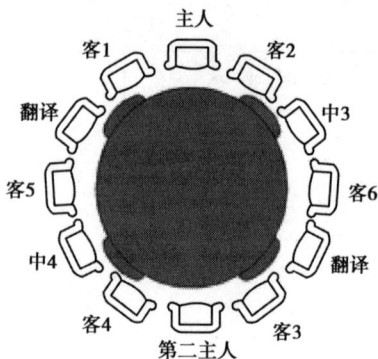

A.席位图

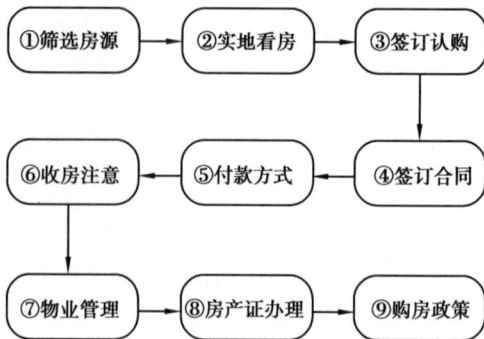

B.购房指南

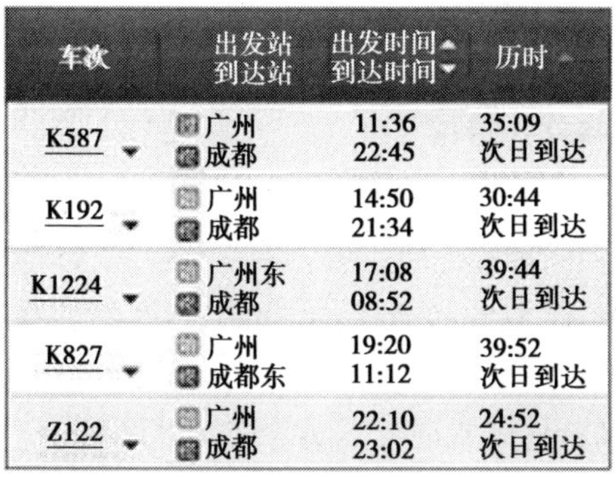

车次	出发站 到达站	出发时间 到达时间	历时
K587	广州 成都	11:36 22:45	35:09 次日到达
K192	广州 成都	14:50 21:34	30:44 次日到达
K1224	广州东 成都	17:08 08:52	39:44 次日到达
K827	广州 成都东	19:20 11:12	39:52 次日到达
Z122	广州 成都	22:10 23:02	24:52 次日到达

C.列车时刻表

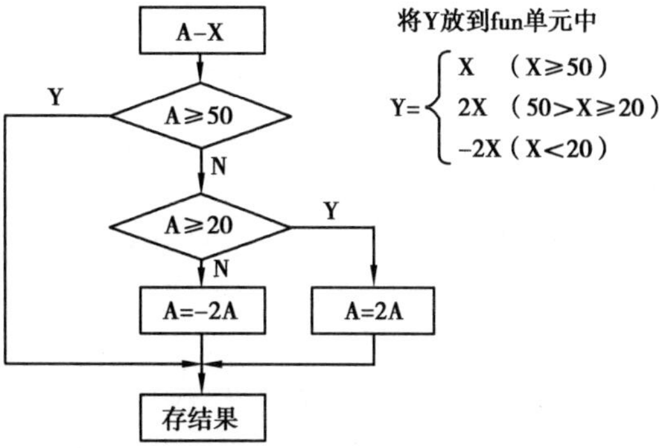

D.电脑程序

如图 6-44 所示为废水回用工艺流程图,请根据该流程图回答 19、20 题。

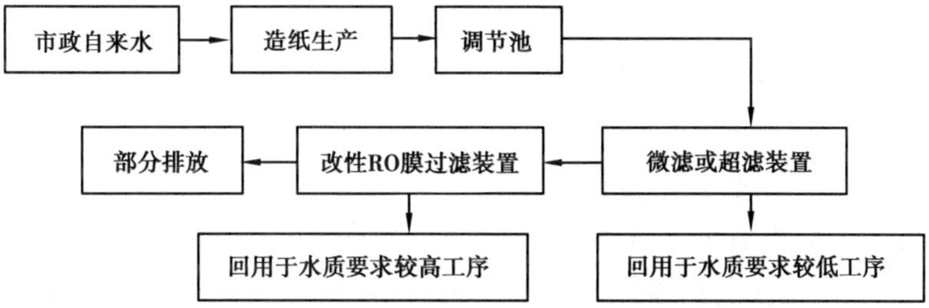

图 6-44

19.关于该流程,以下说法**不正确**的是(　　)。

A.经过改性 RO 膜过滤装置的水可以回用于水质要求较高的工序

B.废水经过处理后都得到了回用

C.造纸生产到调节池之间的时序是串行

D.废水处理后有 3 种不同的去向

20.关于该流程的优化,以下说法**不正确**的是(　　)。

A.调节池、改性 RO 膜过滤装置及微滤或超滤装置的处理效果是流程优化的条件

B.以上流程经过优化可以提高处理废水的效率

C.要实现该流程的优化只有通过设备的升级来实现

D.采用改性 RO 膜过滤装置,属于工艺优化

二、判断题(共 15 小题,每小题 1 分,共 15 分)

1.任何一个流程都一定要反应时间的顺序。(　　)

2.工艺流程一般有产品产出,而工作流程通常是完成某一件事情或任务。(　　)

3.同一流程可以划分为不同环节,环节的划分是相对的。(　　)

4.有的时序可颠倒,有的时序不可颠倒,不可颠倒的时序往往反映了事物或活动的内在规律或机理。(　　)

5.串行工序有时可以改为并行工序。(　　)

6.在流程中,只要在相同时间完成的环节,都可形成并行工序。(　　)

7.流程可有多种表达方式,但各种表达的环节间一定存在先后顺序。 （　　）

8.动画可以演示流程。 （　　）

9.同一类工作,只要流程的环节越多,工作的内容就一定越复杂。 （　　）

10.方框流程图的"方框"表示环节,环节在流程中是不可再分的。 （　　）

11.方框流程图的箭头方向表示时间的顺序,称为时序。 （　　）

12.流程优化的目的是提高工作效率、降低成本、降低劳动强度、节约能耗、减少环境污染、保证生产安全等。 （　　）

13.流程在设计和实施的过程中,为了获得最佳效果,需要进行不断改进,进行优化。
（　　）

14.串行工序改为并行工序,属于质量优化。 （　　）

15.用新的设备、工具、加工方法代替以前的加工环节,称为技术优化或工艺优化。
（　　）

三、设计分析题(共 6 小题,1 题 9 分,2 题 9 分,3 题 4 分,4 题 3 分,5 题 8 分,6 题 12 分,共 45 分)

1.汽车在高速公路上行驶需要按相关规定缴纳费用。传统流程为:汽车在高速路入口需要先检查车辆信息,然后领取高速公路通行卡,驾驶员在高速公路上行驶了相应路程后,在高速公路出口交还高速公路通行卡,并按照通行卡内信息进行缴费。请根据以上描述,在图 6-45 中补充高速公路收费流程图。

图 6-45

如图 6-46 所示为某同学早晨起床的活动流程图,请根据示意图和描述完成 2、3 题。

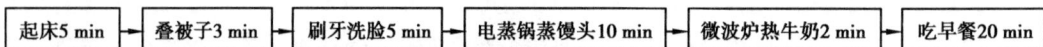

图 6-46

2.请对上述流程进行优化,并画出优化后的方框流程图。

3.合理安排流程对生活有哪些意义?

如图 6-47 所示为制作一只台灯的工序和时间流程图,请根据示意图和描述完成 4、5 题。

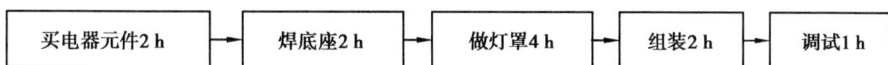

| 买电器元件2 h | → | 焊底座2 h | → | 做灯罩4 h | → | 组装2 h | → | 调试1 h |

图 6-47

4.这一流程是工作流程还是工艺流程?

5.它的工期是否可以优化缩短? 最短为几小时? 请画出优化后的流程图。

6.如图 6-48 所示是一种回转工作台的结构示意图。滑动轴承安装并固定在机座的孔中,轴在轴承内转动。工作台安装在轴的上端,通过圆柱销和内六角螺栓固定在轴上;槽轮安装在轴的下端,通过平键与轴连接,并用轴端挡圈、弹簧垫圈和六角螺栓锁紧。

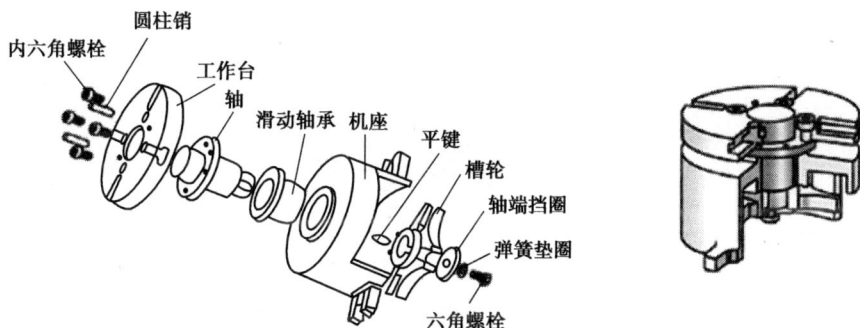

图 6-48

回转工作台装配需要以下环节:A.安装滑动轴承;B.安装槽轮;C.安装轴端挡圈;D.安装平键;E.安装弹簧垫圈;F.安装六角螺栓;G.安装轴;H.安装内六角螺栓;I.安装工作台;J.安装圆柱销。

请分析回转工作台的结构和装配工艺,回答以下问题:

(1)合理的装配流程为:_____→G _____→_____→C→E→F→_____→J→H(在“_____”处填写装配环节的编号);

(2)防止六角螺栓松动的零件是_____(在“A.轴端挡圈;B.弹簧垫圈”中选择正确的一项,将编号填入“_____”处);

(3)下列零件中,不属于标准件的是_____(在“A.六角螺栓;B.弹簧垫圈;C.轴;D.平键”中选择正确的一项,将编号填入“_____”处)。

专题七　系统及其设计

📝 课程标准

　　1.从技术应用的角度理解系统的含义、基本构成及主要特性,结合实例学会系统分析的基本方法。

　　2.通过技术探究,分析影响系统优化的因素,并通过对简单系统的设计实践,初步学会简单系统设计的基本方法,增强系统与工程思维的能力。

📝 考试要求

知识点	内 容	考试层次		
		A	B	C
系统的含义	系统、子系统及元素			√
系统的特性	整体性、相关性、目的性、动态性与环境适应性	√		
系统分析的原则	整体性原则、综合性原则与科学性原则	√		
系统优化	系统优化的意义、方法及约束条件		√	
系统设计	系统设计思路及基本方法		√	

📝 知识点拨

第一节　系统及其特性

1.系统的含义

　　系统是由相互联系、相互作用、相互依赖和相互制约的若干要素或部分组成的具有特定功能的有机整体。系统又可分为若干个子系统。系统和元素又具有相对性,元素在本系统中是不可再分的最小单元。

2.系统的基本特性

　　系统具有整体性、相关性、目的性、动态性、环境适应性等特性。

● 整体性:系统最基本的特性,也是观察和分析系统最基本的思想和方法。系统是一个整体,不是各个要素的简单相加,系统的整体功能是各要素在孤立状态下没有的,系统的整体功能大于组成系统的各部分的功能之和。系统的任何一个要素发生变化或出现故障时,都会影响其他要素或整体功能的发挥。

● 相关性:组成系统的各要素之间或系统整体与部分之间的相互作用、相互联系。

● 目的性:任何系统都具有某种目的,都要实现一定的功能,这也正是区别不同系统的标志。

● 动态性:任何系统都是一个动态的系统,处在运动变化和发展之中。

● 环境适应性:系统都存在于一定的环境之中,并不断地与外界环境进行物质、能量和信息的交换,外界环境的变化会引起系统特性的改变,并相应地引起系统功能和系统内各部分相互关系的变化。

典型案例分析

【案例1】如图7-1所示是汽车用的手摇千斤顶,在以下关于千斤顶系统的说法中,不恰当的是(   )。

A.此系统可以再分为摇柄和支撑两个子系统

B.此系统有支撑杆、螺杆、螺母、手柄等元素

C.此系统的各元素之间一定是相互联系、相互作用的

D.在此系统中,支撑杆元素还可再分为其他子系统

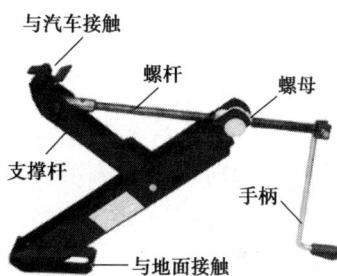

图 7-1

【答案】D

【解析】本题主要考查系统的基本概念。系统是由相互联系、相互作用、相互依赖和相互制约的若干要素或部分组成的具有特定功能的有机整体。系统又可分为若干个子系统。元素在本系统中是不可再分的,因此本题D选项是不恰当的。

【案例2】如图7-2所示是一款具有自动驾驶系统的汽车,它的自动驾驶系统部分主要由激光测距仪、微型传感器、视频摄像头和车载雷达等子系统构成。在下列有关该汽车自动驾驶系统的说法中,不正确的是(   )

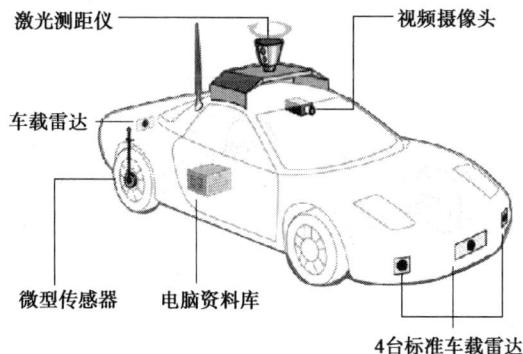

图 7-2

137

A.自动驾驶的功能是各个子系统没有的,体现了系统的整体性

B.自动驾驶系统在运行一段时间后,处理性能下降,体现了系统的动态性

C.自动驾驶系统在高热的环境下还能正常工作,体现了系统的环境适应性

D.自动驾驶系统中车载雷达子系统出现故障后,自动驾驶功能失效,体现了系统的目的性

【答案】D

【解析】本题主要考查系统的基本特性。系统的整体性是指各个要素之间不是简单相加,系统的整体功能是各要素在孤立状态下所没有的,任何一个要素发生变化,都会给系统带来影响,因此 A 选项正确。动态性是指任何一个系统都处在运动变化和发展之中,因此 B 选项正确。环境适应性是指系统适应外界环境的变化,以保持和恢复系统原有的功能,因此 C 选项正确。目的性是指任何系统都具有某种目的,要实现一定的功能,因此 D 选项不正确。

【案例3】如图 7-3 所示是一家公司的人脸识别系统,在下列关于该系统的说法中,不正确的是(　　)。

A.能正确辨别人的身份,体现了系统的目的性

B.提取的信息和资料库中存储的人脸信息不一致时,无法开门,体现系统的动态性

C.如果识别时间过短,或图像不清晰,就不能作出准确判断,体现了系统的相关性

D.摄像头出现故障时,会造成系统自动识别失败,体现了系统的整体性

图 7-3

【答案】B

【解析】本题主要考查系统的基本特性。系统的目的性是指任何系统都具有某种目的,都要实现一定的功能,因此 A 和 B 选项都是目的性,这里的人脸不一致,无法开门是功能,因此 B 选项错误。系统的相关性是指各个子系统或构成的元素间相互影响、相互联系的性质,因此 C 选项正确。系统的整体性是指系统的功能要在各子系统都正常情况下才能发挥其作用,任何一个子系统或要素发生变化都会给系统带来影响,因此 D 选项正确。故本题的正确答案是 B。

【案例4】如图 7-4 所示是一款新型的家用鱼菜共生系统,该系统由下部的景观鱼箱和上部的无土栽培蔬菜两个子系统构成。关于该鱼菜共生系统,以下说法不正确的是(　　)。

A.该系统不仅美观,可作为室内装饰,而且蔬菜还可食用,体现了系统的目的性

B.该系统顶端加有 LED 光源,有利于蔬菜生长,体现了系统的环境适应性

C.该系统要定期检查换水,调整水中的氧气浓度,体

图 7-4

现了系统的动态性

D.该系统中无土栽培蔬菜所使用的滴灌的水,可被鱼箱收集,体现了系统的相关性

【答案】B

【解析】本题主要考查系统的基本特性。系统的目的性是指任何系统都具有某种目的,都要实现一定的功能,A 和 B 选项都体现的是系统的目的性,因此 A 选项正确,B 选项不正确。系统的动态性是指任何一个系统都处在运动变化和发展之中,因此 C 选项正确。系统的相关性是指各个子系统或构成的元素间相互影响、相互联系的性质,因此 D 选项正确。故本题的正确答案是 B。

【案例5】如图 7-5 所示是某电缆生产系统示意图,导线经放线设备后穿过模具,牵引设备将导线拉直并牵引。屏蔽层挤出机和绝缘层挤出机分别向模具中挤入屏蔽材料和熔化的绝缘材料,并使其包裹在导线上,经水槽冷却后收线。在以下关于该系统的说法中,不正确的是(　　)。

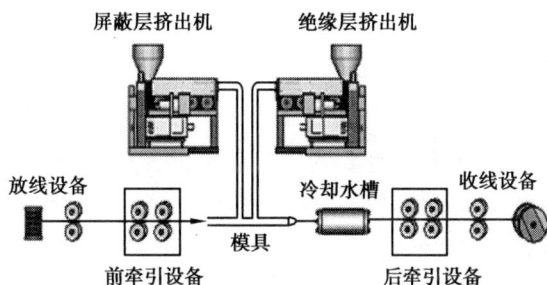

图 7-5

A.绝缘层挤出机出现故障,会影响电缆生产系统的正常生产,体现系统的整体性

B.随着牵引设备中滚轮的磨损,电缆产品的质量会下降,体现系统的动态性

C.屏蔽层挤出机出现故障,系统停止工作,体现系统的环境适应性

D.牵引设备的导线牵引速度应与挤出机挤出量相适应,体现系统的相关性

【答案】C

【解析】本题主要考查系统的基本特性。屏蔽层挤出机是系统的一个要素,"屏蔽层挤出机出现故障后,系统停止工作"反映的是系统的任何一个要素发生变化或出现故障,都会影响其他要素或整体功能的发挥,是系统整体性的表现,不是系统环境适应性的表现。故本题的正确答案是 C。

【案例6】某品牌的智能手环能记录佩戴者的健身数据,实现计步、测距、记录卡路里燃烧量等功能,帮助佩戴者更好地锻炼身体,同时还有睡眠监测、闹钟、支持通话等功能。这款手环系统与大部分智能手机匹配,待机后充电 5 小时即可工作 10 天。关于该手环系统,下列说法正确的是(　　)。

A.经历长期充放电之后,电池容量下降,体现了系统的整体性

B.睡眠监测、闹钟、支持通话等功能体现了系统的环境适应性

C.该手环能计步,体现了手环系统的相关性

D.能记录佩戴者的健身数据,帮助佩戴者更好地锻炼身体,体现了系统的目的性

【答案】D

【解析】本题主要考查系统的基本特性。任何系统都是一个动态的系统,处在运动变化和发展之中,经历长期充放电之后,电池的容量下降,体现的是系统的动态变化,是系统动态性的体现,因此 A 选项不正确。系统的目的性是指任何系统都具有某种目的,都要实现一定的功能,睡眠监测、闹钟、支持通话等功能体现的是系统的目的性,因此 B 选项不正确。系统的相关性是指组成系统的各要素之间或系统整体与部分之间的相互作用、相互联系,手环能计步是其功能之一,体现的是系统的目的性不是相关性,因此 C 选项不正确。该手环系统的目的就是记录佩戴者的健身数据,帮助佩戴者更好地锻炼身体,体现了系统的目的性,因此 D 选项正确。故本题的正确答案是 D。

检测练习

单项选择题

1.以下关于系统的说法不恰当的是(　　　)。

　A.静态系统是不会发生任何变化的系统,不具动态性

　B.任何系统都具有某种目的,都要实现一定的功能,这是区别不同系统的标志

　C.一个系统至少要有两个或两个以上的要素(部分)

　D.系统要达到的功能是各个部分不具有的

2.如图 7-6 所示是一款普通的电吹风,由外壳、电动机、风叶、电热元件和开关等若干部分组成。关于该电吹风系统,下列说法不正确的是(　　　)。

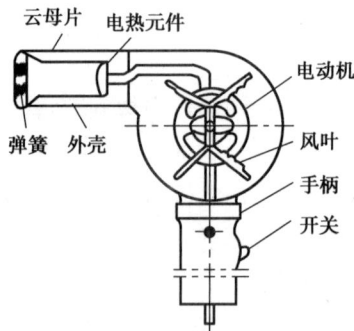

图 7-6

　A.该系统可再分为外壳、加热、电动和开关控制 4 个子系统

　B.该系统由外壳、电动机、风叶、电热元件和开关等元素构成

　C.系统中各个元素之间是相互关联的

　D.电动机和风叶是电吹风系统最不可缺少的元素,可代替整机的功能

3."一招不慎,满盘皆输"是我们生活中的常用成语,它主要反映了系统基本特性中的(　　　)。

　A.整体性　　　　　　　　　　　B.相关性

　C.动态性　　　　　　　　　　　D.目的性

4.下列语句的含义与整体性无关的是(　　　)。

　A.盲人摸象　　　　　　　　　　B.只见树木,不见森林

　C.头痛医头,脚痛医脚　　　　　D.见风使舵

5.大客车每月定期保养,进行汽车检测,或给零部件添加润滑油等,这是因为一个零部件的好坏将直接影响整车的性能。这个案例说明系统具有( )。

    A.整体性   B.相关性   C.环境适应性   D.动态性

6.随着新能源技术的发展,为了达到节能减排的目的,国家近年来大力发展电动汽车。如图 7-7 所示是一款电动公共汽车,满电状态的续航里程是 80 km 左右,其刹车系统的灵敏度比燃油汽车刹车系统的灵敏度稍差,车速限制是 60 km/h,耗完电后再充满需要 5~7 小时。在以下关于该电动公共汽车系统的说法中,不正确的是( )。

图 7-7

    A.电动公共汽车能实现节能减排,体现了系统的目的性

    B.续航里程会越来越短,车辆电瓶需定期维护和更换,体现了系统的动态性

    C.发动机产生故障,系统停止工作,体现了系统的环境适应性

    D.发动机输出功率与刹车制动系统相互匹配,体现了系统的相关性

7.机械手表由大量齿轮组合而成,其中任何一个齿轮的损坏都会影响手表的整体功能,这说明( )。

    A.要素决定系统   B.要素发生变化影响整体功能

    C.系统是各要素之和   D.整体功能大于各要素功能之和

8.每个系统都由两个或两个以上的要素构成,而每个要素之间都有相关性。下列对系统相关性的理解正确的是( )。

    A.各要素在系统中的地位平等   B.各要素在系统中的作用相同

    C.各要素对系统整体功能的影响相似   D.各要素对系统的作用不同,但相互影响

9.我国的航母"辽宁舰"是一个庞大的系统,需要配备电子设备、舰载机、预警机、防空武器等才能发挥其作用,从系统角度分析,下列说法不恰当的是( )。

    A.舰载机与航母是两个互不相关的系统

    B.舰载机需要预警机提供目标信息,预警机需要舰载机的保护,两者具有相关性

    C.配备了雷达在内的各种新型电子设备,优化了防空以及末端反导防御系统

    D.能搭载 30 架舰载机和直升机,达到了航母作为移动作战平台的目的

10.在下列关于系统的说法中,描述系统目的性的是( )。

    A.系统是一个整体,整体功能是任何部分在孤立状态下所没有的

    B.任何系统都具有某种目的,都要实现一定的功能,这是区别不同系统的一个重要标志

    C.构成系统的各元素之间是相互联系、相互作用、相互依赖、相互影响的关系,是彼此相关的

    D.系统都存在于一定的环境中,并不断地与外界环境进行物质的、能量的和信息的交换,系统必须适应外部环境的变化

11.汽车超载自动检测系统的工作原理是:在公路收费站前方每一条车道上安装称重传感器,用于监测每辆通过的汽车重量,同时高清摄像头将车辆的车型、牌照等数据信息都传

入监察电脑,电脑辨认出各种车型,并查明该型车的规定载重量,经过与实测数据比对,以判断该车是否超载。下列关于汽车超载自动监测系统的分析中不正确的是(   )。

A.称重传感器检测的精度影响系统对车辆是否超载的判断,体现了系统的整体性

B.使用一段时间后,摄像头的清晰度变差,体现了系统的动态性

C.系统能精确地测量出经过车辆是否超载,体现了系统分析的科学性原则

D.设计该系统时,既要考虑传感器的灵敏度,又要考虑摄像头的清晰度,体现了系统分析的综合性原则

12.为了克服燃油车尾气排放对环境的污染,现在许多国家都大力发展新能源电动车。但在电动车系统中,锂电池用一段时间后,电池容量逐渐下降,影响续航里程。这说明系统具有(   )。

A.动态性　　　　　B.整体性　　　　　C.环境适应性　　　　D.稳定性

13.在自然生态系统中,鹿、兔奔跑速度快,能逃避猛兽追捕;刺猬身上长尖刺,使猛兽无从下口;黄鼬遇敌时突放臭气,扰乱猛兽神志,影响其情绪,在其迟疑间跑掉。这些是反映系统基本特性中的(   )。

A.整体性　　　　　B.相关性　　　　　C.动态性　　　　　D.环境适应性

14.飞机在空中飞行时,时常受到大气对流的影响而产生颠簸,当飞机的检测装置接收到这一信号后,经过控制器的调节,能在很短的时间内调整好飞行状态,克服大气对流对飞机飞行的影响,保持平稳飞行。这个现象说明飞机系统具有(   )。

A.整体性　　　　　B.相关性　　　　　C.环境适应性　　　　D.动态性

15.如图 7-8 所示是一款电磁炉,在电视购物节目中有以下的广告语,其中最能体现系统环境适应性的是(   )。

A.纯平触模式感应控制,操作简单　　　B.先进无级变速散热风扇,散热快、噪声低

C.110~220 V 工作电压,恶劣电网不用愁　　D.四位数码显示,方便操作

图 7-8

图 7-9

16.如图 7-9 所示的 ATV 概念车不单可借助轮子行进,同时也可采用类似腿部运动的方式移动来征服特殊的地形。它的驾驶舱距地面很高,易于驾驶员观察前方情况,如有麻烦,可及时做出反应。ATV 概念车的这种特性表明该车具有良好的(   )。

A.整体性　　　　　B.相关性　　　　　C.环境适应性　　　　D.动态性

17.如图 7-10 所示是一款无人驾驶汽车,它的控制系统主要由车道偏离检测、自适应巡航控制、自动泊车、紧急制动和卫星导航五个子系统组成。在以下关于该控制系统的说法中,不正确的是(   )。

A.该系统的 5 个子系统是统一协调工作的

B.无人驾驶系统减轻了人的劳累,在一定程度上提高了安全性,体现了系统的目的性

C.当卫星导航系统出现故障时,自动驾驶系统就会受到影响,体现了系统的动态性

D.无人驾驶系统的功能是各个子系统所没有的,体现了系统的整体性

图 7-10

18.如图 7-11 所示是一个设计别致的弹簧秤,利用弹性金属片的弹性,秤盘受重时会下沉,通过质量刻度尺可读出重物的质量。从系统的角度分析,下列说法不正确的是(　　)。

A.弹性金属片、质量刻度尺、秤盘和底座共同构成了弹簧秤系统,体现了系统的整体性

B.弹性金属片的弹性系数和质量刻度尺的刻度相互关联,体现了系统的相关性

C.长期使用后,弹性金属片的弹性会变差,体现了系统的动态性

D.弹簧秤称量有一定的测量范围,体现了系统的环境适应性

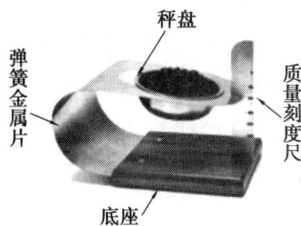

图 7-11

19.随着人们生活水平的不断提高,汽车走进了千家万户,方便了人们出行的需求,但随着汽车数量的增多,道路交通拥堵也变得越来越严重。为了解决道路交通拥堵问题,有人设计了一种如图 7-12 所示的陆空两用汽车,关于该陆空两用汽车系统,下列说法不合理的是(　　)。

图 7-12

A.该车能在陆地上行驶,遇到堵车时也能在空中飞行,体现了系统的目的性

B.由于该车的系统组成很复杂,在使用一段时间后,部分零部件很容易损坏,体现了系统的动态性

C.该车可以分为转向子系统、动力子系统、飞行子系统等

D.该车的发动机是系统的核心,必须具有强大的功率,体现了系统的整体性

20.如图 7-13 所示是某公司的塑料清洗系统示意图,脏塑料在洗涤溶液中搅拌浸泡充分后,依次进入过滤设备、清洗机、漂洗机和脱水机进行处理,将污渍和残留洗涤剂都清除干净。

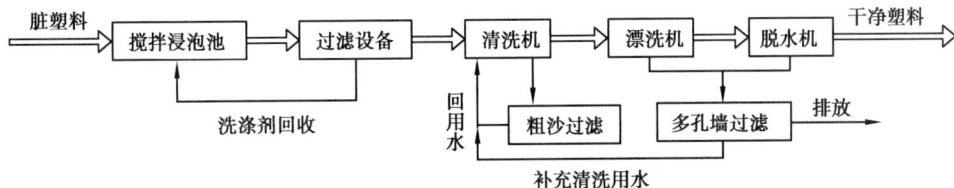

图 7-13

在以下关于该系统的说法中,不正确的是(　　)。

A.该系统能清洗废旧塑料,体现了系统的目的性

B.粗沙会越来越脏,需定期处理,体现了系统的动态性

C.漂洗机产生故障,系统停止工作,体现了系统的环境适应性

D.清洗速度与漂洗速度相互匹配,体现了系统的相关性

第二节　系统分析、设计和优化

1.系统分析

系统分析是指为了发挥系统的功能,实现系统的目标,运用科学的方法对系统加以周详的考查、分析、比较、试验,并在此基础上拟订一套有效的处理步骤和程序,或对原有的系统提出改进方案的过程。系统分析方法的一般步骤:①阐明问题,确定目标;②分析研究,制订方案;③评价比较,确定最佳方案。

2.系统分析的主要原则

系统分析的主要原则有整体性原则、科学性原则、综合性原则。

●整体性原则:系统分析首先要着眼于系统整体,要先分析整体,再分析部分;先看全局,后看局部;先看全过程,再看某一个阶段;先看长远,再看当前。

●科学性原则:一方面要有严格的工作步骤;另一方面应尽可能地运用科学方法和数学工具进行定量分析,使决策的过程和结果更具说服力。

●综合性原则:当系统存在若干个目标时,应将目标排出优先次序,首先选取最优先的目标,然后尽可能在不损害第一个目标的前提下完成下一个目标。这需要目标之间进行权衡,综合分析,统筹兼顾。

3.系统设计

系统设计是在系统分析的基础上,根据系统设计的原则,设计出满足预定目标的系统的过程。它包含对某个系统进行技术设计,同时还运用系统的思想和方法对其设计过程进行分析、优化等。

4.系统优化

系统优化是指在给定的条件(或约束条件)下,根据系统的优化目标,采取一定的手段和方法,使系统获得更佳功能或更佳效益的过程。在一定的资源条件下,取得最佳效果,而投入的人力、物力、财力达到最小。

●影响系统优化的因素:对系统的目标产生显著影响,并且可以人为调节的因素。

●约束条件:对系统优化起着限制作用,并且不能人为调节的因素。通常包括设计的条件和外部环境条件。

典型案例分析

【案例1】如图7-14所示是一款手压充电的手电筒,按压手柄,齿轮组带动发电机发电,小灯珠就可发光。在以下关于该系统的设计分析中,不合理的是(　　)。

图7-14

A.该系统可以分成发电和照明两个子系统

B.子系统中的各个元件选择时要相互协调配合

C.为了节能,小灯珠可用 LED 灯代替,进行优化

D.按压的速度是该系统的优化条件之一

【答案】D

【解析】本题主要考查系统的基本含义和系统优化。任何一个系统都可划分为子系统,也可对组成的元素或子系统进行优化,因此 A、B、C 选项正确。系统优化是指在给定的条件(或约束条件)下,采取一定的手段和方法,使系统获得更佳功能或更佳效益的过程。其优化的内容包括实用、成本、安全、效益、美观等,是对内部各元素的优化,是对子系统的优化,而按压速度是使用者的问题,不属于系统优化的范围,因此 D 选项错误。故本题的正确答案是 D。

【案例2】自助银行为了给客户提供更好的服务,对系统进行以下优化,其中不属于以安全为目标的优化是( )。

A.采用伪钞识别新技术 　　B.设置智能监控系统

C.增加取钞、退卡语音提示功能 　　D.使用触摸屏新技术

【答案】D

【解析】本题主要考查系统优化。使用触摸屏新技术是为了使用方便、舒适的优化,不属于安全优化,因此 D 选项不符合题意。系统的优化是指在给定的条件(或约束条件)下,采取一定的手段和方法,使系统获得更佳功能或更佳效益的过程。其优化的内容包括实用、成本、安全、效益、美观等。故本题的正确答案是 D。

【案例3】系统优化就是在给定条件下,通过一定的手段和方法,使系统获得更佳功能或更佳效益的过程。请判断以下事例,不属于系统优化的是( )。

A.大力发展轨道交通缓解交通拥堵

B.无限增加大蒜的种植密度来提高产量

C.手机银行及第三方移动支付工具的应用

D.在安全的前提下提高动车组的速度

【答案】B

【解析】本题主要考查系统优化的内容。通过无限增加大蒜的种植密度来提高产量的方式并不属于系统优化的范畴。因为影响系统优化的因素是对系统的目标产生显著影响,并且可以人为调节的因素,无限增加大蒜种植密度,也不可能显著提高产量,故本题的正确答案是 B。

【案例4】如图 7-15 所示是一款具有照明功能(带有 LED 灯)的雨伞,对该雨伞的系统分析,下列说法不恰当的是( )。

A.该系统可以分为雨伞和照明两个子系统

B.利用综合性分析的原则,在设计时,伞柄既可以作为照明
电池的外壳又可作为雨伞支架

C.根据科学性原则,照明子系统应设置开关,开关可安装在

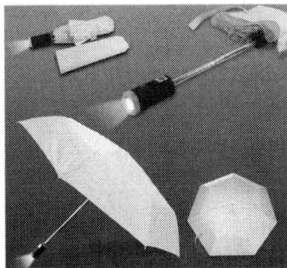

图 7-15

伞柄上,且要防水,方便使用

D.根据整体性原则,LED 灯要有足够的亮度,以方便夜间使用

【答案】D

【解析】本题主要考查系统设计分析的原则和系统的组成。本系统可由两个子系统构成,因此 A 选项正确。综合性原则是指设计时进行权衡,综合分析,统筹兼顾,因此 B 选项正确。科学性原则是指有严格的分析步骤和严谨的科学方法,让决策过程和结果更有说服力,此题的 C 选项是对照明科学设计的要求,因此 C 选项正确。整体性原则是指从整体入手,再考虑局部,抓主要问题、主要矛盾的分析方法,而本题中 D 选项的 LED 灯的亮度要求,是一个局部的设计要求,故本题的正确答案是 D。

【案例 5】如图 7-16 所示为某快递公司使用的自动分拣系统。该系统能自动扫码识别快递信息,并以最优路线将包裹运送到对应投件口。如果机器人自身电量不足,便会主动前往充电座充电。该系统能大大提高快递分拣的效率和准确度,降低物流成本。请根据上述描述完成以下题目。

图 7-16

(1)对比纯人工分拣流程,该自动分拣流程优化的主要内容是_____和_____(在"①人员优化;②材料优化;③工期优化;④质量优化" 4 个选项中选择合适的两项,将序号填写在"_____"处)。

(2)分拣机器人工作一段时间后电量不足时能自主充电,体现了系统的_____(在"①整体性;②动态性;③目的性;④环境适应性"4 个选项中选择合适的一项,将序号填写在"_____"处)。

(3)该系统在设计时先考虑系统整体的分拣效率,再考虑分拣机器人的寻路规则,体现了系统分析的_____(在"①整体性原则;②科学性原则;③综合性原则"3 个选项中选择合适的一项,将序号填写在"_____"处)。

(4)若要对该系统进行优化,属于影响因素的是_____和_____(在"①快递包裹的尺寸;②投件口的间隔距离;③充电座的电源电压;④机器人的数量"4 个选项中选择合适的两项,将序号填写在"_____"处)。

【答案】(1)③④　(2)②　(3)①　(4)②④

【解析】本试题主要考查系统优化。对比人工分拣流程,自动分拣系统可以提高分拣的效率和准确度,主要优化的内容是工期优化和质量优化。分拣机器人电量不足后能够自动充电,体现系统的动态性。自动分拣系统设计时先考虑系统整体的分拣效率,再考虑分拣机器人的寻路规则,体现了系统分析的整体性原则。客户快递尺寸的大小是无法控制的,充电座的电源电压对系统优化也没有影响,所以属于影响系统优化的因素有投件口的间隔距离和机器人的数量。

检测练习

一、单项选择题

1.系统分析就是一种科学决策的方法,目的是寻求解决问题的最佳决策。一般来说,系统分析的初始环节是(   )。

　　A.收集资料,制订方案　　　　　　　B.分析研究,制订方案

　　C.明确问题,设立目标　　　　　　　D.评价比较,作出决策

2.丁谓修复皇宫,把烧砖、运输建筑材料和处理废墟三项繁重的工程任务看成一个整体中的相关部分,加以协调处理,从而找到获得最佳效果的方案,节省了大量劳力、费用和时间,一举三得。丁谓实际上是运用了(   )。

　　A.系统分析的基本方法　　　　　　　B.系统设计的基本方法

　　C.收集资料的方法　　　　　　　　　D.调查研究的方法

3.在工业生产中既要高质量、高产出,又要符合节能减排的要求,不能顾此失彼,损害公众利益。这主要体现系统分析的(   )。

　　A.整体性原则　　　B.科学性原则　　　C.综合性原则　　　D.动态性原则

4.如图 7-17 所示是一款铺在地上取暖的电热毯,设计时需要统筹兼顾电热效应高、电磁效应低、安全可靠、成本低、底层隔热性能好等诸多目标。这体现了系统分析的(   )。

　　A.科学性原则　　　　　　　　　　　B.综合性原则

　　C.动态性原则　　　　　　　　　　　D.整体性原则

图 7-17

5.如图 7-18 所示的希罗自动门,祭坛点火使容器 1 中的空气膨胀,将水压入容器 2,利用水的重力使轴 3 转动,将门打开。当火熄灭时,庙门在重锤的作用下自动关闭。根据描述,以下说法不正确的是(   )。

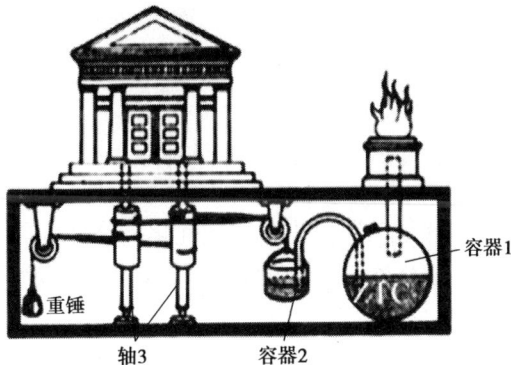

图 7-18

A.利用气压为动力打开庙门,体现了系统的目的性

B.重锤质量增加,需相应增加容器 2 中水的质量,体现了系统的相关性

C.设计时先考虑容器1,再考虑容器2,体现了系统分析的整体性原则

D.设计时根据开关门所需力的大小,计算出重锤和水的质量,体现了系统分析的科学性原则

6.如图 7-19 所示为脚踩式垃圾桶结构原理图,通过踏板,带动中间的连杆,推动桶盖开启。如果脚踩式垃圾桶系统出现脚踩踏板而无法把桶盖打开的情况,进行系统分析后,最不可能的原因是(　　)。

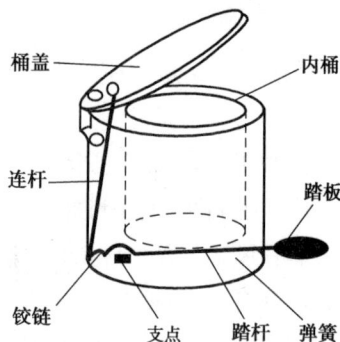

图 7-19

A.踏杆弯曲

B.塑料内桶漏水

C.连杆断裂

D.踏杆被异物卡住

7.如图 7-20 所示为智能吸尘器,超声波仿生免碰技术可以有效防止其碰撞家具或跌落楼梯,V 形刷升降功能使其可跨越地毯等障碍物及适应不同地面,自动回充技术使其在完成打扫后自动回到充电座上充电,配有高效紫外线杀菌灯。下列关于该系统的说法不正确的是(　　)。

图 7-20

A.该吸尘器具有紫外线杀菌功能,体现系统的目的性

B.吸尘器长时间使用后,要清洁维护才能正常工作,这体现了系统的动态性

C.该吸尘器在进入地毯时能自动升起,体现系统的环境适应性

D.经历长期充放电之后,电池容量下降,体现系统的整体性

8.下列是有关系统优化的意义,说法正确的是(　　)。

A.获取系统的最佳效益或最佳功能　　　B.改善系统的环境

C.调整系统的结构　　　　　　　　　　D.改变系统的特征

9.近年来,网上银行的兴起给人们带来了很多便利,网上银行又称网银,它通过互联网使客户可以足不出户就能够安全便捷地实现开户、销户、查询、对账、转账等金融服务项目,并不受时间、地域的限制。下列关于网上银行系统的说法不恰当的是(　　)。

A.网上银行依靠互联网技术实现了技术的优化

B.网上银行无时空限制,有利于银行扩大客户群体

C.网上银行的开通,降低了银行客户的成本

D.网上银行的开通保证了用户资料与资金的绝对安全

10.随着社会经济的发展,人们的生活节奏越来越快,为了满足人们快捷出行的需求,我国铁路运输系统不断提速,在下列关于列车提速对铁路系统优化的说法中,正确的是(　　)。

A.只有重新铺设铁路,才能提速

B.不仅需要有先进的机车,还需要道路、桥梁、隧道等基础设施的配套改进

C.只有使用"动车组"才能提速

D.只要有先进的机车,就能提速

11.如图 7-21 所示是一款可以控制水流量的节水龙头,拉起手柄至不同的刻度,可以控制不同的出水量,从而避免浪费。下列有关节水水龙头系统优化的说法中,不合理的是(　　)。

　　A.在水龙头上增加了带刻度的提起手柄,降低了水龙头的生产成本

　　B.该系统通过改变原有节水龙头中的要素来实现系统优化

　　C.该系统优化以控制用水量为目的

　　D.自来水的水压是水龙头出水量控制优化的约束条件

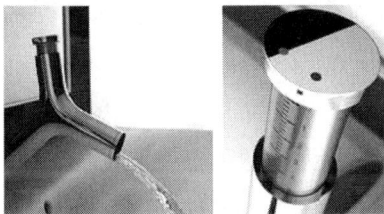 

图 7-21　　　　　　　　　　　　　　　图 7-22

12.如图 7-22 所示是某学生在科技节上根据规定材料和比赛规则制作的一架手掷飞机。关于该手掷飞机系统,以下说法不正确的是(　　)。

　　A.定量分析机翼、尾翼、机身尺寸,体现科学性原则

　　B.既考虑飞行距离,又考虑平稳性,体现整体性原则

　　C.该系统的优化目标是飞机的留空时间或飞机飞行的距离

　　D.制作材料是该系统优化的约束条件之一

充电宝是智能手机常用配件之一。一般的充电宝由充放电电路、储能部件,外部结构组成。然而有些不法分子在充电宝中放入一些沙袋或螺丝,增加充电宝的质量,虚标充电宝的参数,使消费者受到损失。请根据以上描述完成13、14 题。

13.以下关于充电宝系统的特性分析不正确的是(　　)。

　　A.充放电电路、储能部件及外部结构均可视为充电宝系统的子系统

　　B.充放电电路故障可能导致充电宝失灵,使系统功能受影响,体现了系统的整体性

　　C.该系统既能连接电源为自身充电,又能为手机输出电能,体现了系统的目的性

　　D.充电宝使用时间越长,其电池容量将逐渐减少,元器件和外壳逐渐老化,体现了系统的环境适应性

14.以下对不法分子在充电宝中混入沙袋或螺丝的评价不恰当的是(　　)。

　　A.这种设计使得产品的售价可以提高,是对充电宝系统的有效优化

　　B.这种设计对消费者产生了误导和欺骗,违反了设计的道德原则

　　C.混入沙袋或螺丝未能体现系统的目的性,无法达到系统功能优化的目的

　　D.检验充电宝的优劣需要进行全面的技术试验,不能仅凭质量大小加以判断

15.如图 7-23 所示是电子围栏系统示意图。它由控制主机、围栏和报警装置等组成。当围栏遭到入侵者触碰或破坏时,能发出电脉冲将入侵者击退,并向安全监控设备发出信号,报警装置发出报警信号。在以下对该系统的优化措施中,不正确的是(　　)。

A.配备蓄电池,在停电的情况下能正常工作

B.夜间直接将 220 V 电源接入围栏,增大电击强度

C.增加联动输出接口,与公安部门的报警中心实现联动

D.增加利用网络进行远程布防、撤防操作的功能

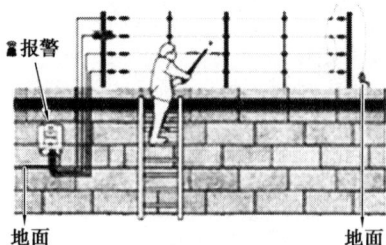

图 7-23

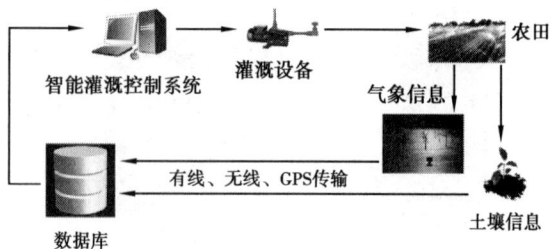

图 7-24

16.如图 7-24 所示是农田智能灌溉系统示意图。系统根据监测到的气象、土壤、农作物等的相关信息,控制灌溉设备工作,使土壤保持合适的湿度和肥力,达到降低人力成本、提高生产效率、节水节肥的目的。为了提高该系统的性能,需要进一步优化。下列不属于影响系统优化的因素是(　　)。

A.对气象、土壤、农作物的监测精度　　　　B.有线、无线、GPS 传输的精度

C.天气、气候、农作物的生长特性　　　　D.灌溉设备的产品质量

17.随着时代的进步、经济的发展,越来越多的人购买了汽车,然而停车找车位成了一个社会难题。目前很多商场的地下停车场都建立了如图 7-25 所示的停车诱导控制系统,该系统通过数据采集系统检测进出车辆,采集停车场车位变化数据,并将数据传送到控制处理服务器进行处理,生成空余泊位数据,并在显示牌上显示数据。该停车系统在设计时,需要根据商场车流量、停车场的面积、设备的成本、运营利润等建立数学模型进行研究,这体现了系统分析的(　　)。

图 7-25

A.整体性原则　　　　　　　　　　　　B.科学性原则

C.综合性原则　　　　　　　　　　　　D.动态性原则

18.如图 7-26 所示是四冲程汽油机的基本结构图,从系统的角度分析,以下说法不正确的是(　　)。

A.四冲程汽油机能实现化学能和机械能的转化,体现了系统的目的性

B.长期使用后,电喷嘴和正时齿轮等部件出现老化现象,体现了系统的动态性

C.飞轮的质量越大,惯性也越大,汽油机系统的环境适应性就越强

D.汽油机的设计既要考虑成本价格因素,又要考虑动力性能品质,不能顾此失彼,体现了系统分析的综合性原则

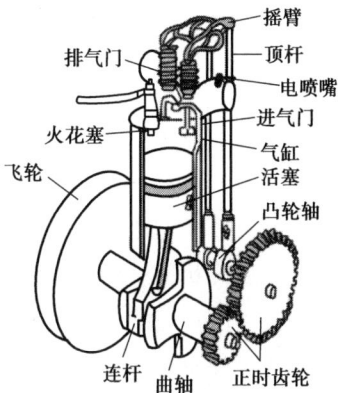

图 7-26

二、综合分析题

1.如图 7-27 所示的隧道内设置有通风控制系统,用于调节隧道内的空气质量和能见度。当检测装置测出隧道内的烟雾浓度值超过设定值时,控制器控制电机带动风叶运转,改善隧道内的空气质量和能见度。请根据描述回答下列各题。

图 7-27

(1)该系统在设计时,根据隧道的长度、车流量、汽车尾气排放量、气候建立数学模型进行研究,为确定风机的通风量和机组的数量、布置测控点提供依据,这体现了系统分析的_____原则(在"①整体性;②科学性;③综合性"3 个选项中选择合适的一项,将序号填写在"_____"处)。

(2)该系统发生故障后,当隧道内的烟雾浓度值超过设定值时,容易发生交通事故。为了提高系统的可靠性,确保隧道内行车安全,需要对系统进行设计优化,以下措施中合理的是_____(在"①在隧道口设置声光报警装置,提醒司机注意;②在隧道口设置减速带;③增加一套备用设备,当该系统发生故障时,备用设备能自动投入使用;"3 个选项中选择合适的一项,将序号填写在"_____"处)。

2.高铁是高速铁路的简称,是指基础设施设计速度标准高、可供火车在轨道上安全高速行驶的铁路,列车运营速度在 200 km/h 以上。近年来,我国的高铁发展很快,高铁运营里程已超过 20 000 km,远超世界其他国家的总和,已成为我国的一张靓丽的名片,高铁系统主要由动车组、牵引供电、通信信号、运营调度和客运服务等部分构成,假如你是一名设计师,请从系统设计的角度分析在设计高铁系统时应考虑的主要问题。

3."木桶理论"认为木桶的盛水量取决于最短的那一块木板的长度。请用系统的观点进行解释。

4.法国雕塑家罗丹给巴尔扎克雕像,人们都说双手太逼真,罗丹听到后就砍去双手,从系统的观点来分析,这一行为给你怎样的启示?

知识结构

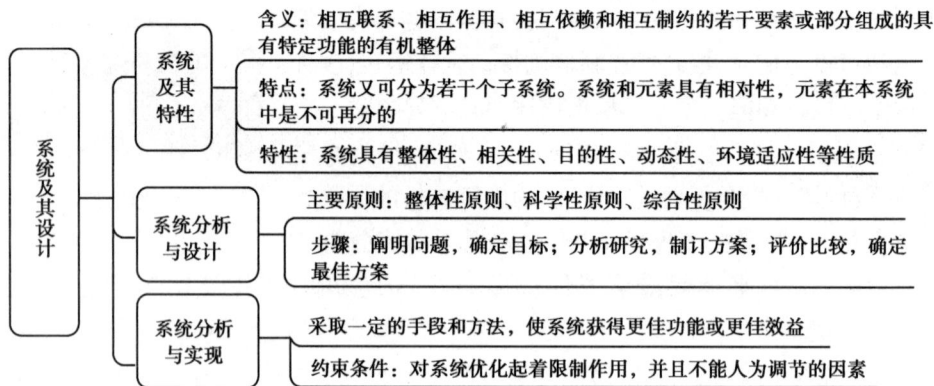

专题检测

一、单项选择题(共16小题,每小题3分,共48分)

1.下列关于系统的叙述,错误的是(   )。

A.系统是由相互联系、相互作用、相互依赖和相互制约的若干要素构成的

B.系统的组成要素至少要有两个或两个以上

C.在一个系统中,子系统之间各自独立工作,互不相干

D.系统要适应外部环境的变化

2.关于系统的分类方式,下列说法不恰当的是(   )。

A.恒温恒湿的蔬菜大棚系统,既属于人工手动控制系统,也属于自然系统

B.一片湿地构成的系统是一个自然系统

C.分类方式不同,系统的类型不同

D.任何系统都是一个动态系统

3.一堆汽车零件散放在一起没什么意义,但是如果将它们按照一定的工艺要求组装成一辆汽车,就具有了交通功能,这个案例说明系统最基本的特性是(　　)。

  A.目的性   B.动态性   C.整体性   D.环境适应性

4.在寒冷的冬天,汽车刚启动时各项参数都不是很理想(比如水温、机油性能等),但是当汽车运行一段时间后各项参数就能更理想。这主要反映了系统的(　　)。

  A.目的性   B.动态性   C.整体性   D.环境适应性

5.在大自然中,变色龙的肤色会随着背景、温度和心情的变化而改变,甚至有些变色龙还会将平时绿色的肤色变成红色来威吓敌人,目的是保护自己,免遭袭击,使自己生存下来。这体现了系统基本特性中的(　　)。

  A.整体性、环境适应性   B.动态性、相关性

  C.整体性、动态性   D.环境适应性、动态性

6.计算机内部 CPU 的上方通常会安装一个风扇来给 CPU 散热,风扇的转速会根据 CPU 温度的变化自动调节,让 CPU 正常工作。如果把风扇和 CPU 看成一个系统,以上过程体现了系统基本特性中的(　　)。

  A.目的性   B.动态性

  C.相关性   D.环境适应性

7.在某些情况下,利用若干方案的优点,会取得意外效果。现代医学采用中西医结合的方法攻克了许多疑难杂症。上述例子利用了系统分析中的(　　)。

  A.整体性原则   B.科学性原则

  C.综合性原则   D.定量分析方法

8.随着智能时代的到来,交通灯控制系统已变得越来越先进,该系统能够根据车辆的通行速度和每个路段的长度自动调整红绿灯时长,最大限度缓解交通压力。以上描述的"交通灯控制系统"不能体现的系统基本特性是(　　)。

  A.目的性   B.动态性   C.相关性   D.环境适应性

9.某公司为了节约能源,计划设计一个在冬天能够供热而在夏天能降温的地热泵技术系统,如图 7-28 所示。该系统主要由地热泵、地下管道、冷热输出器及控制器组成。该公司在设计中不需要首先考虑的是(　　)。

  A.查阅国外地热泵技术系统的相关资料

  B.实现地热泵技术的可行性

  C.系统的科学性

图 7-28

  D.系统装置进行技术试验

10.小李家要进行装修,他决定自己设计家里的用电系统,为了用电安全,便于使用和维护,他把用电系统分解成几个子系统,下列分解方案合理的是(　　)。

  A.照明子系统、空调子系统、插座子系统、安全保护子系统

  B.安全保护子系统、照明子系统、二孔插座子系统、三孔插座子系统

  C.日光灯子系统、照明子系统、空调子系统、插座子系统

  D.照明子系统、空调子系统、二孔插座子系统、三孔插座子系统

11.如图 7-29 所示是学校的直饮机供水系统,使用一段时间后,发现因为只有 2 个热水出水口,4 个温水出水口,导致热水出水口后的排队队伍过长,到了冬季,下课期间很多学生都用不上热水,针对以上情况,以下说法不正确的是( )。

A.冬天课间热水供应不足,说明该系统不具目的性

图 7-29

B.若热水供应系统出现故障,会导致温水也无法提供,体现了系统的相关性

C.若增加热水出水口,可解决冬季热水供应问题

D.优化该供水系统,需对不同季节用水量进行定量分析计算,还需对每天用水忙时与闲时进行统计分析,这主要体现了系统分析的科学性原则

12.如图 7-30 所示是一款厕所水箱系统的结构示意图,出水口上的橡胶盖是空心的,放水时它漂浮在水面上,水从出水口流出,随着水的流出,水面降低,直到橡胶盖盖住出水口,放水过程结束。紧接着就进入注水过程,注满水后橡胶盖会盖住出水口,以下对该水箱系统说法不正确的是( )。

A.长期使用后,橡胶盖等部件会出现老化,体现系统的动态性

B.能自动储水,拨动手柄,能实现放水,体现了系统的目的性

C.水箱中的尼龙绳接触水后易断裂,说明系统的环境适应性差

D.水箱储水量设定既要保证冲厕干净,又要考虑节水,做到统筹兼顾,体现系统的整体性

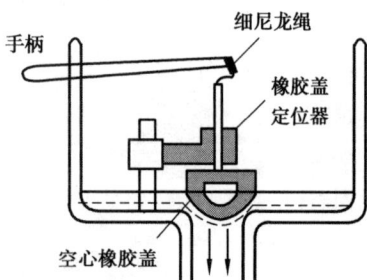

图 7-30

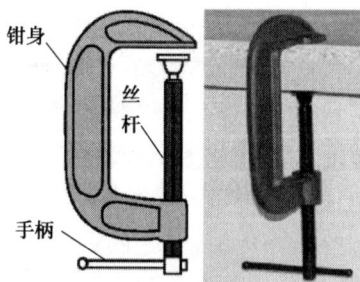

图 7-31

13.如图 7-31 所示为木工常用工具 G 字夹。它由钳身、丝杆和手柄组成,可用于将板材夹持固定于桌面,从系统的角度分析,以下说法不合理的是( )。

A.G 字夹随着使用年限的加长,丝杆螺纹会出现磨损,体现了系统的动态性

B.设计时根据钳身的长度确定丝杆的长度,体现了系统分析的综合性原则

C.要增强主体的夹持强度,需增加钳身构件材料的强度,体现了系统的整体性

D.设计时根据日常木工所需的夹持宽度,计算出钳身的开口宽度和丝杆长度,体现了系统分析的科学性原则

14.如图 7-32 所示是一款房车,车上的设施有卧具、炉具、冰箱、橱柜、沙发、餐桌椅、盥洗设施、空调、电视、音响等家具和电器,车内可分为驾驶区域、起居区域、卧室区域、卫生区域、厨房区域等,房车是集衣、食、住、行于一身。对于该房车系统,以下说法不正确的是(　　)。

A.能适应各种不同的天气,体现了系统的环境适应性

B.房车发动机的功率大小影响房车内空调的制冷效果,体现了系统的相关性

C.在行驶过程中出现颠簸,会损坏房车内部的电器,体现了系统的动态性

D.房车的供电系统发生故障,会影响起居生活,体现了系统的整体性

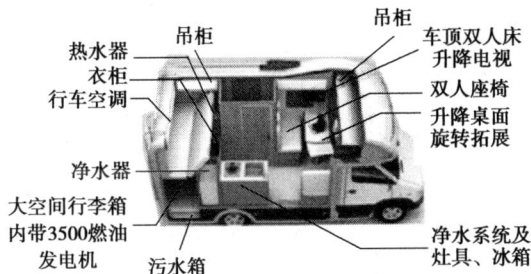

图 7-32

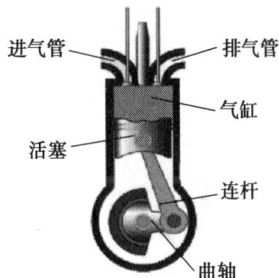

图 7-33

15.如图 7-33 所示为四冲程内燃机的结构示意图。在下列有关这款内燃机的分析说法中,正确的是(　　)。

A.活塞的直线运动通过连杆转换成了曲轴的圆周运动

B.内燃机正常运行时,连杆的受力形式为始终受拉力

C.使用一段时间后,活塞与缸体间的缝隙增大,影响内燃机的动力,这体现了系统的相关性

D.新型内燃机可使用油、汽两种动力燃料,体现了系统的环境适应性

16.如图 7-34 所示是液体原料定量控制系统。其工作过程是:流量计检测到流出的液体原料流量值,把信号反馈给控制器,与设定的流量值进行比较,达到设定的流量值时,控制器控制桶泵关闭。在桶泵停止运行后,由于软管中的原料具有惯性会继续流动,导致误差。为了提高计量精度,以下对该系统进行优化的措施合适的是(　　)。

图 7-34

A.减小软管的直径

B.提高流量计的计量精度

C.在软管出口端加电磁阀与桶泵同步控制

D.增加桶泵的功率

二、判断题(共 15 小题,每小题 2 分,共 30 分)

1.任何系统既可分为若干个子系统,也可由元素构成。　　　　　　　（　　）

2.每个系统至少有两个元素,系统中的元素可进一步分为子系统。　　（　　）

3.系统的整体性含义可以是"整体功能大于组成系统各部分的功能之和"。（　　）

4.系统的整体性含义可以是"系统中任何一个要素发生变化或出现故障时,都会影响整体功能的发挥"。　　　　　　　　　　　　　　　　　　　　　（　　）

5.有些系统是静止的,有些系统是变化的。　　　　　　　　　　　　（　　）

6.有的系统不存在环境适应性。　　　　　　　　　　　　　　　　　（　　）

7."头痛医头,脚痛医脚"说明没有把握系统的整体性。　　　　　　　（　　）

8."名师出高徒"体现了系统的相关性原则。　　　　　　　　　　　　（　　）

9."先看全局,后看局部;先看全过程,再看某一个阶段;先看长远,再看当前"的做法都遵循系统分析的整体性原则。　　　　　　　　　　　　　　　　　（　　）

10."进行比较权衡,统筹兼顾,先考虑最重要因素的分析方法"遵循了系统分析的综合性原则。　　　　　　　　　　　　　　　　　　　　　　　　　　（　　）

11."运用科学方法和数学工具进行定量分析"遵循系统的科学性原则。（　　）

12.系统优化的因素可以是非人力所能及的。　　　　　　　　　　　　（　　）

13.在系统优化时的约束条件,是人为可以改变的。　　　　　　　　　（　　）

14.系统优化的目的是使系统的功能更佳、效益更优。　　　　　　　　（　　）

15.系统优化的目的一般都是节约资源。　　　　　　　　　　　　　　（　　）

三、综合分析题(共 2 小题,1 题 12 分,2 题 10 分,共 22 分)

1.汽车超载监测系统由以下几部分组成:在收费站前每条车道上安装压力传感器,它监测每辆汽车的质量,近旁装有摄像头,将通过车辆的车型、牌照拍摄下来。这些信息传入监测电脑,电脑能够辨认出各种车型,并查明该型车的规定载重量,经过与实测数据对比,就能判明来车是否超载。该系统有以下特点:

①超载监测系统由压力传感器、摄像头、监测电脑等多个部分组成;

②监测电脑若发生故障,会影响整个系统的正常工作;

③摄像头外装有防雨罩,遇到风雨环境能正常工作;

④经过雨水浸蚀、汽车碾压,压力传感器会受到磨损,灵敏度会降低;

⑤压力传感器的种类有压阻式压力传感器、电感式压力传感器、电容式压力传感器等;

⑥超载监测系统可以自动检查过往车辆的载重并快速判明来车是否超载;

⑦压力传感器、摄像头、监测电脑之间相互联系,它们组成的系统具有的功能是各局部所没有的。

请根据上述分析回答以下问题(在"_____"处填写合适的序号)。

(1)体现系统整体性的是_____;

(2)体现系统动态性的是_____;

(3)体现系统环境适应性的是_____;

(4)体现系统目的性的是_____。

2.如图 7-35 所示是一款集成环保灶。它是集燃气灶、吸油烟机、消毒柜等功能于一体的厨房革新产品,具有环保、节能、无油烟、节省空间等特点。其吸烟口在灶腔上方,和锅沿的距离只有几厘米,油烟一形成就被吸烟机吸走并迅速排出,除烟率达 95%以上,使厨房更干净;消毒柜位于燃气灶下方,采用臭氧发生器消毒加紫外线消毒,消毒完毕进入烘干状态,使厨具更卫生,而且节省了独立消毒柜的存放空间;在灶具通电情况下,气敏传感器全程监控漏气情况,若燃气泄漏,在浓度未达到闪爆点前系统将自动报警并启动风机吸排,吸净后自动关闭风机,灶腔里还设计了

图 7-35

溢流孔,当发生烧水溢流浇灭火焰时,传感器将信号传给控制器,熄火保护装置将自动切断气源,从而使燃气灶的使用更安全。

(1)进烟口与火焰口距离太大则除烟效果不好,距离太小则火苗易吸入内腔,当积油过多、温度过高时,会引起机身自燃,存在很大的安全隐患,只有距离适当才能使系统达到最佳运行状态,进烟口与火焰口两者之间的关系体现了系统的_____(在"①目的性;②动态性;③相关性"3 项中选择合适的一项,将序号填写在"_____"处)。

(2)设计人员经过分析计算与反复试验,得出吸烟口与火焰口的距离约为 40 厘米时是比较安全的距离,该系统分析遵循了_____(在"①综合性原则;②科学性原则;③相关性原则"3 项中选择合适的一项,将序号填写在"_____"处)。

(3)以下对集成环保灶系统的优化不合理的是_____(在"①增加智能延时保护,3 分钟炊后净吸,确保燃气、油烟无残留;②增加电磁炉、洗碗柜等的功能,功能越多越实用;③增加智能过热保护,确保电机安全运行"3 项中选择合适的一项,将序号填写在"_____"处)。

专题八　控制及其设计

📑 课程标准

1.理解控制、控制系统的含义及在生产和生活中的应用,通过案例分析了解手动控制、自动控制、智能控制的特点。

2.熟悉简单的开环控制系统和闭环控制系统的基本组成与工作过程,理解其中的控制器、执行器等的作用,了解干扰现象和反馈原理,并用方框图表达控制系统的工作过程。

3.根据控制系统的控制要求,确定被控量、控制量,进行简单的控制系统的方案设计,并搭建一个简易的控制系统装置,进行调试运行和综合评价。

📑 考试要求

知识点	内　容	考试层次		
		A	B	C
控制的含义及分类	控制的含义,手动控制与自动控制,开环控制与闭环控制	√		
控制系统的组成和描述	控制系统的基本组成和工作过程,控制系统方框图		√	
干扰与反馈	控制系统的干扰因素,反馈环节在闭环控制系统中的应用		√	
控制系统的设计	控制系统的设计思路及方法			√

📑 知识点拨

第一节　控制的含义及分类

1.控制的含义

人们按照自己的意愿或目的,通过一定的手段,使事物向期望的目标发展,这就是控制。

2.控制的分类

(1)根据控制手段分为手动(人工)控制和自动控制

· 手动(人工)控制:必须在人的直接干预和全程干预下才能完成的控制。

· 自动控制:不需要人的干预,就可按期望规律或预定程序进行的控制。

· 判断是手动控制还是自动控制的方法:只要人参与系统的控制过程,就是手动控制,只设定输入量并未在控制的过程中进行操作的情况应排除,反之是自动控制。比如家中空调的调温系统,人设定温度只是设定输入量,空调温度控制系统的控制过程中并不包括人的操作,所以该系统是自动控制系统。

(2)根据控制方式分为开环控制和闭环控制

· 开环控制:控制系统的输出量不对系统的控制过程产生影响的控制。

· 闭环控制:能将系统的输出量反馈到输入端进行比较,并根据它们的差别(误差)及时调整控制作用,使控制的误差减小的控制。

判断是开环还是闭环控制的方法:关键看系统的输出端与输入端之间是否存在反馈回路,输出量对控制过程是否产生影响。分析当控制效果(即被控量)发生变化时,如给被控对象或被控量施加一些干扰,控制系统能否通过反馈来减少被控量(输出量)的偏差,如果能,则为闭环控制,否则为开环控制。判断闭环控制的步骤如下:确定控制目的→确定输出量→确定控制对象→确定输出量是否被检测送回输入端→对下一轮控制产生影响。如果控制过程在不断修正,并把输出量随时反馈到输入端,即为闭环控制。

典型案例分析

【案例1】下列事例属于自动控制的是( )。

A.电梯的上下运行　　　　　　　B.用气筒给自行车的轮胎充气

C.摇动辘轳,提取井水　　　　　D.调节挡位控制风扇的风速

【答案】A

【解析】本题主要考查手动控制与自动控制。判断是手动控制还是自动控制的方法:只要有人参与控制过程,不管是全程还是部分参与控制过程,就是手动控制,反之是自动控制。本题中只有A选项不需要人的直接参与就可按预定程序进行。所以本题的正确答案是A。

【案例2】下列控制系统属于闭环控制系统的是( )。

A.红绿灯定时控制系统　　　　　B.广场音乐喷泉控制系统

C.冰箱温度控制系统　　　　　　D.银行自动门开关控制系统

【答案】C

【解析】本题主要考查开环控制与闭环控制。闭环控制系统的特点是能将控制的结果反馈回输入端并与希望值进行比较,根据比较的误差及时调整控制功能,使误差减小。因此判断是开环控制还是闭环控制主要是确定输出量是否被检测送回输入端,对下一轮控制是否产生影响。只有C选项中冰箱内被控制后的实际温度会对下一轮的控制产生影响。所以本

题的正确答案是 C。

【案例3】小明同学在上学、放学路上发现,街道上的路灯有时由于没有及时关闭而浪费电,而有时天黑了灯又没有及时打开,为此他设计了一个控制系统,该控制系统能够使路灯在天亮时关闭,在天黑后打开。该控制系统属于(   )。

  A.手动控制系统、开环控制系统   B.自动控制系统、开环控制系统

  C.手动控制系统、闭环控制系统   D.自动控制系统、闭环控制系统

【答案】B

【解析】本题主要考查控制系统的分类。该控制系统能根据天气自动打开或关闭路灯,不需要人直接参与控制过程,所以属于自动控制;且该控制系统的输出量路灯灯光不会对下一轮控制结果产生影响,所以属于开环控制。故本题的正确答案是 B。

【案例4】如图 8-1 所示是一款无人驾驶汽车,它能利用车载传感器来感知车辆周围环境,并根据感知所获得的道路、车辆位置和障碍物等信息,控制车辆的转向和速度,自动规划行车路线,并按规划的路线安全、可靠地到达目的地。该无人驾驶汽车控制系统属于(   )。

图 8-1

  A.手动控制系统、开环控制系统

  B.自动控制系统、开环控制系统

  C.手动控制系统、闭环控制系统

  D.自动控制系统、闭环控制系统

【答案】D

【解析】本题主要考查控制系统的分类。该控制系统能根据道路环境自动规划行车路线,不需要人直接参与控制过程,属于自动控制;且该控制系统能将控制结果反馈回输入端进行比较,随时根据偏差及时调整行驶方向和速度,使车辆安全到达目的地,属于闭环控制。故本题的正确答案是 D。

检测练习

单项选择题

1.下列事例不属于控制的是(   )。

  A.将降落的雨水收集起来用于灌溉农田 B.风力发电

  C."嫦娥二号"卫星发射成功   D.火山喷发

2.下列事例属于自动控制的是(   )。

  A.按钮开关的控制   B.光控路灯点亮的控制

  C.投掷飞镖的控制   D.人工调节容器内液面高度的控制

3.下列控制系统属于开环控制系统的是(   )。

  A.电风扇的机械定时开关控制系统 B.高压锅压力控制系统

  C.抽水马桶水箱的水位控制系统   D.花房恒温控制系统

4.如图 8-2 所示,在一些公共场所的洗手池边安装了感应式洗手液自动挤出器,当人手靠近时,机器会自动挤出洗手液,该控制系统属于( )。

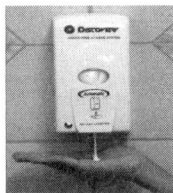

A.自动控制系统、开环控制系统

B.自动控制系统、闭环控制系统

C.手动控制系统、闭环控制系统

D.手动控制系统、开环控制系统

图 8-2

5.如图 8-3 所示为一款智能马桶盖,它具有保持冲洗水温在 30 ℃左右的功能,当传感器检测到水温过低时加热器加热,反之则停止加热。以下对该控制装置分析正确的是( )。

A.属于开环控制、自动控制

B.属于开环控制、手动控制

C.属于闭环控制、自动控制

D.属于闭环控制、手动控制

图 8-3

6.精确制导导弹的工作原理是:在导弹发射时,先用卫星摄像机拍摄目标,并将目标的图像保存在导弹中,导弹发射后,弹头前的摄像机不断将导弹前方的图像送到导弹内的信号处理单元,信号处理单元将摄像机送回的图像与存储的图像进行比较,并根据它们的误差调整飞行方向,最终击中目标。该控制系统的控制手段和控制方式分别属于( )。

A.手动控制、开环控制 B.自动控制、开环控制

C.手动控制、闭环控制 D.自动控制、闭环控制

7.如图 8-4 所示为一款汽车上的智能感应雨刷器,这种雨刷器能通过雨量传感器采集数据,然后控制芯片根据雨量的大小,通过雨刷器电机智能调节雨刷摆动的频率,为驾驶者提供良好的视野,从而大大提高雨天驾驶的安全性。该控制系统属于( )。

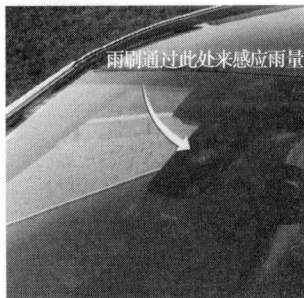

雨刷通过此处来感应雨量

A.自动控制系统、闭环控制系统

B.自动控制系统、开环控制系统

C.手动控制系统、闭环控制系统

D.手动控制系统、开环控制系统

图 8-4

8.当旅客携带金属制品通过机场安检处的金属探测门时,探测门即发出声音报警,该报警控制系统的控制手段和控制方式属于( )。

A.手动控制、开环控制 B.自动控制、开环控制

C.手动控制、闭环控制 D.自动控制、闭环控制

9.声光照明灯特别适用于车房、仓库、停车场等特殊场所,光线不足时,可以用声音来控制开启,并且能够自动延时关闭,给人们带来了方便。该照明灯控制属于( )。

A.电子控制、开环控制 B.电子控制、闭环控制

C.机械控制、开环控制 D.机械控制、闭环控制

10.关于以下控制系统,说法不合理的是(　　　)。

    A.自行车的刹车系统是手动、机械、开环控制系统

    B.学校开水房电加热开水器的恒温控制系统是自动、电子、闭环控制系统

    C.水塔的水位控制系统是自动、机械、开环控制系统

    D.家中空调的恒温控制系统是自动、电子、闭环控制系统

第二节　控制系统的组成和描述

1.控制系统的组成和描述

●控制系统的组成实体:比较器(闭环)、控制器、执行器、被控对象、反馈环节(闭环)。

比较器:将被控量与给定量进行比较,求出偏差值(存在于闭环控制中)。

控制器:对输入信号进行处理并发出控制命令的装置或元件。

执行器:直接对被控对象进行控制的装置或元件。

被控对象:控制系统中所要求控制的装置或生产过程。

反馈环节:检测被控量并返回到系统的输入端(存在于闭环控制中)的设备。

●控制系统传递的量:输入量(给定值)、控制量(执行器的输出信号)、被控量(输出量)。

输入量(给定值):控制系统的给定量。

控制量:执行器的输出信号。

输出量(被控量):控制系统所要控制的量,也是控制系统的输出信号。

2.控制系统方框图

开环控制系统的结构框图如图 8-5 所示,其信号的传递从输入到输出是单向的。

图 8-5

闭环控制系统的结构框图如图 8-6 所示,其信号的传递从输出到输入增加了反馈环节,构成一条闭合回路。开、闭环控制系统的本质区别就是有无反馈环节。

图 8-6

常见的开、闭环控制系统框图如下:

自动门的开环控制框图如图 8-7 所示。

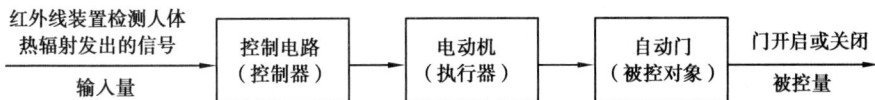

图 8-7

游泳池水位的开环控制系统框图(设定时间以控制水位)如图 8-8 所示。

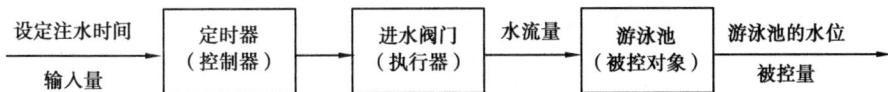

图 8-8

游泳池水位的闭环控制系统框图(检测装置反馈控制水位)如图 8-9 所示。

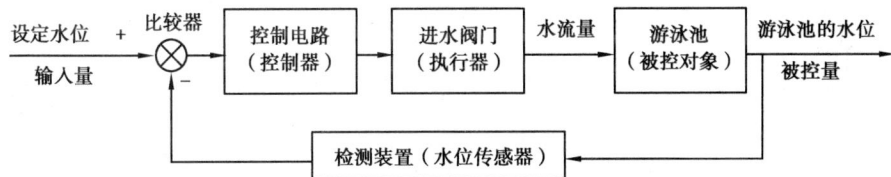

图 8-9

抽水马桶水箱水位的控制系统框图如图 8-10 所示。

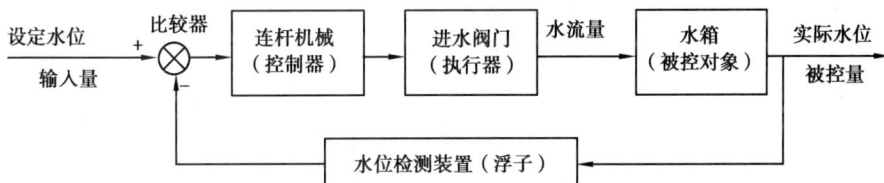

图 8-10

加热炉的温度自动控制系统框图如图 8-11 所示。

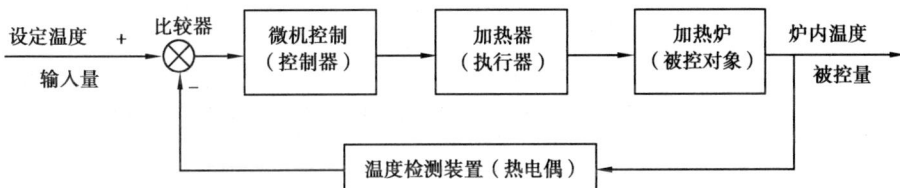

图 8-11

🔖 典型案例分析

【案例 1】如果将人和自行车看成一个控制系统,在人骑自行车的过程中,控制器和被控对象分别是(　　)。

A.大脑、肢体　　　　B.眼睛、肢体　　　　C.眼睛、自行车　　　D.大脑、自行车

【答案】D

【解析】本题主要考查控制系统的描述。在骑车的过程中,人实际是在随时观察自行车的行驶方向或路线,如果出现偏差,人就会控制自行车的行驶方向,及时纠正,在这个过程中发出控制命令的部分是大脑;要对自行车行驶方向进行调整,是通过对自行车的控制来实现的,所以控制的作用对象是自行车。所以本题的正确答案是 D。

【案例2】如图 8-12 所示是一支防近视智能笔,内置红外传感器,当使用者书写时头部过于接近桌面,红外感应器会感应到使用者脸部反射的红外线信号,将信号传给中央处理器,通过芯片的作用,机械部件产生联动,笔尖就会自动缩回,当使用者调整好坐姿,笔尖又会自动伸出,恢复正常的书写功能。在上述智能笔的笔尖伸缩控制系统中,执行器和被控对象分别为( )。

矫正坐姿
预防近视
预防驼背

图 8-12

A.芯片、机械部件 B.机械部件、笔尖

C.机械部件、学生 D.芯片、学生

【答案】B

【解析】本题主要考查控制系统的基本组成。从题干可以分析出输入量是使用者脸部反射的红外线信号;控制器是对输入信号进行处理并发出控制命令的装置或元件,本题的控制器为中央处理器;执行器是直接对被控对象进行控制的装置或元件,本题的执行器是机械部件;被控对象是控制系统中所要求控制的装置或生产过程,本题的被控对象是笔尖,被控量是笔尖缩回或伸出。所以本题的正确答案是 B。

【案例3】如图 8-13 所示是一种烘手器的控制系统结构框图。该控制系统的执行器和被控量分别是( )。

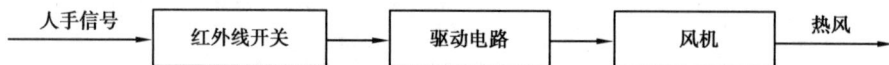

人手信号 → 红外线开关 → 驱动电路 → 风机 → 热风

图 8-13

A.红外线开关、风机 B.红外线开关、热风

C.驱动电路、风机 D.驱动电路、热风

【答案】D

【解析】本题主要考查开环控制系统方框图。从该控制系统的结构框图来看,输入量是人手信号,控制器是红外线开关,执行器是驱动电路,被控对象是风机,被控量是热风。所以本题的正确答案是 D。

【案例4】如图 8-14 所示为一位科学家专门为女儿设计的一辆有趣的"自行车"。女儿只要用脚不停地蹬踩,就能给电视机供电,想偷懒就看不到电视。在整个控制过程中,系统的执行器和被控量分别是( )。

图 8-14

A.脚、电视机供电

B.女儿、自行车

C.自行车、女儿

D.自行车、电视机供电

【答案】A

【解析】本题主要考查控制系统的设计思路。要设计好一个控制系统,应该明确这个系统要达到的目的是什么,是怎样实现这个控制过程的。分析题干得知该控制系统要达到的目的是给电视机供电,实现的方式是通过人不停蹬踩给电视机供电,所以执行器是脚,被控对象是电视机,被控量是电视机通电。所以本题的正确答案是 A。

【案例5】如图 8-15 所示为一款水箱的水位自动控制系统示意图。该控制系统的执行器和被控量分别是(　　)。

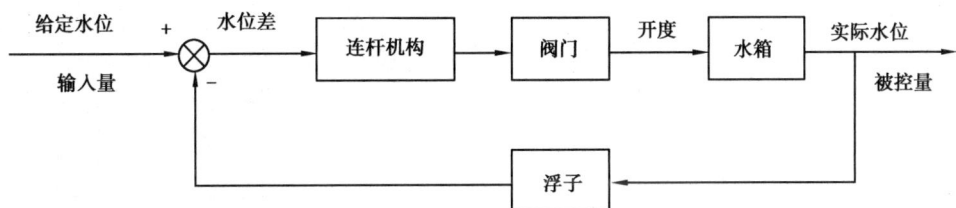

图 8-15

A.阀门、实际水位　　　　　　　　　　B.阀门、水箱

C.连杆机构、给定水位　　　　　　　　D.阀门、给定水位

【答案】A

【解析】本题主要考查闭环控制系统方框图。从该控制系统的结构框图来看,输入量是给定水位,控制器是连杆机构,执行器是阀门,控制量是阀门的开度,被控对象是水箱,被控量(输出量)是实际水位。所以本题的正确答案是 A。

【案例6】如图 8-16 所示为公共厕所人体感应自动供水系统示意图。当探头检测到有人进入厕所,控制器控制电磁阀打开,向水箱供水。请根据示意图和描述回答 1、2 题。

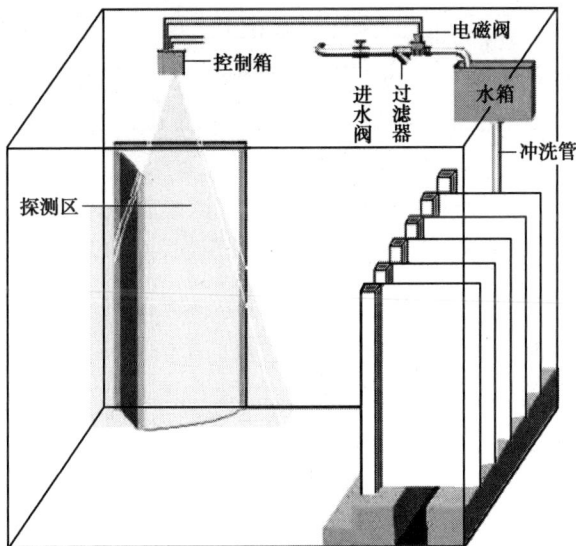

图 8-16

1.该系统的控制手段和控制方式分别属于_____和_____（在"①手动控制；②自动控制；③开环控制；④闭环控制"4项中选择合适的两项，将序号填写在"_____"处）。

2.电磁阀属于该控制系统中的_____（在"①输入量；②控制器；③执行器；④被控对象"4项中选择合适的一项，将序号填写在"_____"处）。

【答案】1.②③　2.③

【解析】本题主要考查控制系统的分类及控制系统的基本组成。该控制系统检测到有人进入厕所后能自动打开水箱冲水，不需要人直接参与控制过程，所以属于自动控制；该控制系统中输出量（水箱的水位）不会对下一轮控制结果产生影响，所以属于开环控制。分析题干可知本系统的输入量是人的红外线信号，执行器是电磁阀，被控对象是水箱。

【案例7】如图8-17所示是太阳能发电场，在太阳能跟踪系统的控制下，可保持太阳能电池板随时正对太阳。其控制过程为：传感器检测太阳能电池板的位置坐标，然后控制器控制动力装置根据不同季节和每日不同时间段的太阳光线的位置对太阳能电池板作出相应调整，从而提高太阳能的发电效率。请根据示意图和描述回答1、2题。

图 8-17

1.该控制系统属于开环控制系统还是闭环控制系统？

2.请结合图8-18，该控制系统的给定值是_____，执行器是_____，被控对象是_____，被控量是_____（在"①太阳能电池板的位置坐标；②动力装置；③太阳光光线的位置；④太阳能电池板"中选择合适的选项，将序号填写在"_____"处）。

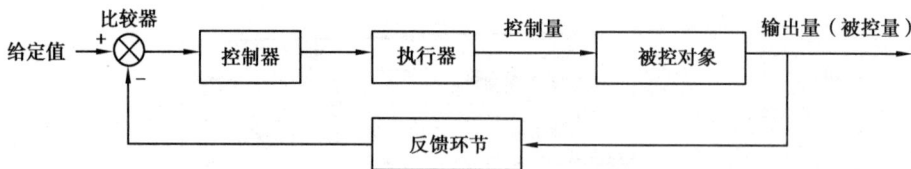

图 8-18

【答案】1.闭环控制系统　2.③②④①

【解析】本题主要考查控制系统的分类及控制系统方框图。该控制系统能将获取的太阳能电池板位置坐标与太阳光线的位置进行比较，从而影响下一轮的控制，所以属于闭环控制系统；分析题干可知给定值是太阳光光线的位置，执行器是动力装置，被控对象是太阳能电池板，被控量是太阳能电池板的位置坐标。

检测练习

一、单项选择题

1.小王用手从书架上取书,这个控制过程中的控制器、执行器和被控对象分别是( )。

A.手、大脑、书　　　B.书、大脑、手　　　C.大脑、书、手　　　D.大脑、手、书

2.如图 8-19 所示为一套装于门后使用的防盗报警系统。使用时用户先将报警器隐蔽,电源开关接通,当有人撬锁推门入室时,磁控传感控制电路会被触发从而接通报警器的电子开关,报警器发出警报。该报警系统的执行器是( )。

A.报警器　　　B.电子开关　　　C.电源开关　　　D.磁控传感控制电路

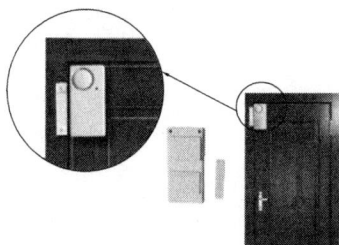

图 8-19

图 8-20

3.如图 8-20 所示是一款盲人导航手表,手表内的声呐和传感器测量障碍物与人的距离,并将信号发送给微处理器,随着盲人与障碍物距离的缩短,手表上的震动马达震动加快,使手表的震动频率加快,从而提醒和警示盲人。关于盲人导航手表控制系统,下列说法不正确的是( )。

A.控制器是微处理器　　　　　　B.控制量是障碍物与人的距离

C.被控对象是手表　　　　　　　D.执行器是震动马达

4.广泛应用于公共场所的自动感应式水龙头的控制过程是:当传感器检测到人手靠近时,电脑板就控制阀门开启,水龙头出水,手离开后阀门自动关闭。该控制系统的执行器和输入量分别是( )。

A.阀门、手的红外信号　　　　　　B.手的红外信号、红外传感器

C.阀门、红外传感器　　　　　　　D.手的红外信号、水龙头

5.如图 8-21 所示为一款人脸自动识别签到系统,当人脸靠近到一定距离时,摄像头上方的红外线感应器将侦测到的信号输入电路模块,电路模块控制摄像头进行拍照,从而完成签到。下列对该控制系统的分析正确的是( )。

A.输入量是人脸的红外线信号

B.该控制系统中存在比较和反馈环节

C.控制器是摄像头

D.被控对象是人脸

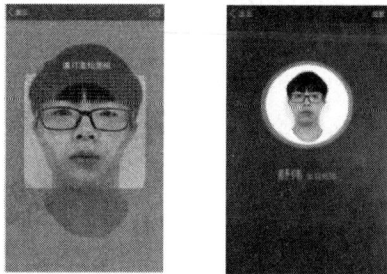

图 8-21

6.如图 8-22 所示为一款风阻尼器,用于高层建筑应对强风的影响。一个几百吨重的大铁球通过弹簧和液压装置安装在高层建筑物的中上部,当强风来袭时,该装置使用传感器来探测建筑物的摇晃程度,并通过计算机来控制弹簧、液压装置,推动大铁球向反方向运动,从而降低建筑物的摇晃程度。若把大铁球作为被控对象,下列分析不正确的是(　　　)。

A.控制量是风力的大小　　　　　　B.输入量是建筑物的摇晃程度

C.控制器是计算机　　　　　　　　D.输出量是大铁球的运动方向和速度

图 8-22

图 8-23

7.如图 8-23 所示是一款夹在书本上的预防近视提醒仪,能检测使用者头部与书本的距离,当距离过近时,电脑板发出信息,使电子开关闭合,发光单元射出提示性文字和表情符号用以提醒使用者。在下列关于近视提醒仪控制系统的说法中,正确的是(　　　)。

A.该系统为闭环控制系统

B.被控对象是使用者

C.执行器为电子开关

D.控制量是提示性文字和表情符号等警告信号

8.如图 8-24 所示为海尔公司在 2010 年柏林国际电子消费品展销会上推出的一款环保人力驱动洗衣机。这款环保洗衣机可以将配套的动感自行车健身器材在使用时所产生的人力能量,经过能量转换器变成电能,用于驱动洗衣机清洗衣物。20 分钟的运动可以支持洗衣机用冷水清洗一次常量衣物。该人力驱动洗衣机控制系统的被控量是(　　　)。

图 8-24

A.洗衣机运行或停止　　　　　　　B.脚踩的力

C.衣物　　　　　　　　　　　　　D.电能

9.如图 8-25 所示是一款自动感应垃圾桶,其控制过程为:当手伸至一定距离时,垃圾桶上方的红外线感应器将侦测到的信号输入电路模块,电路模块控制电机转动,电机转动开启桶盖。当手离开一段时间后,桶盖自动关闭。在下列对该控制系统的分析中,不准确的是(　　　)。

A.被控对象是垃圾桶盖

图 8-25

B.控制器是红外线感应器

C.执行器是电机

D.输入量是手的红外线信号

10.如图 8-26 所示的电吹风的工作原理:接通挡位开关,由设定的挡位控制模块控制电机驱动风扇转动,产生不同类型的风输出。该控制系统的输入量和被控量分别是(　　　)。

A.电吹风挡位、电热丝发热

B.电吹风挡位、不同类型的风

C.挡位控制模块、风扇转动

D.挡位控制模块、电机

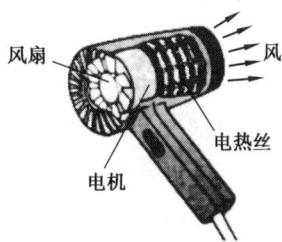

图 8-26

二、综合分析题

1.如图 8-27 所示为小明设计的一款婴儿摇篮,它能根据婴儿的哭声自动摇摆摇篮,其工作原理为:婴儿发出哭声,声电传感控制器就会把检测到的婴儿哭声信号转换为电信号,并传送给伺服电机,伺服电机工作并带动摇篮摇摆。请将图 8-28 中婴儿摇篮控制系统方框图补充完整(在"摇篮;伺服电机;声电传感控制器;摇篮摇摆;婴儿哭声信号"中选择合适的内容,填入图中的①②③处)。

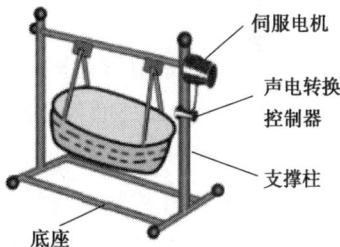

图 8-27

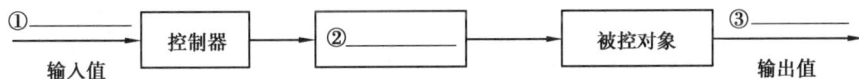

图 8-28

2.如图 8-29 所示的倒车雷达是汽车泊车或者倒车时的安全辅助装置,它主要由超声波传感器探头、主机控制器和蜂鸣器等组成。汽车倒车时,由安装在车尾保险杠上的探头发出和接收超声波信号,然后将信号输入主机控制器,主机控制器据此计算出车体与障碍物之间的距离及方位,当汽车与障碍物之间达到危险距离值时,电子开关就接通蜂鸣器发出警报,提醒驾驶员注意安全。该倒车雷达

图 8-29

控制系统的控制器是_____,被控对象是_____,输出值是_____(在"①超声波传感器探头;②主机控制器;③蜂鸣器;④警报声;⑤汽车与障碍物的实际距离"中选择合适的选项,将序号填写在"_____"处)。

3.广泛应用于校园的直饮机具有自动加热、保温、净化水质等功能。其加热原理为:当水温没有达到给定值时,控制电路发出信号,使继电器吸合,加热器开始工作,直饮机进入加热状态;当温度上升到给定值时,加热器便停止工作。请根据描述回答下列问题。

该直饮机加热控制系统的控制器是_____,执行器是_____,被控对象是_____,输出量是_____(在"①直饮机;②水的实际温度;③控制电路;④加热器;⑤继电器"五个选项中选择合适的选项,将序号填写在"_____"处)。

第三节　控制系统的设计、干扰与反馈

1.控制系统的设计思路

要设计好一个控制系统,应该明确这个系统要达到的目的是什么,所要控制的对象是什么,被控对象有哪些重要的特性,被控量和控制量分别是什么,外界的主要干扰因素有哪些等。

设计一个控制系统,是选择开环控制还是闭环控制,应根据对控制精度的要求及条件的可行性而定。一般来说,开环控制系统的设计相对简单,而闭环控制系统的控制精度要求较高,抗干扰能力较强。

2.干扰因素

除输入量(给定值)以外,引起被控量变化的各种因素称为干扰因素。它可以作用在控制系统中除输入量以外的各个部分,做题时要抓住"除输入量以外""引起被控量变化"这两个关键信息。

一般来说,闭环控制系统能不断修正控制效果,以减少被控量和基准量(希望值)之间的误差,所以闭环控制系统比开环控制系统有更好的抗干扰能力。

干扰因素可能有一个,也可能有若干个。有的干扰因素是由环境造成的,如影响自行车行驶速度变化的自然风;有的干扰因素是人为原因所致,如影响飞机导航信号的手机信号等。

3.反馈

在自动控制系统中,将输出量通过适当的检测装置返回到输入端并与输入量进行比较的过程,就是反馈。

4.功能模拟法

以功能和行为的相似性为基础,用"模型"模拟"原型"的功能和行为的方法称为功能模拟法。做题时要抓住概念中"以功能和行为的相似性为基础",如机械手模拟人的双手的功能。

5.黑箱方法

把将要研究的系统作为黑箱,通过对系统输入与输出关系的研究,进而推断出系统内部结构及其功能的方法,就是黑箱方法。如不拆开设备,通过仪器检测获取输入与输出的关系,进而判断故障。

📋 典型案例分析

【案例1】某花农正在筹建一个小型花房,在冬季,花房中的温度一般控制在 18 ℃左右,在夏季,则一般控制在 25 ℃左右。要设计该花房的温度控制系统,下列器件不需要的是(　　)。

A.温度控制器　　　　B.加热器　　　　C.摄像头　　　　D.温度传感器

【答案】C

【解析】本题主要考查闭环控制系统的设计。该花房的温度控制系统要达到的目的是保持花房内温度恒定在设定范围内,由此可知本系统是一个闭环控制系统,控制器是温度控制器,执行器是加热器,反馈装置是温度传感器,只有摄像头不需要。所以本题的正确答案是C。

【案例2】小李同学准备设计一款可伸缩的晾衣控制装置,它能利用手动装置或电动装置将晾衣绳连同衣物移到室外,下雨时将它整体收回室内。关于该控制系统的目的,下列说法最合理的是(　　)。

　　A.下雨时自动收回衣服　　　　　　B.自动将晾衣绳和衣物移到室外

　　C.能预测是否会下雨　　　　　　　D.将晾衣绳和衣服移到室外或收回室内

【答案】D

【解析】本题主要考查控制系统的设计思路。要设计一个控制系统,应该明确这个系统要达到的目的是什么,该控制系统的设想是通过手动或电动装置实现晾衣装置的可伸缩,即达到将晾衣绳和衣服移到室外或者收回室内的目的。所以本题的正确答案是D。

【案例3】某校学生设计了雨天自动关窗装置,其工作原理是:下雨时传感器把检测到的雨水信号传给放大处理电路,驱动电动机运转,从而实现自动关闭窗户。该控制系统的传感器应选用(　　)。

　　A.温度传感器　　　B.光敏传感器　　　C.湿度传感器　　　D.位置传感器

【答案】C

【解析】本题主要考查开环控制系统的设计。分析题干得知传感器要检测的是窗户上是否有雨水,如果有雨水信号则启动电机关闭窗户,所以检测雨水信号应选用湿度传感器。所以本题的正确答案是C。

【案例4】最近细心的市民发现某路边出现了神奇的按钮式红绿灯,其特点是行人要过街时,只需按一下路旁信号灯灯柱上的按钮,行人过街的红灯随即变成绿灯,机动车道的绿灯则变成红灯,行人就可以安全通过了。以下不属于该控制系统干扰因素的是(　　)。

　　A.控制电路出现故障　　　　　　B.供电电源出现故障

　　C.信号灯损坏　　　　　　　　　D.大雨天气

【答案】D

【解析】本题主要考查干扰因素。除输入量(给定值)以外,引起被控量变化的各种因素称为干扰因素。本题中控制电路出现故障、供电电源出现故障、信号灯损坏这些因素都会引起被控量的变化,所以选项A、B、C都属于干扰因素。因此本题的正确答案是D。

【案例5】如图8-30所示为一种电子警察,它是现代道路交通安全管理的有效手段,计算机根据雷达探测到的汽车位置变化信号,计算出汽车的行驶速度并判断其是否超速,如果超速则启动照相机抓拍,照相机对超速车辆进行抓拍时会受到各种干扰,以下不属于干扰因素的是(　　)。

图8-30

　　A.噪声　　　　　　　　　B.大雾

　　C.沙尘　　　　　　　　　D.大雨

【答案】A

【解析】本题主要考查干扰因素。本题中大雾、沙尘、大雨这些变化不定的因素会对照相机的拍摄效果造成不利的影响,所以 B、C、D 选项都属于干扰因素,只有噪声不会影响照相机的抓拍。所以本题的正确答案是 A。

检测练习

一、单项选择题

1.下列关于干扰因素对控制系统的作用,说法正确的是(　　　)。

A.干扰因素仅作用于被控对象上

B.干扰因素不会作用于开环控制系统

C.控制系统中的干扰因素会引起输出量发生变化

D.干扰因素都是不可以利用的

2.某汽车的自适应巡航控制(ACC)系统可以使汽车自动跟随前车行驶,能减轻驾驶员的疲劳感。其控制过程为:驾驶员需要设定跟车距离,在车辆行驶过程中,安装在车辆前部的雷达持续检测与前车的实际距离,ACC 控制单元将检测到的距离与设定的距离进行比较,并调整发动机和变速箱的参数,改变轮胎的转速,使汽车与前车始终保持一定的距离。该控制系统的反馈装置是(　　　)。

A.ACC 控制单元 　　　　　　　　　B.发动机和变速箱

C.轮胎 　　　　　　　　　　　　　　D.雷达

3.温室大棚恒温控制系统中反馈环节检测的是(　　　)。

A.设定的温度 　　　　　　　　　　B.大棚内实际温度

C.大棚外实际温度 　　　　　　　　D.加热器的温度

4.如图 8-31 所示是一款电动窗帘的控制系统方框图,按下调节面板上的相应按键后将会驱动步进电机旋转一定的圈数,带动窗帘滑轨移动,使窗帘完成预定的开合动作。如果按下按键后发现步进电机转动,但窗帘没有移动,则可能发生的故障是(　　　)。

按下按键 → 调节面板 → 步进电机 → 窗帘滑轨 → 窗帘开合

图 8-31

A.步进电机长期使用导致损坏

B.连接步进电机与调节面板的线路出现故障

C.窗帘滑轨与步进电机间的连接结构断裂

D.按键被异物卡住

5.在驾驶汽车沿特定路线行驶的过程中,驾驶员会随时控制汽车的行驶方向。该控制过程中充当反馈环节的物体是(　　　)。

A.大脑 　　　　　　B.眼睛 　　　　　　C.肢体 　　　　　　D.汽车

6.恒温式燃气热水器能不断调整燃气的供应量,保证出水温度恒定,该闭环控制系统的反馈装置检测量是(　　)。

　　A.燃气供应量　　　　　　　　　B.设定的水温

　　C.出水温度　　　　　　　　　　D.火焰温度

7.中医看病通过"望、闻、问、切"来了解病人的情况,最后对病情做出判断,这种方法是(　　)。

　　A.黑箱方法　　　B.模拟法　　　C.虚拟法　　　D.功能模拟法

8.日本某餐厅有一款智能机器人,能模仿厨师烹饪各种美食。这种用机器人模仿人的功能和行为的方法属于(　　)。

　　A.黑箱方法　　　B.移植法　　　C.虚拟法　　　D.功能模拟法

如图8-32所示是某水温控制系统的示意图。水蒸气对容器中的水加热后变成冷凝水排出。热电偶对出水的温度进行检测,并将测得的信号送到PID控制器与设定的温度比较,PID控制器根据偏差值控制电磁阀调节水蒸气的供给量。根据以上控制过程回答9、10题。

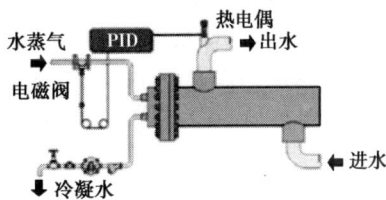

图8-32

9.在下列关于该水温控制系统的说法中,不合理的是(　　)。

　　A.该控制系统是自动闭环控制系统

　　B.被控制对象是冷凝水

　　C.电磁阀是执行器,水蒸气的供给量是控制量

　　D.热电偶是温度检测仪,是反馈检测装置

10.下列因素的变化对水蒸气供给量的调节没有影响的是(　　)。

　　A.冷凝水的温度　　　　　　　　B.进水的温度

　　C.热电偶的性能　　　　　　　　D.PID控制器的设定参数

11.如图8-33所示为一款磁浮水晶灯,位置传感器时刻检测水晶球的高度变化,控制芯片根据检测结果改变底座中电磁线圈的电流强度,从而改变作用于水晶球的磁悬浮力大小,使水晶球的高度稳定在设定高度。关于该控制系统,以下说法正确的是(　　)。

图8-33

　　A.被控对象是电磁线圈

　　B.该控制系统是开环控制

　　C.输出量为电流强度

　　D.输入量为水晶球的设定高度

12.如图8-34所示是工业锅炉利用重锤进行压力控制的示意图,重锤挂在横杆上,杆的支点在最左端,中间是锅炉的排气孔。当锅炉内的蒸汽压力过大,超过设定值,就会冲开排气孔上的重锤,释放一定量的气体;气体释放后,气压降低,使得重锤又

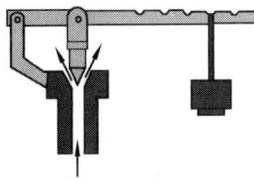

图8-34

重新落入封闭排气孔。周而复始,以保持锅炉内的气压不超过规定值。关于该压力控制系统,以下说法正确的是( )。

    A.将重锤往横杆的左端移动一段距离,可以增大锅炉的蒸汽压力

    B.该控制系统需要人为调节重锤的位置,是一种人工控制

    C.该压力控制系统存在反馈环节

    D.输出量是排气孔是否释放气体

13.有一种智能室内通风系统,它的工作原理为:气敏传感器检测空气中的二氧化碳浓度,模块化集成芯片根据二氧化碳浓度自动调节气阀的开度,从而改变干净空气的输送量。关于该控制系统,以下说法不正确的是( )。

    A.控制器是模块化集成芯片

    B.房间的窗户及房门的开闭是本系统的干扰因素之一

    C.被控对象是二氧化碳浓度

    D.输出量是室内空气的二氧化碳实际浓度值

在我国的北方地区,大多采用集中供暖的方式提供高温水汽入户。如图 8-35 所示是暖气恒温控制系统的示意图,各家庭在采暖季节需要依据各户的要求设定室内温度,当室内温度低于设定温度时,自动恒温暖气阀就会利用感温元件来控制阀门开启,调节合适的高温水汽流入室内散热器,直到室内空气被加热到设定的温度值时关闭阀门,高温水汽就不再流入散热器,室内空气不再被加热。待室内温度下降时再次开始加热过程,如此循环以达到实现恒温的目的。根据以上的描述完成 14、15 题。

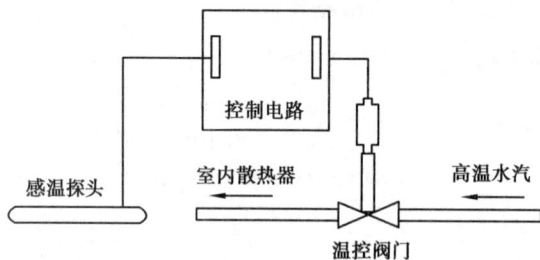

图 8-35

14.下列说法不合理的是( )。

    A.感温探头是反馈元件

    B.这是一个自动闭环控制系统

    C.温控阀门属于该控制系统的执行器

    D.室内设定的温度越高,一天内阀门打开的时间越短

15.下列因素的变化对阀门开闭没有影响的是( )。

    A.感温探头失效

    B.房间经常开关门窗

C.管道内外界流入的高温水汽的温度下降

D.房间内人员的走动

二、综合分析题

1.如图 8-36 所示为一款汽车遥控钥匙,该汽车门锁遥控系统的发明让车主无须用传统钥匙探明锁孔,远距离就能完成车门锁的开启和关闭。其工作原理是:遥控钥匙按键输入开锁/闭锁信号,通过发射器发射,汽车天线接收该信号,经电子控制器识别解码后驱动电动机带动车门门锁完成开锁/闭锁动作。请根据示意图和描述回答下列问题。

图 8-36

(1)该遥控钥匙控制系统属于_____(在"①开环控制;②闭环控制"两个选项中选择合适的一项,将序号填写在"_____"处)。

(2)该汽车门锁遥控系统的输入值是_____,控制器是_____,执行器是_____(在"①开锁/闭锁信号;②电动机;③发射器和天线;④电子控制器"4 项中选择合适的选项,将序号填写在"_____"处)。

(3)下列不属于该控制系统干扰因素的是_____(在"①车外有异物;②发射器失灵;③电压不够,电机无法正常工作"三项中选择合适的选项,将序号填写在"_____"处)。

2.如图 8-37 所示为一款无人驾驶婴儿车,婴儿车内置驱动电机、摄像头以及各种传感器和控制芯片。婴儿车有三种工作模式,在全自动模式下,车会随着父母一起前进、后退或转弯,使车与父母的距离始终保持在设定范围内;在遇到障碍物时,它还会自动减速、停止,一旦婴儿车离开安全范围,父母的手机就会自动收到提醒信息。请根据示意图和描述回答下列问题。

图 8-37

(1)婴儿车随着父母一起前进、后退或转弯(跟随)的控制方式属于_____;遇到障碍物自动减速、停止的控制方式属于_____;婴儿车离开安全范围,父母的手机会自动收到提醒信息的控制方式属于_____(在"①开环控制;②闭环控制"中选择合适的选项,将序号填写在"_____"处)。

(2)在上述婴儿车跟随父母前进、后退或转弯的控制系统中,控制器是_____,执行器是_____(在"①驱动电机;②摄像头;③传感器;④控制芯片"4 项中选择合适的选项,将序号填写在"_____"处)。

(3)在婴儿车遇到障碍物减速、停止的控制系统中,输出量和控制量分别是_____和_____(在"①婴儿车速度;②婴儿车与障碍物的距离;③婴儿车与父母的距离;④驱动电机的转速"4 项中选择合适的选项,将序号填写在"_____"处)。

📑 知识结构

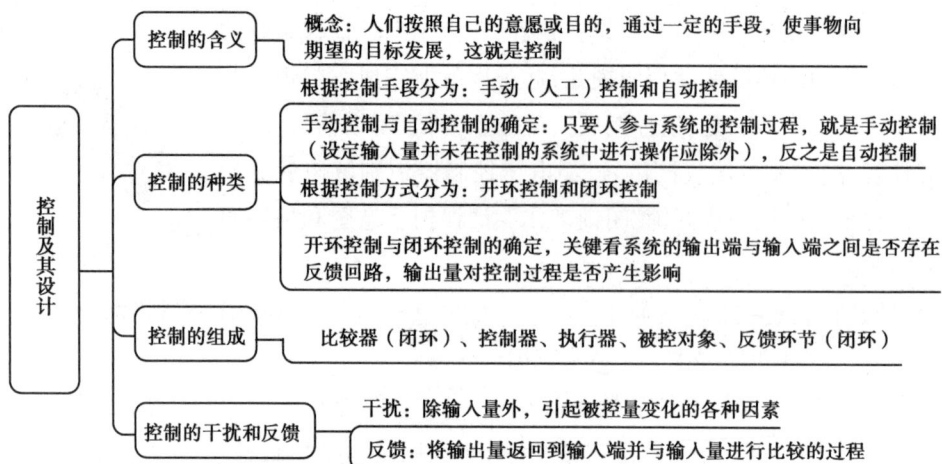

📑 专题检测

一、单项选择题(共 25 小题,每小题 2 分,共 50 分)

1.下列属于闭环控制的是(　　)。

A.公交车车门的开关控制　　　　　　　　B.自动保温电热水壶的保温控制

C.电风扇的机械定时开关控制　　　　　　D.电梯超载发出警报的控制

2.如图 8-38 所示是小伊同学利用虹吸原理制作的自动浇花器,其工作过程为:当花盆下碟子中的水位低于设定水位线(进气管高度)时,空气便会从进气管进入水箱,排挤出等量的水,再从出水管流入碟子中,到达水位线时停止出水,从而让碟子里的水位始终保持在设定水位线。该自动浇花控制系统属于(　　)。

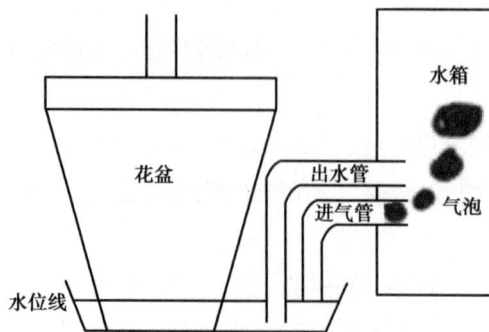

图 8-38

A.自动控制系统、开环控制系统　　　　　B.自动控制系统、闭环控制系统

C.手动控制系统、闭环控制系统　　　　D.手动控制系统、开环控制系统

3.如图 8-39 所示是美国某公司研发的一款疼痛缓解设备,该设备佩戴在小腿上,能为患有慢性疼痛疾病的人减少痛苦,它的工作原理是:设备释放电流刺激感觉神经,接着感觉神经发出脉冲信号示意大脑,使其产生天然的镇痛剂,来缓解疼痛。该疼痛缓解设备的控制属于(　　)。

图 8-39

A.手动控制、开环控制　　　　　　　　B.自动控制、开环控制

C.手动控制、闭环控制　　　　　　　　D.自动控制、闭环控制

4.在电冰箱的温度控制系统(图 8-40)中主弹簧及连接杆是(　　)。

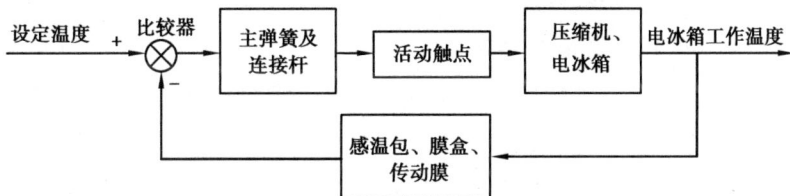

图 8-40

A.被控对象　　　　　B.执行器　　　　　C.控制量　　　　　D.控制器

5.如图 8-41 所示为自行车刹车控制系统方框图,其控制过程为:刹车时,施加一定的握把力,通过杠杆系统,使刹车片压紧车圈(或轮轴),车轮减速,刹车握紧力与车轮转速一一对应。该控制系统的执行器是(　　)。

图 8-41

A.握把　　　　　　　B.杠杆系统　　　　　C.刹车片　　　　　D.车轮

6.如图 8-42 所示为一款扫地机器人,可实现自动导航并对地面进行清扫和吸尘。其清扫过程为:微电脑控制直流电机运行,驱动风机高速运转,使吸尘器内部形成瞬间真空,内部的气压大大低于外界的气压,在这个气压差的作用下,尘埃和脏物随着气流进入机器人筒体内。下列分析不正确的是(　　)。

A.该扫地机器人的清扫系统属于开环控制系统

B.控制器是微电脑

图 8-42

C.被控量是尘埃和脏物吸入机器人筒体

D.房间内的噪声会对该清扫系统造成干扰

7.随着音乐信号的变化而变化的音乐喷泉是控制技术的一种具体应用。其工作过程是:由声—电转换装置将不同的音乐信号强度转换为随之变化的电信号,电信号通过变频器控制水泵转动。音乐声信号强,水泵的转速就快,水压上升,喷出的水柱就高。反之,喷出的

水柱就低。音乐信号的强弱与喷泉水柱的高低一一对应。该控制系统的输出量是(　　)。

　　A.音乐信号的强弱　　　　　　　　B.喷泉水柱的高低

　　C.电信号　　　　　　　　　　　　D.水泵的转速

　　8.如图 8-43 所示是一款能够监控机房内温度、湿度的仪器。当房内的温度或湿度高于设定上限或低于设定下限时,机器会自动发出报警声。以下分析正确的是(　　)。

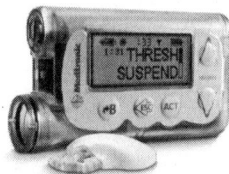

图 8-43

　　A.机房内外的声音会对该报警系统产生干扰

　　B.温度、湿度的上、下限要人为设定,该报警系统为人工控制

　　C.房内的温度、湿度是输入量,报警声是输出量

　　D.该控制系统的执行器是报警器

　　9.如图 8-44 所示为一款人工胰腺系统,该系统由血糖检测仪、胰岛素泵、安全控制器三部分组成。整个系统能模拟胰腺分泌,持续注射胰岛素。其工作过程为:当血糖检测仪测到佩戴者的血糖水平升高后,指示胰岛素泵注射相应剂量的胰岛素,当血糖水平达到预设值后,注射将自动停止,以防低血糖事件发生。该人工胰腺系统的执行器是(　　)。

图 8-44

　　A.血糖检测仪　　　　　　　　　　B.安全控制器

　　C.胰岛素泵　　　　　　　　　　　D.人工胰腺系统

　　10.如图 8-45 所示为一款循迹小车,在其车头底部装有两个灰度感应探头,当左侧探头探测到黑色信号,控制电路驱动电机增加小车右轮的转速使车子左转,直到探测头探测不到黑色信号;右侧探头探测到黑色信号时,操作相反;当左右探测头都没有探测到黑色信号时,左右轮的电机转速相同,车子直行。关于该循迹小车的控制系统,以下说法正确的是(　　)。

　　A.控制器是探测头　　　　　　　　B.输入量是循迹小车的速度

　　C.执行器是电机　　　　　　　　　D.被控对象是轨道

图 8-45

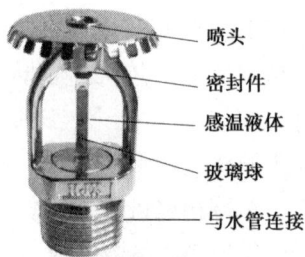

　　喷头
　　密封件
　　感温液体
　　玻璃球
　　与水管连接

图 8-46

　　如图 8-46 所示是酒店用洒水灭火喷头的结构示意图,该喷水控制系统的工作原理是:当防护区发生火灾时,环境温度升高,玻璃球内的感温液体受热膨胀,当温度达到 65 ℃时玻璃球就会破裂,于是密封件脱落,开启喷头洒水进行灭火。请根据示意图和描述回答 11、12 题。

11.在该喷水控制系统中,玻璃球与感温液体组成的装置所起的作用是(　　　)。

　　A.控制水量　　　　　　　　　　B.发出控制指令

　　C.控制温度　　　　　　　　　　D.执行控制命令

12.在该喷水控制系统中,以下不属于干扰因素的是(　　　)。

　　A.水管停水　　　　　　　　　　B.玻璃球漏液

　　C.喷头堵塞　　　　　　　　　　D.着火后房间温度未达65 ℃

　　如图 8-47 所示是某商场的车位引导显示系统,其主要工作原理是:通过安装在每个车位上方的超声波车位探测器,实时采集停车场的各个车位信息,并按照一定规则将数据压缩编码后反馈给中央处理器,由中央处理器完成数据处理,并将处理后的车位数据通过信息发布器发送到停车场 LED 引导屏,进行空车位信息的显示,同时空余车位上方的指示灯打开,从而引导车辆进入空余车位。请根据示意图和描述回答 13—15 题。

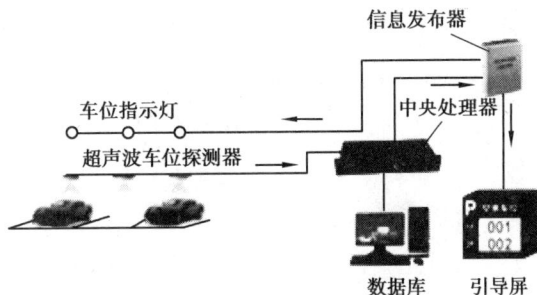

图 8-47

13.整个控制系统的控制手段和控制方式属于(　　　)。

　　A.手动控制、开环控制　　　　　　B.自动控制、开环控制

　　C.手动控制、闭环控制　　　　　　D.自动控制、闭环控制

14.该控制系统的被控对象是(　　　)。

　　A.信息发布器　　　　　　　　　　B.车位指示灯

　　C.LED 引导屏　　　　　　　　　　D.LED 引导屏和车位指示灯

15.以下不属于车位引导系统干扰因素的是(　　　)。

　　A.汽车没有停放在指定位置　　　　B.LED 引导屏碎裂

　　C.车位探测器损坏　　　　　　　　D.车辆的颜色

　　如图 8-48 所示为某学校的铃声控制系统,其工作过程是:电脑根据设定的时间,发出电信号给功率放大器,使音箱发出铃声。请根据示意图和描述回答 16、17 题。

16.关于该控制系统的说法不正确的是(　　　)。

　　A.输出量是电信号

　　B.执行器是功率放大器

　　C.被控对象是音箱

　　D.控制器是电脑

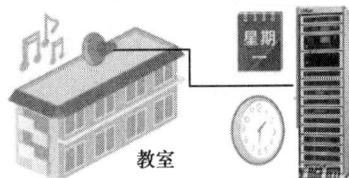

图 8-48

17.各种干扰因素会造成系统工作不正常,下列不属于干扰因素的是(　　)。

　　A.电脑中侵入病毒程序　　　　　　　B.功率放大器出现故障

　　C.供电时电源出现故障　　　　　　　D.工作人员在系统附近大声讲话

如图 8-49 所示为某高铁站闸机检票刷脸进站系统,旅客需将车票正面的二维码朝上、朝前,放置在身份证上方,然后将身份证和车票一起放入闸机插入口,摄像头会采集旅客的人脸信息,与身份证人脸信息和车票信息进行比对,如果一致则闸机打开,旅客进站。请根据描述回答 18—20 题。

图 8-49

18.该闸机检票刷脸进站控制系统属于(　　)。

　　A.手动控制系统、开环控制系统　　　B.自动控制系统、开环控制系统

　　C.手动控制系统、闭环控制系统　　　D.自动控制系统、闭环控制系统

19.该闸机检票刷脸进站控制系统的被控量是(　　)。

　　A.摄像头　　　　　　　　　　　　　B.闸机门

　　C.闸机开启或未开启　　　　　　　　D.车票信息

20.下列不属于该系统干扰因素的是(　　)。

　　A.旅客的高矮胖瘦　　　　　　　　　B.身份证和车票的放置方式

　　C.口罩、帽子等遮挡物　　　　　　　D.闸机供电电源

如图 8-50 所示为某款可通过 Wi-Fi 控制的智能炖锅,该炖锅能按照烹饪程序在各个时间段提供不同的工作温度。炖锅上配有温度传感器,手机通过 Wi-Fi 获取炖锅的温度,根据所获取的温度与设定值比较,再自动发送打开或关闭加热器的指令,从而实现炖锅加热时长和恒温的控制。请根据示意图和描述回答 21—23 题。

图 8-50

21.该智能炖锅的烹饪过程属于(　　)。

　　A.开环控制、自动控制　　　　　　　B.开环控制、手动控制

　　C.闭环控制、自动控制　　　　　　　D.闭环控制、手动控制

22.该控制系统中的反馈装置与被控量分别是(　　)。

　　A.温度传感器、加热器　　　　　　　B.温度传感器、炖锅

　　C.温度传感器、炖锅内的实际温度　　D.加热器、炖锅内的实际温度

23.炖锅加热过程中若 Wi-Fi 网络中断,炖锅持续加热可能会造成灾难,以下改进措施最合理的是(　　)。

　　A.一旦断开网络,炖锅立即停止加热

　　B.炖锅未接到改变温度信号就一直处于同一温度工作

　　C.炖锅未接到改变温度信号就逐渐降低温度直至停止加热

D.一旦 Wi-Fi 信号中断,炖锅按照手机上传的烹饪程序自动完成各环节的恒温控制

小孟同学发现去一些生意好的餐厅吃饭往往要花很长的时间排队,于是他想到了设计一款自动点餐轮转的等候椅,只要客人坐在座位上,电路就发出指令使电机带动椅子自动轮转排队。请根据描述回答 24、25 题。

24.该自动点餐轮转的等候椅控制系统的被控对象是( )。

    A.等候椅   B.等候的客人   C.餐厅   D.传感器

25.该系统的传感器最适合选用( )。

    A.接触传感器   B.光敏传感器

    C.热敏传感器   D.压敏传感器

二、判断题(共 15 小题,每小题 1 分,共 15 分)

1.任何控制系统一定存在被控对象。   ( )

2.控制就是为了完成一定目的而采用的方法和手段。   ( )

3.如果在控制过程中,人参与成为控制器或执行器,那这种控制一定是人工控制。

                                                          ( )

4.整个控制过程没有人的参与,那一定是自动控制。   ( )

5.在教室,学生打开空调的控制过程是自动控制。   ( )

6.在宾馆,人到门开、人走门关的感应门,它的控制是人工控制。   ( )

7.控制的输出量能送回到输入端,对下一轮控制产生影响,进行不断修正的控制是闭环控制。   ( )

8.在开环控制系统中,传感器通常作为信号输入与信号反馈的设备。   ( )

9.闭环自动控制系统的反馈都是依靠传感器来完成的。   ( )

10.开环控制的信号传递是单向的,一般都是一次性的。   ( )

11.闭环控制的过程一般较为精细,需要反复作用于同一个被控对象上。   ( )

12.闭环控制系统的控制精度较高,抗干扰能力较强。   ( )

13.设计一个控制系统时,首先要明确控制的目的,其次还要知道控制的对象、被控量等因素。   ( )

14.干扰因素有的是环境造成的,有的是人为原因造成的。   ( )

15.只要能引起被控量变化的各种因素都是干扰因素。   ( )

三、综合分析题(共 4 小题,1 题 7 分,2 题 10 分,3 题 12 分,4 题 6 分,共 35 分)

1.如图 8-51 所示的"聪明红绿灯"与普通红绿灯的外形相似,只是灯柱上多了一个触摸式操作按钮。行人要过马路时,只需按一下触摸式操作按钮,控制电路便会使相应继电器工作,转换红绿灯的信号,人行横道的红灯随即变成绿灯,行人就可以安全通过了。请根据示意图和描述回答下列问题。

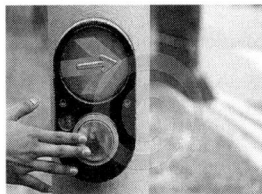

图 8-51

(1)该"聪明红绿灯"的控制系统属于开环控制系统还是闭环控制系统?

(2)请结合图8-52回答,该控制系统的给定值是_____,执行器是_____,被控量是_____(在"①触摸式操作按钮的操作信号;②红绿灯信号的转换;③控制电路;④继电器"四项中选择合适的选项,将序号填写在"_____"处)。

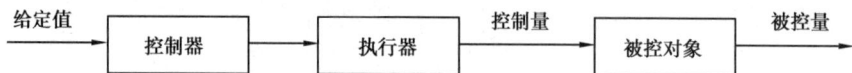

给定值 → 控制器 → 执行器 → 控制量 → 被控对象 → 被控量

图 8-52

2.如图8-53所示为一款太阳能饭盒,饭盒的每一层都有独立的温度控制系统,当饭煮熟后自动进入保温状态。保温控制系统的工作过程是:温度传感器检测饭盒内的温度,把该信号传送给控制电路与设定的温度进行比较,当低于设定温度时,控制电路发出信号给加热器让其工作,反之,则加热器不工作。请根据示意图和描述回答下列问题。

图 8-53

(1)请问该饭盒保温控制系统的控制手段和控制方式分别属于_____ 和_____(在"①手动控制;②自动控制;③开环控制;④闭环控制"四项中选择合适的选项,将序号填写在"_____"处)。

(2)请将图8-54中饭盒温度控制系统方框图补充完整(在"加热器;控制电路;太阳能饭盒"中选择合适的内容,将答案填写在"_____"处)。

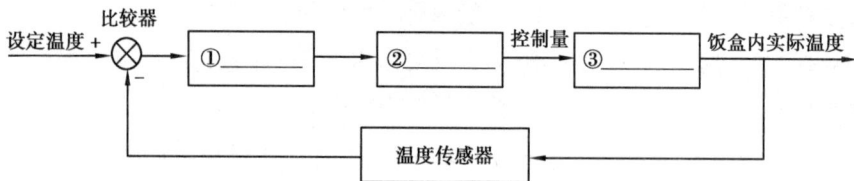

设定温度 + 比较器 − → ①_____ → ②_____ → 控制量 → ③_____ → 饭盒内实际温度
温度传感器

图 8-54

3.如图8-55所示是某同学将无人机稳定在空中某一点上航拍校运会入场式的画面。这种空中定点的技术称为定点悬停。其工作原理是:无人机通过GPS定位装置获取自身所在位置的坐标,将其与预定悬停位置的坐标进行比较,以便进行差值控制。当风力使其偏离预定位置时,飞行控制器会自动调节相关电机的功率,使无人机迅速反向动作进行补偿,从而实现定点悬停。请根据示意图和描述回答下列问题。

图 8-55

(1)该无人机的定点悬停控制系统的控制手段和控制方式分别属于_____和_____(在"①手动控制;②自动控制;③开环控制;④闭环控制"4项中选择合适的选项,

将序号填写在"_____"处)。

(2)请将图 8-56 中无人机定点悬停控制系统方框图补充完整(在"无人机;预定悬停位置的坐标;风力;无人机所在位置的坐标;GPS 定位装置"中选择合适的内容,将答案填写在"_____"处)。

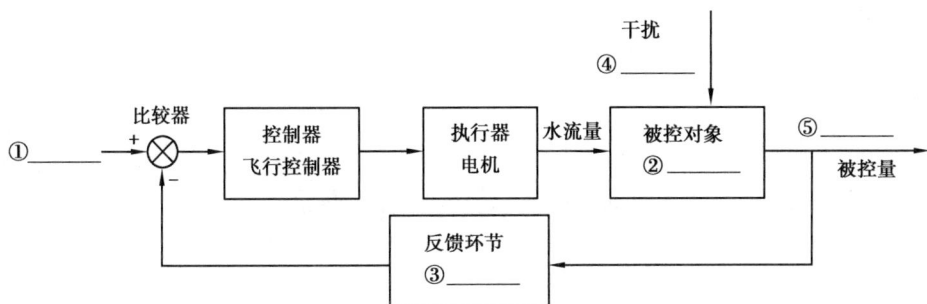

图 8-56

4.如图 8-57 所示是某家用抽水马桶的结构示意图,根据示意图回答下列问题。

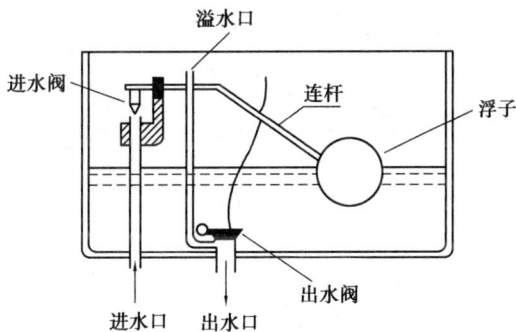

图 8-57

(1)该抽水马桶的进水控制系统的控制手段和控制方式是_____,浮子的主要作用是_____。

(2)为了让抽水马桶更加节水,下列方案中最适合的是_____(在"①往水箱里放木块;②增大水箱的容量;③缩短连杆的长度;④增大浮子的直径"4 项中选择合适的选项,将序号填写在"_____"处)。

电子控制技术

专题九　电子元器件

📑 课程标准

1.会选择、辨别和检测常用电子元器件。

2.能识读简单的电路原理图,知道晶体二极管和晶体三极管的结构和类型,能分析晶体二极管基本应用电路。

3.熟悉常见焊接工具及辅助材料的特点,并能安装和调试电子电路,掌握一种焊接方法。

📑 考试要求

知识点	内　容	考试层次		
		A	B	C
基本元器件	能辨别和检测常用电子元器件	√		
半导体	掌握二极管性质	√		
万用表	操作方法		√	
焊接	熟悉常见焊接工具及辅助材料的特点,掌握一种焊接方法		√	

📑 知识点拨

1.电阻器、电容器及电感器

(1)电阻器

在电路中电阻起限流、分压作用。电阻用 R 表示,它的国际单位是欧姆(Ω),经常用的电阻单位还有千欧($k\Omega$)、兆欧($M\Omega$),它们与 Ω 的换算关系为 $1\ k\Omega = 10^3\ \Omega$;$1\ M\Omega = 10^6\ \Omega$。各类电阻器的外形和电路符号见表9-1。

表 9-1

类型	外形特征	电路符号	类型	外形特征	电路符号
碳膜金属膜电阻			可调电阻电位器		
水泥绕线电阻			光敏电阻器		
贴片电阻			热敏电阻器		

通常采用直接标注或色环表示电阻参数。直接标注时,5K1 表示 5.1 kΩ、4Ω7 表示4.7 Ω、3M3 表示 3.3 MΩ;三位数字表示时,第三位表示零的个数,比如,103 表示 10 kΩ、472 表示4.7 kΩ。色环法标注时,通常用"黑 0、棕 1、红 2、橙 3、黄 4、绿 5、蓝 6、紫 7、灰 8、白 9、金、银"等表示,四色环电阻误差相对较大,最后一道色环一般用"金色±5%"或"银色±10%";五色环电阻相对较小,最后一道色环一般用"棕色±1%"。在识别色环电阻时,最好先找到最后一条,然后确定顺序,根据有效数字,得出色环电阻的大小。色环标注法如图 9-1 所示。

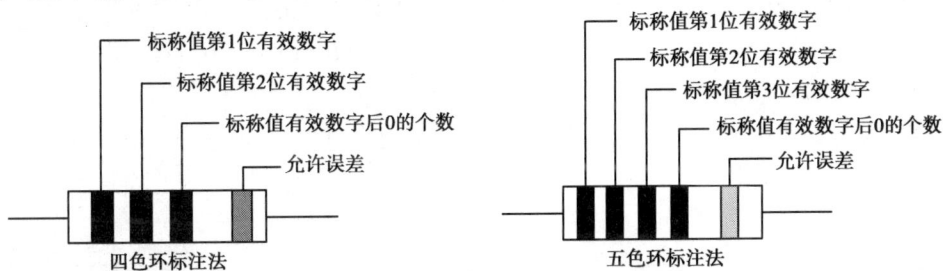

图 9-1

电路设计:根据要求选择相应阻值的电阻,同时选额定功率(W)比实际消耗的功率大一些的电阻。

电阻测量:用指针式万用表测量电阻时,首先机械调零(使指针指到左侧的 0 刻度线),然后选择倍率(测量时指针尽量指到中部或偏右),接下来欧姆挡调零(红黑表笔短接,调节欧姆挡调零旋钮,使指针指到右侧欧姆挡的 0 刻度线),如图 9-2 所示,最后测量并读数(阻值=读数×倍率)。测量时,不能并联其他元件,也不能带电测量,每次更换量程后均要欧姆挡调零。

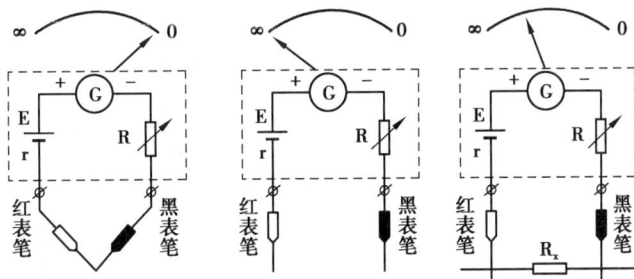

图 9-2

（2）电容器

电容器是由两个中间隔以绝缘材料（介质）的电极组成的，具有存储电荷的功能，电容器在电路中起阻直流、通交流、偶合信号、滤波等作用。电容通常可分为有极电容（电解电容、长脚为正极）和无极电容两大类，其各类型的外形和电路符号见表9-2。电容用 C 表示，它的国际单位是法拉（F），经常用的单位还有微法（μF）、皮法（pF），它们与 F 的换算关系为：$1\ F = 10^6\ \mu F = 10^{12}\ pF$。

表 9-2

类型	外形特征	电路符号	类型	外形特征	电路符号
普通电容			微调电容		
可变电容			电解电容		

电容标称值通常有两个参数，电容量和耐压（额定直流工作电压），常直接标注。标注时，电容容量有多种标注方法。比如，电容上标注的"472""103""56n""10n""4n7"分别表示"4700 pF""10 000 pF""56 000 pF""10 000 pF""4700 pF"；而 0.0047 μF 可以标注为"472""4n7""4700"".0047"等。

电路设计：加在电容上的交流电压的最大值不能超过电容的额定直流工作电压。

电容检测：使用指针式万用表进行检测，容量较小（pF 数量级）时，选用"×1 k"或"×10 k"挡测量，容量较大（μF 数量级）或电解电容时，通常先用"×100"或"×10"挡检测。电容检测前先短路放电，有极电容检测时，黑表笔接正极。红、黑表笔接在电容两脚上后，存在一个充电过程，指针由无穷大变小再回到无穷大，如图9-3所示。

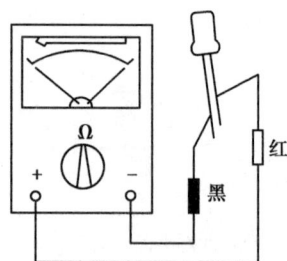

图 9-3

（3）电感器

电感器也称电感或电感线圈，它是利用电磁感应原理制成的元件，其各类型的外形和电路符号见表9-3。电感在电路中起阻止交流、通直流、变压、谐振、阻抗变换等作用。

表 9-3

类型	外形特征	电路符号	类型	外形特征	电路符号
空心线圈			可调磁芯线圈		
磁芯线圈			变压器		

电感器在电路中通常用"L"表示,它的国际单位是亨利(H),实际标称电感量常用毫亨(mH)和微亨(μH)表示,其换算关系为:$1\ H=10^3\ mH=10^6\ μH$。

电感器由线圈组成,用万用表测量时电阻通常很小,接近零欧,匝数较多线径小时,可达几百欧。

2.二极管

(1)二极管的结构

二极管是由P型半导体与N型半导体组成的,它们结合在一起形成了一个PN结,就是二极管(见图9-4),其中在P区上引出一个电极是正极,在N区上引出一个电极是负极(见图9-5)。二极管各类型的外形和电路符号见表9-4。

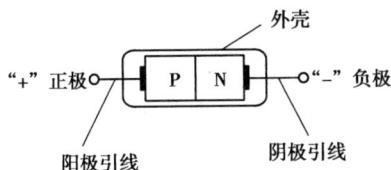

图 9-4

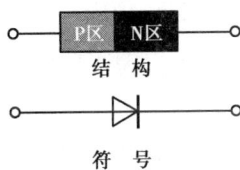

图 9-5

表 9-4

类型	外形特征	电路符号	注意事项
普通二极管			导通后两端电压基本保持不变,硅二极管的导通电压是0.7 V,锗二极管的导通电压是0.3 V
发光二极管			在电路中会串联一个电阻,以防止发光二极管烧毁
光敏二极管			必须工作在反偏电压下,光照强时,电阻小
稳压二极管			利用PN结反向击穿状态,其电流可在很大范围内变化而电压基本不变,起稳压作用

(2)二极管的性质

二极管具有单向导电性。当P区接电源的高电位,N区接电源的低电位,如果电压大于死区电压(硅二极管死区电压为0.5 V,锗二极管死区电压为0.2 V),二极管就导通,反之截止,其简单原理如图9-6所示。

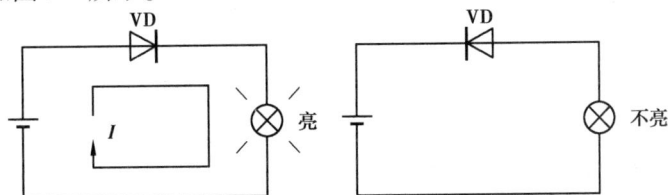

图 9-6

在电路中,通常运用二极管的单向导电性,形成整流电路(如图9-7所示,把交流电转变成直流电)、限幅电路、检波电路等。利用二极管的反向击穿特性,还可形成稳压电路。

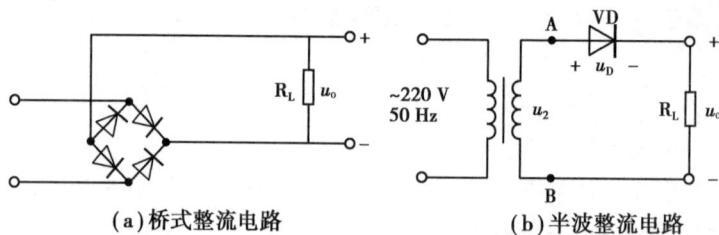

(a)桥式整流电路   (b)半波整流电路

图 9-7

(3)二极管的极性识别

二极管的正、负引脚通常在它的外壳上都有标志,一般分为四种情况:一种是直接用二极管符号标注;一种是用色环标注(有色环端为负极);还有一种是用色点标注(有色点的端为正极);最后一种是外形判断(发光二极管长脚为正),如图9-8所示。

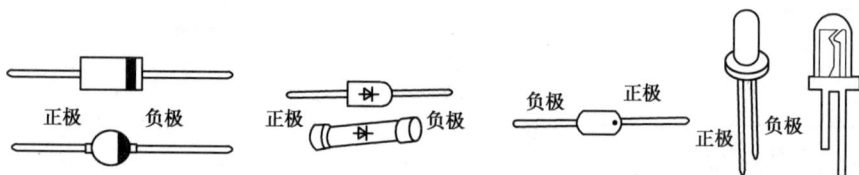

图 9-8

用指针式万用表"×1k"或"×100"电阻挡测试二极管时(见图9-9),正反向各检测一次,正向时电阻较小,反向时电阻接近无穷大,二极管性能正常。正向导通时,指针式万用表的黑表笔接二极管正极,红表笔接二极管负极。

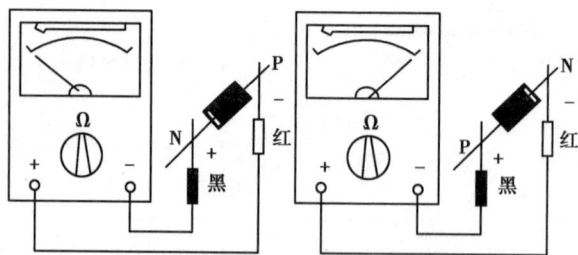

图 9-9

3.三极管

(1)三极管的结构

三极管是在一块半导体基片上制作的两个相距很近的 PN 结,排列方式有 PNP 和 NPN 两种,两个 PN 结把整块半导体分成三部分,中间部分是基区,两侧部分是发射区和集电区,基区很薄,而发射区较厚,杂质浓度大,发射区和基区之间的 PN 结称为发射结,集电区和基区之间的 PN 结称为集电结。从三个区引出相应的电极,分别为基极 b、发射极 e 和集电极 c,三极管的结构和外形如图9-10所示。

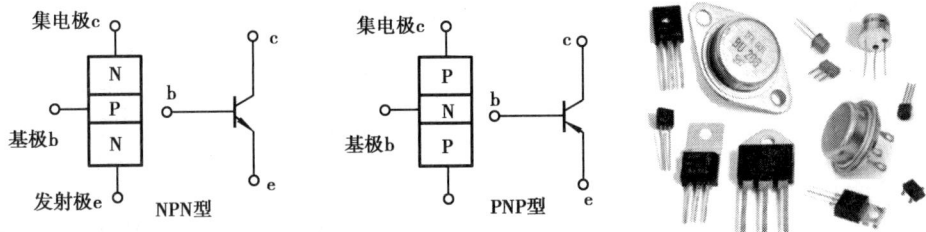

图 9-10

（2）三极管的管脚及类型

在电子设备元件中，经常使用的三极管 NPN 型有 3DG6、3DG12、3DG201、C9013、C9014、C9018、C1815、C8050、2N5551、3DD15D、DD03A；三极管 PNP 型有 C9012、C9015、C1015、C8580。部分类型的管脚排列如图 9-11 所示。

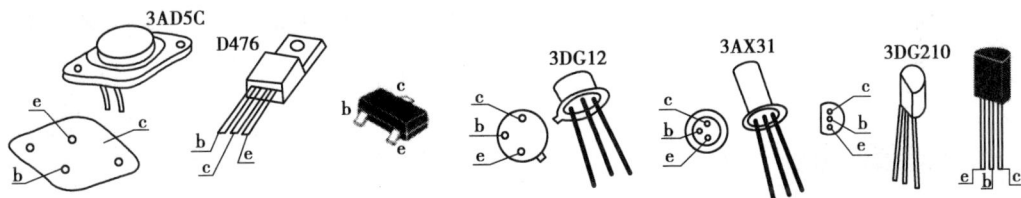

图 9-11

判别三极管的管脚及类型：首先确定基极和类型，然后确定发射极与集电极。使用指针式万用表"×1k"或"×100"电阻挡，先假设一脚为基极，用一只表笔接在假设的脚上固定，用另一只表笔分别测量另外两脚的电阻，如果阻值都较大（或较小），交换表笔与假设脚再次固定，再分别测量两次，此时阻值与前面测量相反，都较小（或较大），四次测量符合上面规律的，假设脚为基极。黑表笔接在基极上，红表笔分别接另两只脚，两次测量的阻值都较小时，三极管的类型是 NPN 型，两次测量的阻值都较大时，三极管的类型是 PNP 型；集电极和发射极根据三极管的工作状态判定，如图 9-12 所示，集电极与发射极之间如果产生电流，说明电路进入放大状态，从而确定三极管的 c 极与 e 极。

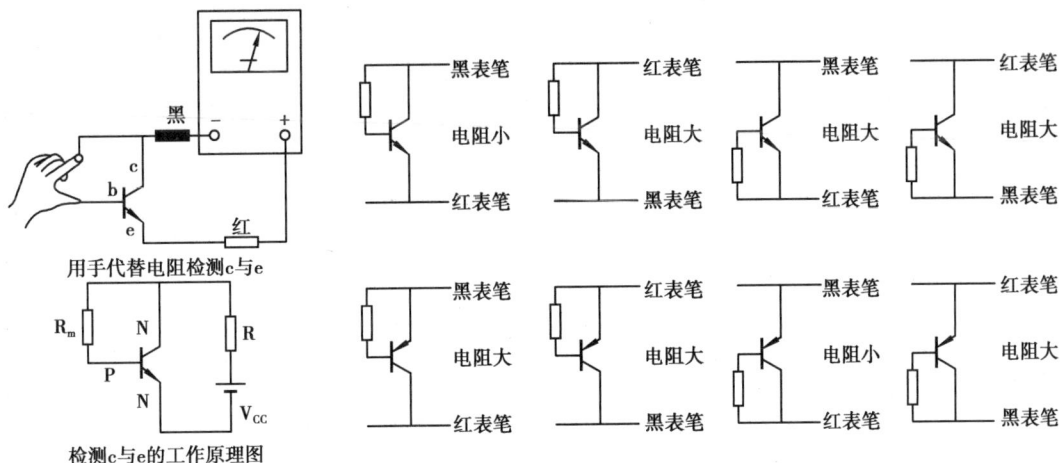

图 9-12

4.电路图的识读与元件的焊接

（1）电路图的识读

熟悉电路中的元件符号，准确判断电源端和接地端，如图9-13所示。

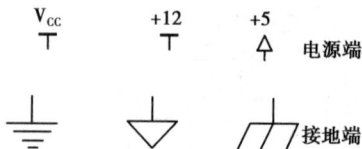

图 9-13

（2）元件的焊接

焊接的材料通常有电烙铁、焊锡丝、松香、助焊膏、高温海绵、吸锡器等，焊接过程如图9-14所示。

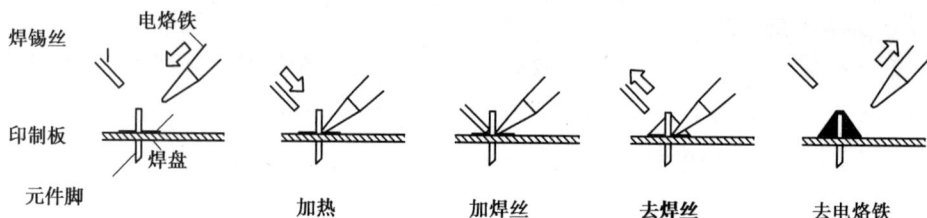

图 9-14

典型案例分析

【案例1】如图 9-15 所示的电阻，以下关于它们的描述中，说法不正确的是(   )。

图 9-15

A.从左至右，电阻的阻值分别为 5.1 kΩ、10 kΩ、15 kΩ 和 2.0 Ω

B.左边第一个电阻是金属膜电阻，功率是 1 W，阻值为 5.1 kΩ，阻值的误差为±5%

C.左边第二个电阻的最大阻值是 10 kΩ

D.右边两个是贴片电阻，最后一个标注的"R"表示元件为电阻

【答案】D

【解析】本题主要考查学生对电子元件电阻的识别与选择。其中第一个电阻的标注"RJ"表示金属膜电阻；第二个电阻的标注"103"表示 10 kΩ；贴片电阻的最后一条色环表示倍率，字母"R"表示小数点的位置，因此后面两只电阻的阻值分别为 15 kΩ 和 2.0 Ω。故本题的正确答案是 D。

【案例2】下面关于电子元件的描述中正确的是(   )。

A.二极管具有单向导电性，因此二极管只能工作在正向状态

B.三极管 C9013、C9014、C9015、C9018，这几种型号均是 NPN 型

C.在电容外观上标注的容量为 471、0.01、103 等，它们的单位都是 pF

D.用万用表电阻档测量电容时，如果阻值为 0 Ω，表示电容已经短路

【答案】D

【解析】本题主要考查学生对电子元件的识别与选择。其中稳压二极管工作在反向击穿状态；三极管 C9013、C9014、C9018 是 NPN 型，C9012 与 C9015 是 PNP 型；电容标注时，如果没有单位，通常小于 1 标注的默认单位是 μF，大于 1 标注的默认单位是 pF；最后一个说法是正确的。故本题的正确答案是 D。

【案例3】小明用指针式万用表检测三极管，检测的过程如图 9-16 所示，你认为分析不正确的是（　　）。

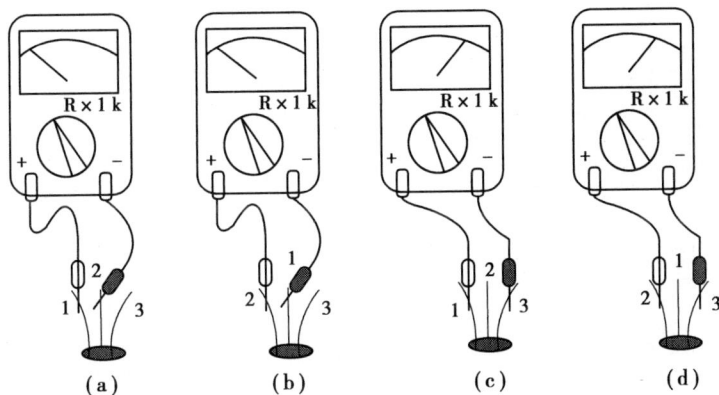

图 9-16

A.图（a）、图（b）检测的结果可以说明图示中的三极管 1、2 脚不是基极

B.图（c）、图（d）检测的结果可以说明图示中的三极管 3 脚不可能是基极

C.通过以上检测可判断三极管的类型是 NPN 型

D.通过以上检测说明三极管没有损坏

【答案】B

【解析】本题主要考查指针式万用表检测三极管的方法。如果三极管没有损坏，正反电阻均为无穷大的两只脚不是基极，一只表笔固定在基极上，另一只表笔分别测量时，阻值应为都大或都小，由于指针式万用表的黑表笔是高电位，导通时是黑表笔接 P 区，因此本题答案选 B。

【案例4】如图 9-17 所示的温控电路，下列关于该电路的说法正确的是（　　）。

A.R_{p1} 是电容，利用螺丝刀旋转可以改变其容量

B.VD_2 是发光二极管，它短脚接上端高电位，长脚接下端低电位

C.R_3 是电阻，它的两脚有正负之分，在电路中不能交换连接

D.VD_1 是二极管，有色环的一端与电容 C 相连

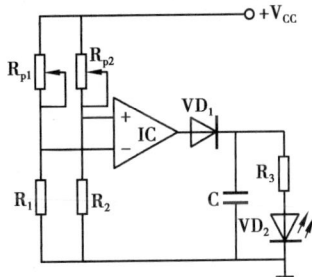

图 9-17

【答案】D

【解析】本题主要考查学生对电子元件的识别与选择。在本题中，R_{p1} 是电阻，电阻的两脚不分正负；二极管的两只脚有正负之分，有色环的一端为负极。发光二极管的负极接低电位，因此只有答案 D 正确。

【案例5】如图 9-18 所示的整流电路，下列关于该电路中流过电阻 R 的电流方向描述正确的是（　　）。

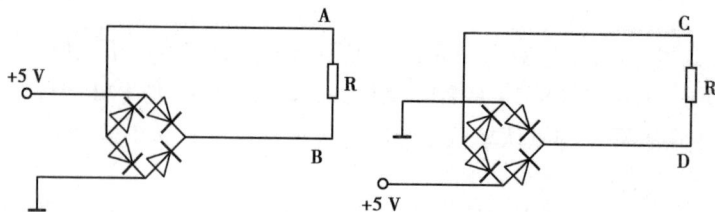

图 9-18

A.A 流向 B,C 流向 D   B.B 流向 A,D 流向 C

C.A 流向 B,D 流向 C   D.B 流向 A,C 流向 D

【答案】B

【解析】本题主要考查二极管的性质。二极管具有单向导向性,在电路中常用作整流及检波元件,本电路的二极管为桥式整流的接法,电流由负端流出,正端流回,因此 B 正确。

【案例6】小明为了探究二极管的性质,在实验室连接了如图 9-19 所示的电路,关于该电路,以下分析正确的是(　　)。

A.二极管正向导通,$U_{ab}=-5.7$ V

B.二极管反向截止,$U_{ab}=-4.3$ V

C.二极管正向导通,$U_{ab}=-12$ V

D.二极管反向截止,$U_{ab}=-12$ V

【答案】A

【解析】本题主要考查晶体二极管的基本特性及应用。假设无二极管,则电阻与 12 V 电池的节点处电势为 -12 V;电阻与二极管 VD 的节点处电势为 -5 V;串入二极管可知,二极管

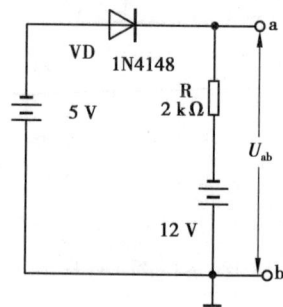

图 9-19

VD 的正极为 -5 V 大于负极的 -12 V,所以正向导通;正向导通时,二极管压降为 0.7 V(或 0.3 V),本题的二极管是硅管,所以二极管 VD 与电阻的节点电势为 -5.7 V。所以选 A。

知识结构

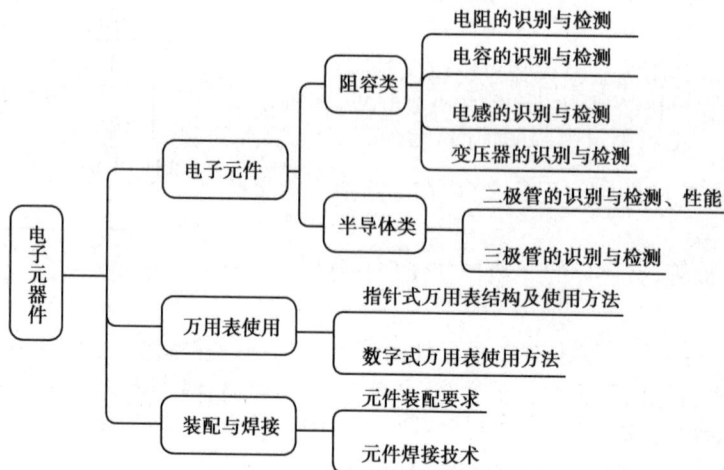

专题检测

单项选择题(共 20 小题,每小题 5 分,共 100 分)

1.下列选项中电子元器件与电路符号不一致的是( )。

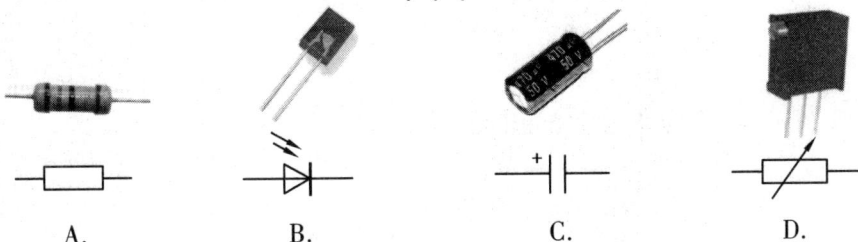

A. B. C. D.

2.下列关于电子元件的描述中不恰当的是( )。

A.有一色环电阻,色环的颜色按顺序分别是金、橙、红、红,该电阻的阻值大约是 22 kΩ

B.二极管有色点标注的一端通常为负极

C.电感的品质因素越高,在电路的耗能越小

D.在充放电电路中,其他参数不变,电容容量越大,充放电时间越长

3.下面关于电容的描述中不恰当的是( )。

A.有一只电容器上标注的容量是"103",它的实际容量大小是 0.01 μF

B.有三只电容器上标注的容量分别是"471""102"".01",容量最小的一只为".01"标注的电容

C.二极管与三极管都是有极性的元件

D.10 pF 瓷片电容的两脚之间的电阻阻值接近无穷大

4.下列电子元器件在接入电路时,不需要考虑管脚正负极性的是( )。

A. B. C. D.

5.下列关于用指针式万用电表测量元器件的说法中,错误的是( )。

A.使用万用电表测量电阻阻值时,选择挡位后,首先要欧姆挡调零

B.使用万用电表测量电流时,需将万用电表串联在被测电路中,红表笔接电流的注入端,黑表笔接电流的流出端

C.使用万用电表测量电压时,需将万用电表并联在被测电路元件两端,红表笔接高电位端,黑表笔接低电位端

D.使用万用电表检测电容好坏时,一般情况下首先要先放电,容量越大,选择的量程越大,这样更能迅速检测出性能

6.用万用表测一电阻,电阻挡位在"×100 Ω"位置上,其指针偏转情况如图 9-20 所示,则该电阻的测量值为( )。

A.32 Ω　　　　　B.320 Ω　　　　　C.3.2 kΩ　　　　　D.32 kΩ

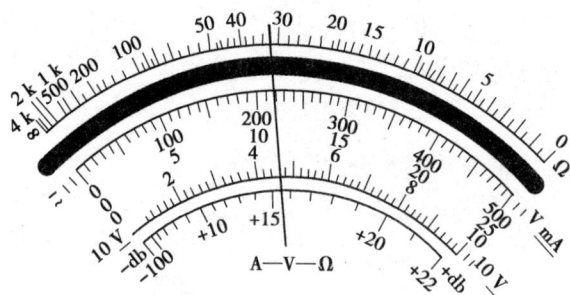

图 9-20

7.关于下列元器件的功能,描述不正确的是(　　　)。

A.整流、检波　　　B.改变电流　　　C.充放电　　　D.放大信号

8.用指针式万用表测量以下元器件,对应的描述中正确的是(　　　)。

表笔接在任意
两脚间的阻值
一样大

两脚间阻值,
无论怎样测量
均一样大

两脚间阻值,
无论怎样测量
均为无穷大

两脚间阻值,
无论怎样测量
均为无穷大

A.　　　　　　　B.　　　　　　　C.　　　　　　　D.

9.如图 9-21 所示为指针式万用表测量二极管的示意图,此时万用表置于欧姆挡。关于测量时的现象与二极管特性,以下说法错误的是(　　　)。

A.此时测量的是二极管的反向阻值

B."色环标志"端为二极管的负极

C.此时万用表的指示读数较大,二极管是截止的

D.指针式万用表黑表笔接二极管负极,红笔表接正极时,如果所测阻值较小,则可判定二极管没有损坏

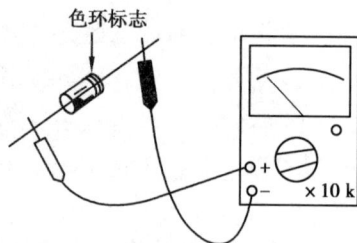

色环标志

图 9-21

10.如图 9-22 所示电容,下列关于它们的描述中,不正确的是(　　　)。

图 9-22

A.只有第一只电容的容量是有极性的,其他三只电容无极性

B.第四只电容是可变电容

C.第三只电容的耐压是 100 V,容量是 3300 pF,容量的误差等级为±5%

D.第二只电容的容量是 104 pF

11.下列关于电感与电容的说法不正确的是(　　)。

A.电感由线圈构成,它能阻碍电流的变化

B.电容由相互绝缘的极板构成,两极板间可储存电荷

C.指针式万用表电阻挡检测时,电感的电阻值较小,而电容的阻值无穷大

D.电感的品质因素用 Q 表示,Q 越大表示直流电阻越大

12.下列判断二极管正负极的方法,错误的是(　　)。

A.二极管上如果有色点,色点一端为正极

B.发光二极管长引脚为正极

C.发光二极管管壳内金属片大的一端为正极

D.二极管上如果有色环的,色环一端为负极

13.小明同学使用指针式万用表测试正常的电感、电阻、电容。他将万用表的开关拨到"R×1k"挡,并分别测各元件的正反电阻。测甲元件时,$R_正 = R_反 \approx 0\ \Omega$;测乙元件时 $R_正 = R_反 = 6.8\ \text{k}\Omega$;测丙元件时,开始指针偏向 0.5 kΩ,接着读数逐渐增大,最后停在无穷大处。根据以上测试,你认为甲、乙、丙三个元件分别是(　　)。

A.电容器、电感、电阻　　　　　　　　B.电阻、电容器、电感

C.电阻、电感、电容器　　　　　　　　D.电感、电阻、电容器

14.下列关于数字式万用表与指针式万用表的使用,说法不正确的是(　　)。

A.用数字式万用表"—▷|—"挡测试二极管时,红表笔接正极,黑表笔接负极,可显示导通电压

B.用指针式万用表电阻挡测试二极管时,红表笔接负极,黑表笔接正极,二极管导通

C.用指针式万用表的红表笔接三极管基极,黑表笔接另两只管脚时,测得的电阻均很小;再用黑表笔接三极管基极,红表笔接另两只管脚时,测得的电阻均很大,则说明该三极管为 PNP 型

D.在判断 NPN 型三极管材料时,若用数字式万用表的"—▷|—"挡测试,黑表笔接三极管基极上,红表笔分别接另两只管脚时,如果数值均显示 0.7,则说明该三极管是硅管

15.小明用指针式万用表检测三极管,检测的过程如图 9-23 所示,你认为分析正确的是(　　)。

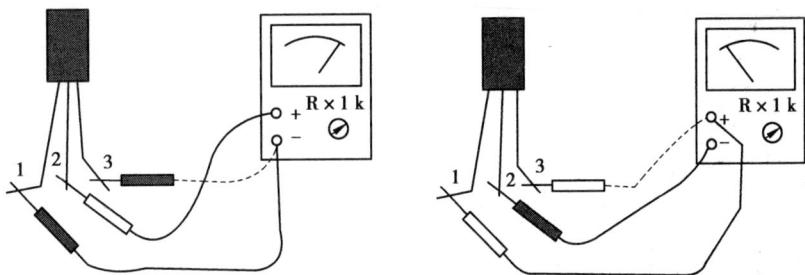

图 9-23

A.图中三极管的 1 脚是基极,三极管的类型是 NPN 型

B.图中三极管的 2 脚是基极,三极管的类型是 NPN 型

C.图中三极管的 3 脚是基极,三极管的类型是 PNP 型

D.图中三极管的 2 脚是基极,三极管的类型是 PNP 型

16.小明用指针式万用表检测电路两端的电压,检测的连接方式如图 9-24 所示,你认为万用表读数最适当的是(　　)。

A.12 V

B.6 V

C.约为 6.7 V

D.约为 5.3 V

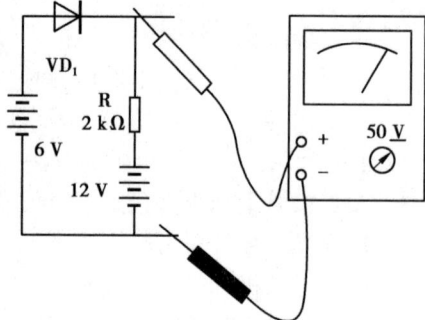

图 9-24

17.如图 9-25 所示的两个电路,下列关于流过电阻 R_1、R_2 电流方向的判断中正确的是(　　)。

A.由 a 到 b,由 c 到 d

B.由 a 到 b,由 d 到 c

C.由 b 到 a,由 c 到 d

D.由 b 到 a,由 d 到 c

18.如图 9-26 所示电路,下列说法不正确的是(　　)。

A.电阻 R 上会产生电流

B.VD_1 导通,VD_2、VD_3 都截止

C.U_b 的电压约为 12 V

D.U_a 的电压约为 2.7 V

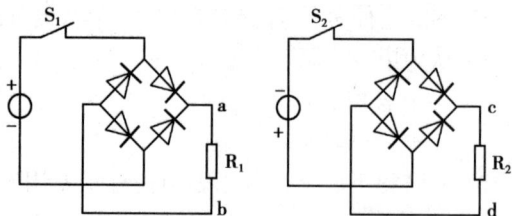

图 9-25

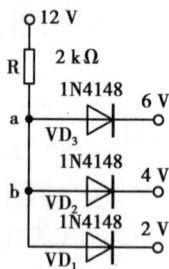

图 9-26

19.在安装电子元件前,可以用数字式万用表检测元器件的好坏,再用电烙铁进行焊接。关于该过程的描述,以下说法不恰当的是(　　)。

A.数字式万用表测量电阻的阻值,选用的量程应大于实测电阻阻值,不然会显示溢出

B.用数字式万用表"▷｜"挡检测二极管,如果显示溢出,说明二极管已损坏

C.通孔电子元件安装前通常要整形

D.焊接时先用电烙铁同时加热焊盘和元件引脚,上锡后先撤离焊丝再立即撤离电烙铁

20.关于电子元件的安装焊接操作过程,以下描述不合理的是(　　)。

A.先将元件的引脚弯折整形,再插到电路板相应的孔中

B.焊接材料中高温海绵可用于清洁烙铁头,松香可用于助焊

C.焊接时可用烙铁头直接熔化焊丝,再用带有焊料的烙铁头靠近元件脚焊接

D.焊接时的温度不宜过高,一般为 300 ℃ 左右

专题十　模拟电路与数字电路

📑 **课程标准**

1.了解模拟信号和数字信号各自的优缺点及其相互转化的方法。

2.能正确分析晶体三极管的工作状态,熟悉基本放大电路及工作原理,掌握三极管在模拟电路中的运用。

3.熟悉基本逻辑门电路的符号、逻辑关系、真值表、波形图。

📑 **考试要求**

知识点	内　容	考试层次		
		A	B	C
信号特点	熟悉模拟信号与数字信号		√	
三极管特性	会分析三极管工作状态,放大电路的组成、工作原理	√		
门电路	熟悉基本逻辑门电路的符号、逻辑关系、真值表、波形图	√		

📑 **知识点拨**

1.模拟信号和数字信号

电子控制电路处理的信号通常有两种类型:模拟信号和数字信号。模拟信号又称为连续信号,泛指可用连续变化的物理量所表达的信息;数字信号是指在取值上是离散的、不连续的信号,数字信号通常用"0"和"1"来表示。"0"和"1"没有大小之分,只代表两个对立的状态,称为逻辑0或逻辑1,可以代表信号的"有"与"无",命题的"真"与"假",电平的"高"与"低"等。

模拟信号有很高的分辨率,能精确地表达信息变化过程,但信息的传输和处理过程的保密性差,抗干扰能力弱,很易失真。数字信号是"0"和"1"的编码,传输和处理过程抗干扰能力强,但占用的频带较宽,接收、发送技术要求复杂。

将模拟信号进行采样、量化和编码就可以转换成数字信号,这个过程称为 A\D 转换(功能器件简称 ADC 转换器);相反,把数字信号还原成模拟信号的过程称为 D\A 转换(功能器件简称 DAC 转换器)。

2.三极管特性

(1)三极管在电路中的作用

晶体三极管是电子电路的核心元件。三极管在电路中通常有三个状态(截止、放大、饱和),表现两种作用:一是放大信号的作用;二是利用三极管的截止和饱和完成开关作用。当三极管处于放大状态时,基极电流微小的变化会引起集电极电流较大的改变,其各极电流的分配规律是:$I_e = I_b + I_c$,$I_c \approx I_e$,$I_c = \beta I_b$,如图 10-1 所示。

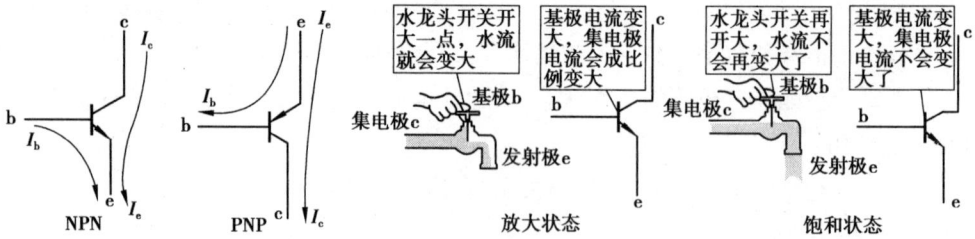

图 10-1

(2)三极管的工作状态

放大状态的条件是:发射结正偏(大于 PN 结的死区电压),集电结反偏。其各极的电位关系是:NPN 型三极管的 $U_c > U_b > U_e$,PNP 型三极管的 $U_e > U_b > U_c$;饱和状态的条件是:发射结正偏,集电结正偏(集电极电流变得较大,c 极与 e 极之间相当于短路),NPN 型三极管的 $U_b > U_e$ 且 $U_b > U_c$,PNP 型三极管的 $U_b < U_e$ 且 $U_b < U_c$;截止状态的条件是:发射结反偏(小于 PN 结的死区电压),I_c 电流理想状态下为零(c 极与 e 极之间相当于开路)。

(3)基本放大电路的原理

三极管处于放大状态时,除了保证发射结处于正向偏置外,还要让集电结处于反向偏置。在 NPN 型三极管构成的基本放大电路中(见图 10-2),U_b 和基极电阻 R_b 作用就是向发射结提供正向偏置电压,以形成一定的静态基极电流 I_b;而 V_{CC} 与 R_c 保证集电结反偏,同时 R_c 兼作负载电阻,电容 C_1、C_2 分别用作信号的输入和信号的输出耦合作用。如果我们将一个变化的小信号通过 C_1 加到基极跟发射极之间,这就会引起基极电流 I_b 的变化,I_b 的变化被放大后,导致了 I_c 很大的变化,集电极电流 I_c 是流过负载电阻 R_c 的,根据电压计算公式 $U_R = R_c \times I$,可以知道电阻上电压就会发生很大的变化。将这个电阻上的电压取出来,通过 C_2 就可输出信号。

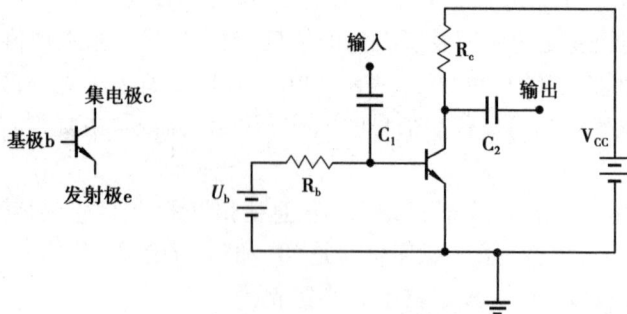

图 10-2

(4)NPN 与 PNP 三极管工作状态表(见表 10-1)

表 10-1

类型	工作状态	电流分布	电压或电位	PN 结	功能
NPN	截止	各极电流几乎为零	$U_{be}<0.5$ V(或 0.2 V)	发射结反偏	开关断开
	放大	$I_c=\beta I_b$,$I_e=I_b+I_c$	$U_c>U_b>U_e$	发射结正偏、集电极反偏	放大
	饱和	$I_c<\beta I_b$,$I_e=I_b+I_c$	$U_b>U_c>U_e$,$U_{ce}<0.6$ V	发射结正偏、集电极正偏	开关闭合
PNP	截止	各极电流几乎为零	$U_{eb}<0.5$ V(或 0.2 V)	发射结反偏	开关断开
	放大	$I_c=\beta I_b$,$I_e=I_b+I_c$	$U_e>U_b>U_c$	发射结正偏、集电极反偏	放大
	饱和	$I_c<\beta I_b$,$I_e=I_b+I_c$	$U_e>U_c>U_b$,$U_{ce}<0.6$ V	发射结正偏、集电极正偏	开关闭合

3.基本逻辑电路

(1)与门

实现"与"逻辑运算,指只有同时满足条件,结论才成立,记作:$F=A\cdot B$ 或 $F=AB$;功能是"全高出高,有低出低";真值表与波形如图 10-3 所示。

图 10-3

(2)或门

实现"或"逻辑运算,指只要满足其中一个条件,结论就成立,记作:$F=A+B$;功能是"全低出低,有高出高";真值表与波形如图 10-4 所示。

图 10-4

(3)非门

实现"非"逻辑运算,也称取反逻辑,记作:$F=\overline{A}$;真值表与波形如图 10-5 所示。

图 10-5

4.与非门和或非门

(1)与非门

与门和非门的叠加(先与后非),记作:$F=\overline{AB}$;功能是"全高出低,有低出高";真值表与波形如图 10-6 所示。

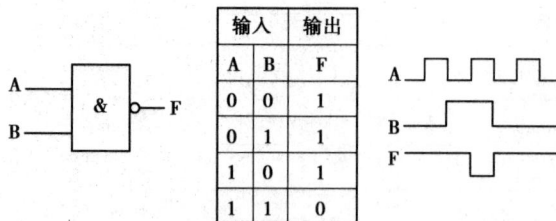

输入		输出
A	B	F
0	0	1
0	1	1
1	0	1
1	1	0

图 10-6

（2）或非门

或门和非门的叠加（先或后非），记作：$F=\overline{A+B}$；功能是"全低出高,有高出低"；真值表与波形如图 10-7 所示。

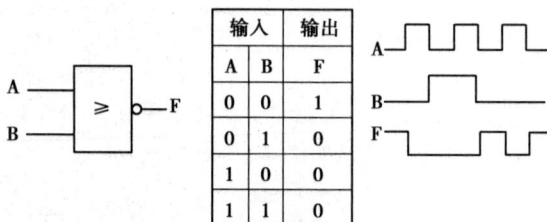

输入		输出
A	B	F
0	0	1
0	1	0
1	0	0
1	1	0

图 10-7

5.基本的 RS 触发器

触发器是能将二进制信息记住的基本单元,是存储 1 位二进制信息的基本单元电路,最简单的触发器是由两个与非门（或非门）组成的,称为 RS 基本触发器,如图 10-8 所示。

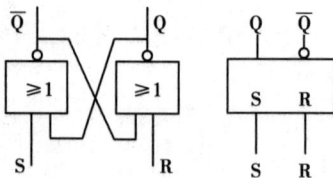

图 10-8

典型案例分析

【案例 1】测得工作在放大电路中的三极管各电极电位如下,其中采用硅材料的 NPN 管是(   )。

3.5 V 2.8 V 12 V	3 V 2.7 V 12 V	6 V 11.3 V 12 V	6 V 11.7 V 12 V
A.	B.	C.	D.

【答案】A

【解析】本题主要考查三极管的基本特性。硅材料构成的三极管 BE 两极之间的导通电压是 0.7 V,可以排除选项 B、D,而 NPN 型三极管的集电极电位较高,因此选择 A 选项。故本题的正确答案是 A。

【案例2】如图 10-9 所示是小张用两个三极管搭建的实验电路,下列关于该电路的分析中正确的是(　　)。

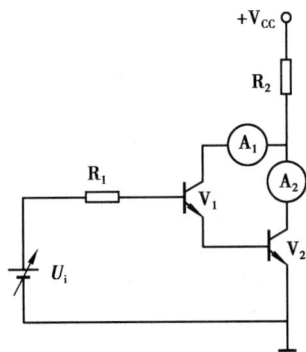

图 10-9

A.减小 R_2,电流表 A_2 读数会明显增大

B.适当减小 R_1,电流表 A_1 读数可能不变

C.当三极管 V_1 饱和时,V_2 集电结短路,电流表 A_2 读数为零

D.随着 U_i 的逐渐增大,三极管 V_1、V_2 均能从放大状态到饱和状态

【答案】D

【解析】本题主要考查三极管的基本特性。三极管构成的放大电路中,通常是基极电流改变才会引起集电极电流改变,故 A 错;基极偏置电阻减小或信号电压上升都会引起集电极电流增大,同时三极管还有可能进入饱和状态,V_1 饱和,V_2 也要进入饱和,因此本题只有 D 正确。故本题的正确答案是 D。

【案例3】下列四个逻辑电路图,与表达式 $Y = \overline{A+B}$ 逻辑关系不一致的是(　　)。

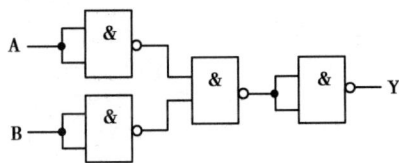

A.

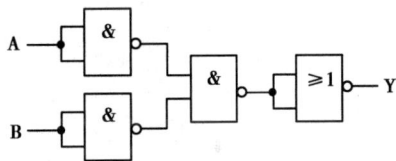

B.

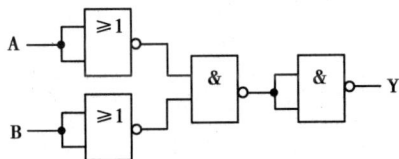

C.

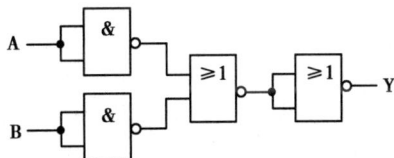

D.

【答案】D

【解析】本题主要考查逻辑电路的基本规律。逻辑电路中有重叠律和反演律,$A+A=A$,$A \cdot A=A$,$\overline{A+B}=\overline{A} \cdot \overline{B}$。故本题的正确答案是 D。

【案例4】某工程项目验收,有 A、B、C 三个评委,其中必须有两个或两个以上评委评审通过才能通过。用高电平表示通过,低电平表示不通过,下列方案选项中能实现上述逻辑关系的是(　　)。

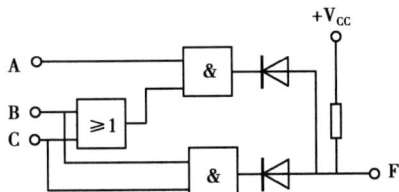

A.

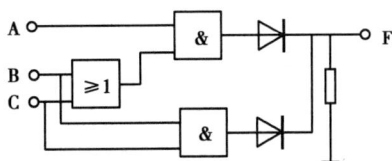

B.

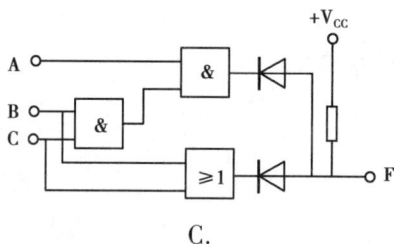

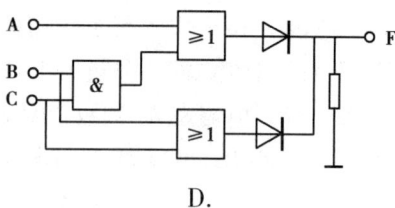

C.   D.

【答案】B

【解析】本题主要考查基本逻辑门电路的分析。"或"逻辑为逻辑加,只要有一个条件成立,结论就成立,而"与"逻辑为逻辑乘,要全部条件成立时,结论才成立。在本题中,要求两个或两个以上输入为高电平,输出才为高电平。选项 A、C 中只有二极管都截止才会输出高电平,但只要 A 输入端为低电平,就不能输出高电平了,所以不能实现;而 D 选项输出端全是或门,只要有一个高电平就能输出高电平,因此也不能实现。故本题的正确答案是 B。

【案例5】若三极管的放大倍数为100,其他参数如图10-10所示,将开关 S 接 A 点后,用万用表测量 R_2 两端的电压,应为多少? 开关接 B 点后,U_o 的电压又为多少?

【答案】将开关 S 接 A 点后,用万用表测量 R_2 两端的电压为 0 V;开关接 B 点后,U_o 的电压在理想状态下是 0 V。

【解析】本题主要考查三极管的工作状态。从电路可简单测算,当 S 接 B 时,电源正极 5 V 经 R_1 和三极管发射极到电源负极,形成串联,此时的基极电流较大(忽略发射结的导通电压),可算出基极电流约为 0.5 mA,集电极为基极的 100 倍(三极管的放大倍数),约为

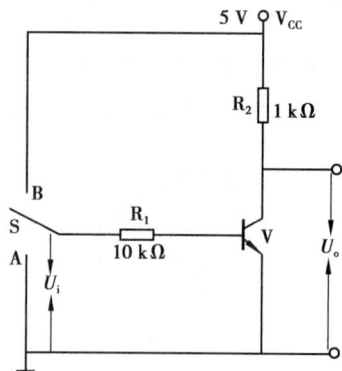

图 10-10

50 mA,集电极电流乘以集电极电阻 R_2 约为 50 V,这说明 R_2 上的电压是 50 V,已远远超过电源电压,说明三极管的集电极电流早已达到饱和。因此,该电路形成的是一个开关电路,电路只有截止和饱和两种状态。当 S 接 A 点时,三极管 V 截止不通,R_2 上没有电流,R_2 电压为

0 V,理想状态下 U_o 为 5 V。当 S 接 B 点时,三极管 V 饱和导通,三极管 V 相当于开关闭合,理想状态下 U_o 为 0 V,R_2 电压为 5 V。

【案例6】某三极管的输出特性曲线如图10-11所示,下列说法不正确的是( )。

A.曲线中的 a、b、c 区域分别对应三极管的 3 种不同工作状态

B.从该图可以看出,三极管的基极电流变化,集电极电流也会改变

C.从该图可以看出,三极管的放大倍数为 50

D.从该图可以看出,当三极管的基极电流为 20 μA 时,发射极电流为 980 μA

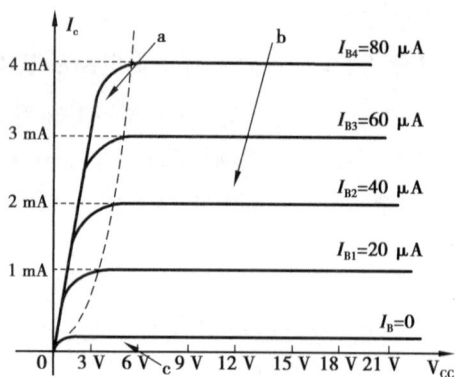

图 10-11

【答案】D

【解析】本题主要考查三极管的基本性质。三极管的输出特性曲线有三个区,分别对应三极管3种不同的工作状态,在放大区域,三极管基极电流微小变化,就会引起集电极电流改变,集电极电流的改变量除以基极电流的改变量,即为三极管的放大倍数,本题的三极管放大倍数是50,而发射极电流为基极与集电极的总和。故本题的正确选项是D。

📖 知识结构

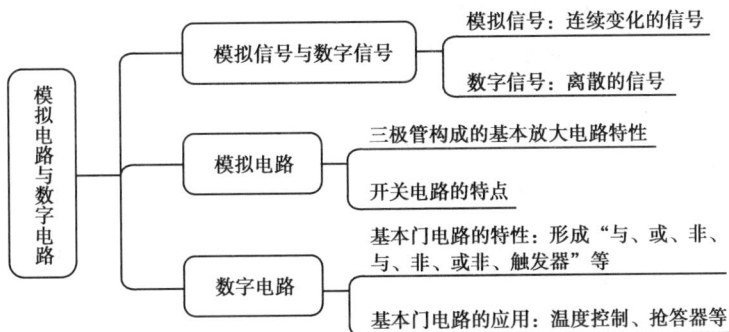

📖 专题检测

单项选择题(共20小题,每小题5分,共100分)

1.已知某一晶体三极管V工作在放大状态,测得其三个管脚的直流电位如图10-12所示,则1、2、3三个管脚对应名称和三极管类型分别为(　　)。

　　A.基极、发射极、集电极、NPN

　　B.基极、发射极、集电极、PNP

　　C.发射极、基极、集电极、NPN

　　D.发射极、基极、集电极、PNP

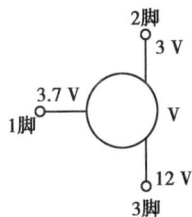

图 10-12

2.小明同学在检修某电路时,用万用电表测得NPN型三极管各电极对地电位分别是:集电极电位 $U_c = 5.5$ V,基极电位 $U_b = 5.9$ V,发射极电位 $U_e = 5.2$ V,以下判断正确的是(　　)。

　　A.发射结正偏,集电结反偏,三极管处于放大状态

　　B.发射结正偏,集电结反偏,三极管处于饱和状态

　　C.发射结正偏,集电结正偏,三极管处于放大状态

　　D.发射结正偏,集电结正偏,三极管处于饱和状态

3.如图10-13所示的三极管放大电路中,已知此时该三极管处于饱和状态。下列关于该电路的分析中正确的是(　　)。

　　A.此时电压表读数为电阻 R_3 的电压

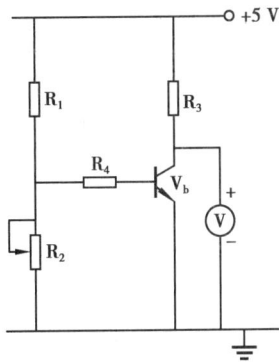

图 10-13

B.R_2 的滑动端上滑时,电压表的读数增大

C.R_2 的滑动端下滑时,R_3 两端的电压会减小

D.R_2 的滑动端上滑时,三极管会进入截止
状态

4.小明用型号为 C9014 的三极管设计如图
10-14所示的两个电路,通电测试时二极管均发光。
关于该电路中的电位,最有可能的是(　　)。

A.M 点约为 3 V,N 点约为 3 V

B.M 点约为 3 V,N 点约为 0.7 V

C.M 点约为 0.7 V,N 点约为 0.7 V

D.M 点约为 0.7 V,N 点约为 3 V

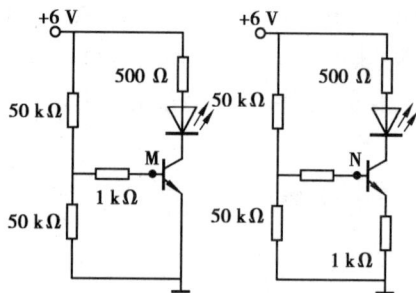

图 10-14

5.小明用型号为 C9015 的三极管设计了如图 10-15 所示的电路,通
电后二极管正常发光。经测量二极管的压降为 1.8 V,三极管 $U_{CD}=$
1.5 V,下列关于该电路的分析中正确的是(　　)。

A.R_2 的阻值调大,D 点电位会上升

B.R_2 的阻值调小,发光二极管的亮度会变亮

C.R_3 在电路中可以去掉

D.如果去掉 R_1,电路将不能正常工作,无论怎样改变 R_2,二
极管也不能正常发光

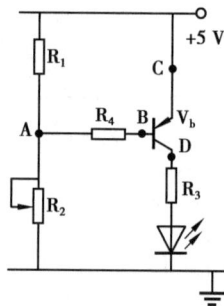

图 10-15

6.如图 10-16 所示是小明同学搭建的三极管实验电路,接通电
源 12 V 后,调节可变电阻 R_1,下列说法中不正确的是(　　)。

A.R_1 的动滑片在上端 a 处时,发光二极管 VD 不亮,原因可
能是三极管 V 处于截止状态

B.R_1 的滑片向下移时,发光二极管 VD 不断变亮

C.R_1 的滑片向上移时,电阻 R_3 两端的电压可能会增大

D.R_1 的滑片从 a 处向下移至 b 处,三极管 V 可能由原来的
截止状态变为现在的饱和状态

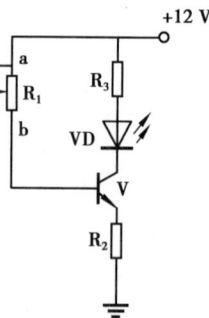

图 10-16

7.如图 10-17 所示为小明设计的 LED 灯指示延时电路,下列关
于该电路的分析不正确的是(　　)。

A.按下开关后,三极管 V_1 集电极电
压会升高

B.当 LED 点亮时,三极管 V_2、V_1 均
导通

C.断开开关后,电容 C_1 放电,放电
时间与 C_1R_1 的大小有关

D.本电路的延时时间与 C_1R_1 的大
小有关

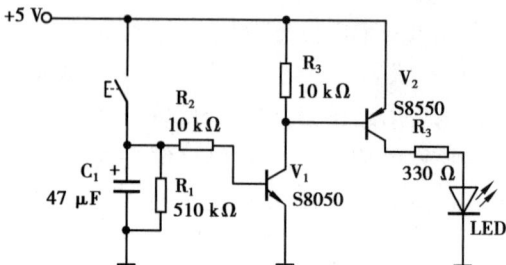

图 10-17

8.如图 10-18 所示为直流稳压电路,能在一定范围内输出稳定的电压 U_o。其中 V_1、V_2 处于放大状态,R_L 为负载电阻。R_P 用于改变 R_L 两端的电压 U_o。R_2 为稳压二极管 V_Z 提供电流,使 V_Z 两端电压基本不变,下列关于该电路的分析不正确的是(　　)。

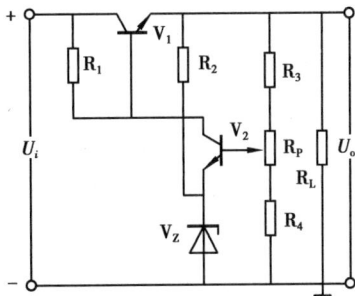

A.V_1 基极和 V_2 集电极电位相同

B.如果 V_1 基极电位下降,R_L 两端的电压将上升

C.通过调节 R_P 可以调整输出 U_o 稳压电压

D.该电路的稳压过程是一个闭环控制过程

图 10-18

9.如图 10-19 所示的电路中,A、B 作为输入,Out 作为输出,其实现的逻辑运算功能相当于下列选项中的(　　)。

A.与门

B.或门

C.或非门

D.与非门

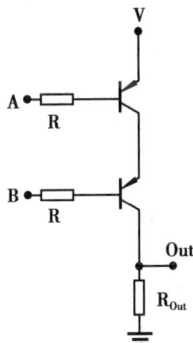

图 10-19

10.与图 10-20 中功能相似的逻辑电路是(　　)。

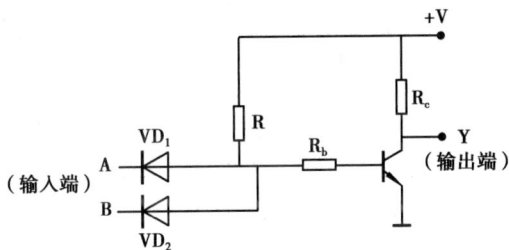

图 10-20

A.　　　　　B.　　　　　C.　　　　　D.

11.在如图 10-21 所示的逻辑电路中,当 A 端输入为 1,B 端输入为 0 时,在 C 端和 D 端的输出分别为(　　)。

A.0　0　　　　　　　　　　　B.1　1

C.1　0　　　　　　　　　　　D.0　1

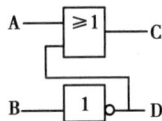

图 10-21

12.有如图 10-22 所示的电路,下列分析中不正确的是(　　)。

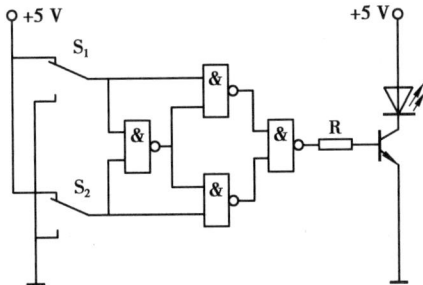

图 10-22

A.S₁ 接地、S₂ 接电源,LED 发光 B.S₁ 接电源、S₂ 接电源,LED 发光

C.S₁ 接电源、S₂ 接地,LED 发光 D.S₁ 接地、S₂ 接地,LED 不发光

13.有以下逻辑电路,能实现 $F=\overline{A}\cdot\overline{B}$ 逻辑关系的是(　　)。

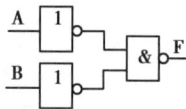

A.

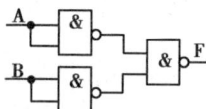

B.

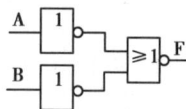

C.

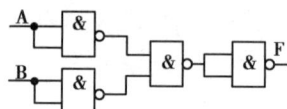

D.

14.如图 10-23 所示是某一组合逻辑电路,A、B 为输入,L 为逻辑电路的输出。以下真值表中,与逻辑电路功能对应的是(　　)。

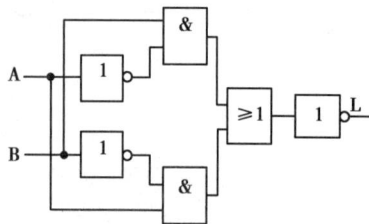

A	B	L
0	0	0
0	1	0
1	0	0
1	1	1

A.

A	B	L
0	0	0
0	1	1
1	0	1
1	1	1

B.

A	B	L
0	0	0
0	1	1
1	0	1
1	1	0

C.

A	B	L
0	0	1
0	1	0
1	0	0
1	1	1

D.

图 10-23

15.如图 10-24 所示为控制楼梯照明灯的电路,单刀双掷开关 A 装在楼下,B 装在楼上。设 L 表示灯的状态,L=1 表示灯亮,L=0 表示灯不亮。用 A 和 B 表示开关 A 和开关 B 的位置,用 1 表示开关向上扳,用 0 表示开关向下扳。表示该电路灯亮的逻辑函数是(　　)。

A.$L=\overline{AB}+AB$

B.$L=\overline{A}B+A\overline{B}$

C.$L=AB+A\overline{B}$

D.$L=\overline{A}B+A\overline{B}$

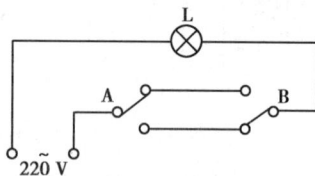

图 10-24

16.如图 10-25 所示是小明设计的门窗未关提醒电路。电路中 S₁ 和 S₂ 为微动开关,安装于门和窗上,只要门和窗都关上(S₁ 和 S₂ 闭合),报警灯就不亮。下面关于此报警电路的描述中,说法完全合理的是(　　)。

A.只要门或窗任何一个被打开(微动开关断开),门电路有低电平输入,报警灯就会发亮

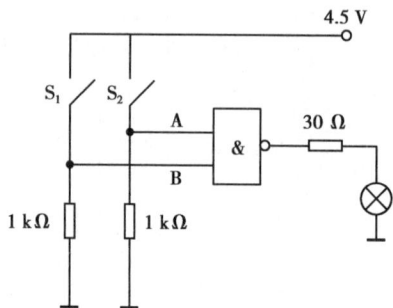

图 10-25

B.只要门或窗任何一个被打开(微动开关断开),门电路有高电平输入,报警灯就会发亮

C.只有门和窗同时被打开(微动开关断开),门电路输入全是高电平时,报警灯才会亮

D.只有门和窗同时被关闭(微动开关断开),门电路输出为高电平时,报警灯才会亮

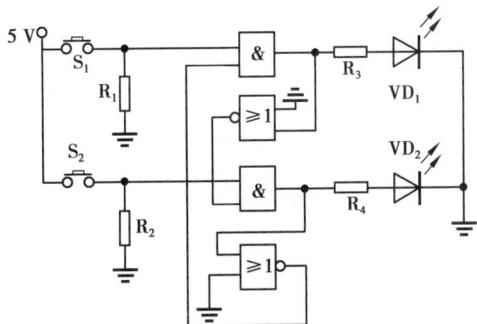

17.如图10-26所示电路中,从S_1闭合,S_2断开变成S_1、S_2都闭合时,VD_1和VD_2的发光情况分析正确的是( )。

A.VD_1发光,VD_2发光

B.VD_1不发光,VD_2发光

C.VD_1发光,VD_2不发光

D.VD_1不发光,VD_2不发光

图10-26

18.如图10-27所示电路,要使红色发光二极管亮,需进行的操作是( )。

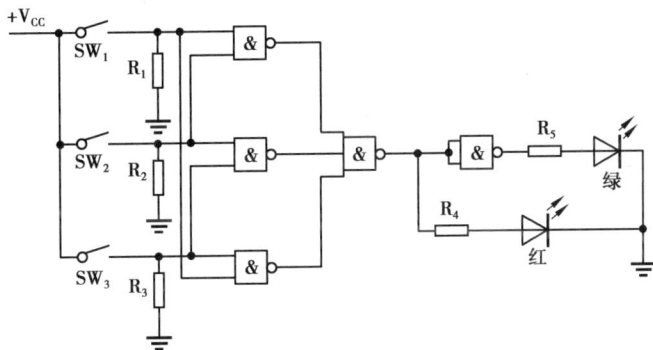

图10-27

A.闭合任意两个开关   B.闭合SW_1

C.闭合SW_2 D.闭合SW_3

19.下列关于如图10-28所示电路的分析中,正确的是( )。

A.S断开时VD不发光,S闭合时VD发光

B.S断开时VD发光,S闭合时VD不发光

C.不管S闭合还是断开,VD都发光

D.因为电路的初始状态未知,所以不能确定VD是否发光

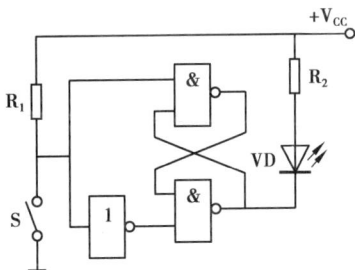

图10-28

20.小明学习逻辑电路后,根据少数服从多数的原则,设计了一个三位评委同时参与并立即显示投票结果的电路。该电路输入端为A、B、C,用高电平表示赞成,低电平表示反对,如果通过,输出端F的发光二极管就会点亮。下列选项中不能实现上述逻辑关系的是( )。

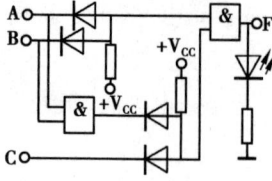

A.

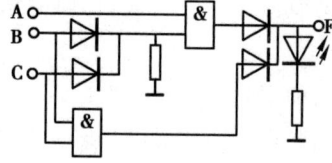

B.

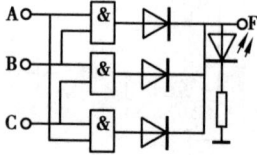

C.

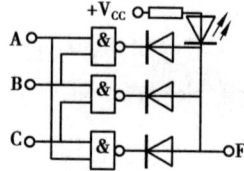

D.

专题十一　传感器与继电器

📑 课程标准

1.举例说明传感器的发展趋势,知道传感器的作用及其应用;认识常见的传感器,并用万用表检测。

2.知道继电器的作用和分类,了解常见直流电磁继电器的构造、规格和工作原理,学会直流电磁继电器的使用方法。

📑 考试要求

知识点	内　容	考试层次		
		A	B	C
认识传感器	认识常见的传感器,并用万用表检测		√	
认识继电器	熟悉常见的直流电磁继电器的构造、规格和工作原理		√	
传感器与继电器应用	应用传感器与继电器解决问题	√		

📑 知识点拨

1.认识传感器

传感器是将非电量转换为与之有确定对应关系的电量输出的一种装置。传感器一般由敏感元件和输出部分组成,敏感元件是传感器中能直接感受被测量信息,并把它转换成电信号的部分,是传感器的核心。常见的传感器有光敏电阻、热敏电阻、湿敏传感器、气敏传感器、磁敏传感器、红外线传感器、声音传感器、超声波传感器等,其外形和符号见表11-1。

表 11-1

常见传感器	实物图	电路中的符号
光敏电阻		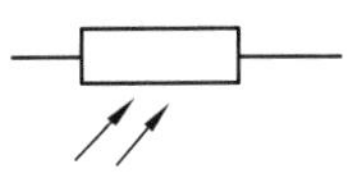

续表

常见传感器	实物图	电路中的符号
光敏二极管		
光敏三极管		
热敏电阻		
湿敏传感器		
气敏传感器		无
干簧管(磁敏传感器)		无
红外线传感器		无
声敏传感器		无
超声波传感器		无

● 光敏电阻:一种电阻性传感器件,能将获取的外界光线变化信息转化为电阻阻值变化信号,通常有光照时,电阻值就减小。可用万用表测量其电阻值随外界光线变化的情况。可用于光控电路。

● 光敏二极管与光敏三极管:能够将光信号变成电信号的探测器件。光敏二极管工作时通过在 PN 结加上反向电压,利用光的照射,使其反向导通获得电信号。光敏三极管工作时通过发射结接受光的照射,引起集电极电流的变化获得信号。可用万用表"×1k"挡在有光和无光的两种情况下测量元件两脚的正反向电阻确认其好坏。可用于光控电路。

● 热敏电阻:一种温度敏感元件,又称热敏传感器。通常有 PTC(正温度系数热敏电阻,随着温度升高阻值增大)、NTC(负温度系数热敏电阻,随着温度降低阻值增大)两种类型。

可用万用表测量其电阻值随外界温度变化的情况。可用于温度控制电路,热电偶可测高温。

• 湿敏传感器:能够感受外界湿度变化,并通过器件材料的物理或化学性质变化,将湿度转化成电信号的器件。可用于检测土壤湿度、粮食的含水量。

• 气敏传感器:一种能获取气体信息并转换为电信号的元件。例如,检测家庭中的煤气、甲醛等的传感器。

• 干簧管:对磁敏感的传感器,有磁场时簧片触点吸合状态改变。霍尔传感器也是一种磁敏传感器,用它可以制成霍尔转速表。

• 力敏传感器:将被测的力学量转换成电信号的装置。例如,电子秤、冲击波分析。

• 红外传感器:利用红外线的物理性质来进行测量,通过转换电路变成电信号输出的传感器件。例如,夜视镜、疫情中使用的测温仪等使用的传感器。

• 声敏传感器:把气体、液体或固体介质中传播的机械振动转换成电信号的一种器件或装置。例如,驻极话筒。

• 超声波传感器:把频率高于 20 kHz 的声波称为超声波,超声波具有良好的方向性和穿透能力,超声波传感器可以用来测速度、测距离。例如,医院的 B 超机、倒车雷达等。

2.认识继电器

继电器能够根据控制系统的控制命令自动接通或者断开电路,实现自动控制和保护用电设备。它是低电压控制高电压或用小电流控制大电流的开关器件。按输入信号可以分为电压继电器、电流继电器、速度继电器、热继电器、压力继电器等;按输出方式可以分为有触点的继电器和无触点的继电器两种类型。

(1)电磁继电器(属有触点继电器)

如图 11-1 所示,其中 A、B 是输入端,通常接入较低控制电压。C、D、E 是输出端,C、E 为常开触点,C、D 为常闭触点;优点:工作可靠、体积小、结构简单、制作方便、灵敏度高和输入输出电路之间相互隔离等。缺点:触点频繁地接通、断开,影响寿命。实物如图 11-2 所示。

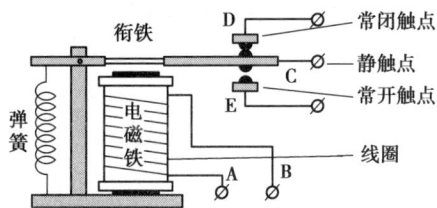

图 11-1

图 11-2

(2)无触点继电器

由于没有可动触点,不产生电火花,因而无触点继电器的可靠性高、寿命长、无干扰,又由于它的体积小,易与电子电路集成,应用广泛。例如,晶闸管可以把它看成是一种无触点的继电器,外形及符号如图 11-3 所示。

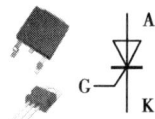

图 11-3

📋 典型案例分析

【案例1】小明用万用表检测光敏电阻、热敏电阻、湿敏电阻的性能,以下说法错误的是( )。

    A.都可使用万用表的欧姆挡进行粗略测试

    B.热敏电阻可以放入热水和冰水中进行对照测试

    C.可以用黑色牛皮纸包住光敏电阻进行遮光对照测试

    D.湿敏电阻放入水中后它的阻值几乎不会变化

【答案】D

【解析】本题主要考查常见传感器的基本性质。由于湿敏电阻能够感受外界湿度变化而引起自身的物理性能改变,放入水中后,湿度发生了明显的变化,电阻值就会发生改变。故本题的正确答案是 D。

图 11-4

【案例2】如图 11-4 所示是小明设计的简易温度报警控制的电路图。请根据该图完成以下两题。

(1)对于该电路中,你认为在以下传感器中最适合选用的是( )。

    A.   B.   C.   D.

(2)关于该电路,以下说法中合理的是( )。

    A.电路中使用的传感器是温度传感器,传感器元件是 R_P

    B.如果 R_1 是负温度系数的热敏电阻,当温度升高时,电路中的 LED 可能会发光或更亮

    C.当电路中 R_P 的阻值变小时,电路中的 LED 会变亮

    D.三极管 V_T 属于 PNP 类型

【答案】(1)B;(2)B。

【解析】(1)主要考查常见传感器的基本性质。由于是温度报警控制,因此应选择相应的温度传感器,故本题的正确答案是 B。(2)主要考查传感器的性质及三极管性能。在电路中,三极管 9014 是 NPN 型,R_P 是可变电阻(或电位器),在电路调试中可调节基极电位,阻值变小时,基极电位下降,三极管会截止,LED 会不亮。R_1 是负温度系数的热敏电阻,随着温度的升高其阻值下降,提高三极管基极电位,三极管会导通,LED 可能会变亮。故本题的正确答案是 B。

图 11-5

【案例3】如图 11-5 所示是小明设计的一个下雨提示电路,

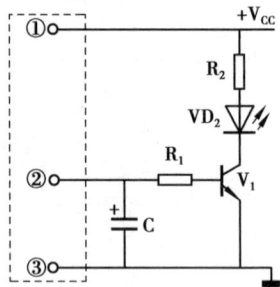

下雨时 VD_2 会发光。图的左边虚线框中没有画出的内容,采用湿敏传感器 MS 设计,他拟使用以下四种方案,你认为最合理的是( )。

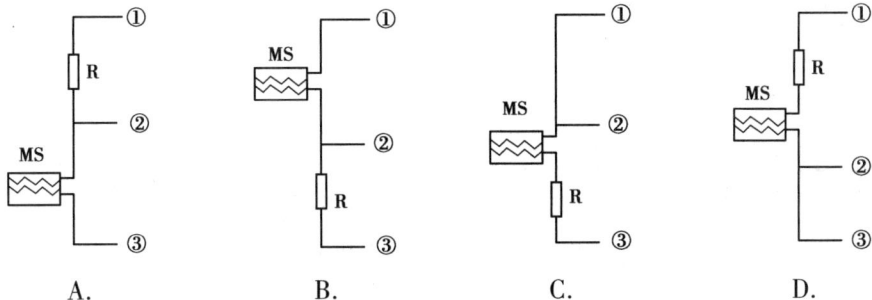

A.　　　　　　B.　　　　　　C.　　　　　　D.

【答案】B

【解析】本题中的湿敏传感器 MS 会在下雨时湿度增大(相当于该点短路)接通电路,无水时断开电路相当于该点断路。其中 C、D 选项中,MS 与电阻直接相连,接入电路后无法实现基极分压,所以电路不正确。B 选项中,MS 遇水后,相当于该点电阻逐步减少的过程,则分压减少,②③两点之间的电压增加,使三极管导通,二极管就点亮,所以 B 选项正确。A 选项刚好与 B 相反。故本题的正确答案是 B。

【案例4】如图 11-6 所示是直流电磁继电器,主要参数如下,以下关于它的描述不合理的是( )。

A.直流电磁继电器的线圈额定工作电压是直流 12 V

B.在直流 250 V 电压下所允许流经触点的最大电流为 5 A

C.在交流 125 V 电压下所允许流经触点的最大电流为 7 A

D.该直流电磁继电器属于有动静触点类继电器

【答案】B

图 11-6

【解析】本题主要考查继电器参数的识读。其中 AC 表示的是交流状态下的参数,DC 表示的是直流状态下的参数。故本题的正确答案是 B。

【案例5】如图 11-7 所示是直流电磁继电器的工作示意图,以下关于该继电器的描述不合理的是( )。

A.可以用直流电流控制交流电流的通断,也可用直流控制直流电流的通断

B.图中继电器的触点处于常开状态,通电后才能吸合

C.被控部分可以工作在高电压、大电流状态下,触点通断瞬间会产生火花,造成干扰,甚至还可能引起自燃,所以使用时要注意触点电流与电压参数

D.带触点的继电器不能用无触点的继电器代替

【答案】D

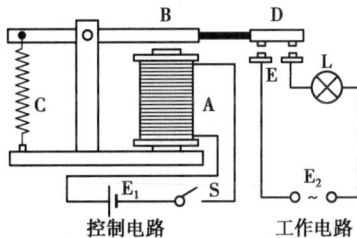

图 11-7

【解析】本题主要考查直流电磁继电器的构造、原理、优缺点。电磁继电器具有输入输出电路之间相互隔离的优点,根据输入电路特点可以分为直流电磁继电器和交流电磁继电器,

由于输入输出隔离,工作电路可以是直流电路,也可以是交流电路。按输出方式的不同又可以分为有触点的继电器和无触点的继电器两种类型,但由于有触点的继电器触点频繁通断,可能产生电火花,影响寿命,并且在高压、强电流条件下,有可能引燃周围的易燃物,造成事故,因此可用无触点的继电器代替。故本题的正确答案是 D。

📝 知识结构

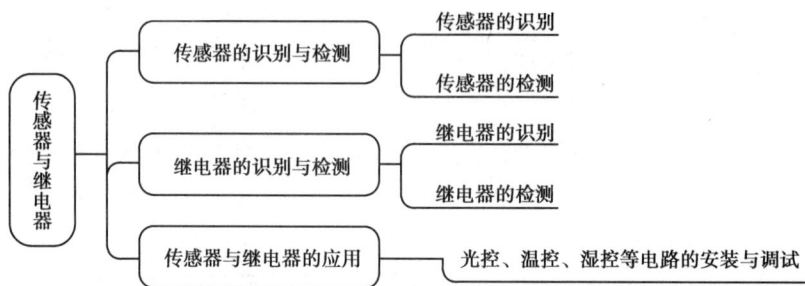

📝 专题检测

单项选择题(共 20 小题,每小题 5 分,共 100 分)

1.在电子控制系统中,传感器可以将外界信号输入到基本电子线路中。下列器件不能用作传感器器件的是(　　)。

    A.驻极话筒　　　　B.蜂鸣器　　　　　C.干簧管　　　　　D.红外二极管

2.在家用热风机的设计中,为了实现室内温度的控制,你认为下列传感器件中最合适选用的是(　　)。

    A.　　　　　　　　B.　　　　　　　　C.　　　　　　　　D.

3.在"银行自动门、温度探测仪、电视的遥控系统、防盗报警"这四种装置中,都可选用的传感器是(　　)。

    A.红外传感器　　　　　　　　　　　B.超生波传感器

    C.温度传感器　　　　　　　　　　　D.压力传感器

4.如图 11-8 所示为某含有干簧管的控制电路。关于该电路,以下分析描述中不正确的是(　　)。

    A.此电路的干簧管 J 是磁敏传感器

    B.干簧管吸合时可以让发光二极管熄灭

    C.开关 K 闭合时,发光二极管 VD_b 不可能点亮

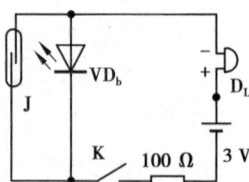

图 11-8

D.干簧管 J 吸合、开关 K 闭合时,蜂鸣器 D_L 会发声

5.在汽车倒车系统中,通常都安装有倒车雷达装置,当汽车倒车距离障碍物太近时,该装置就会报警提醒司机。你认为汽车倒车雷达装置系统中最有可能选用的传感器是(　　)。

　　A.热敏传感器　　　　　　　　　　B.磁敏传感器

　　C.光敏传感器　　　　　　　　　　D.超声波传感器

6.在长途公交车上,为了保护每位乘客的安全,要求都要佩戴座位上的安全带。为了方便驾驶员的管理,通常在每个座位上都安装有传感器,如果乘客坐在座位上,且没有佩戴座位上的安全带,报警的蜂鸣器就会发出声音。你认为该系统中,最适合选用的传感器是(　　)。

　　A.热敏传感器和声敏传感器　　　　B.磁敏传感器和超声波传感器

　　C.力敏传感器和光敏传感器　　　　D.红外线传感器和超声波传感器

7.以下四种传感器,不接入电路的情况下,使用万用表就最有可能直接判断其性能好坏的是(　　)。

A.超声波传感器

B.光敏传感器

C.湿敏传感器

D.声敏传感器

8.下列关于电磁继电器的几种说法中,不合理的是(　　)。

　　A.电磁继电器是一种"以小控大"的器件

　　B.电磁继电器的控制电路与工作电路既可是直流电,也可是交流电

　　C.可控硅就是一种无触点的电磁继电器

　　D.电磁继电器是控制电路中不可缺少的部件

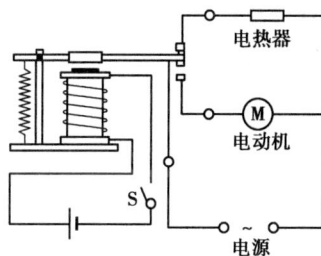

图 11-9

9.如图 11-9 所示,图为电磁继电器提供额定直流电源,开关 S 闭合时。关于该电路的相关说法中,不合理的是(　　)。

　　A.电磁继电器常闭触点会打开

　　B.电路中电动机会转动

　　C.电路中电热器会不断发热

　　D.电磁继电器常开触点会闭合

10.如图 11-10 所示的控制电路中,当控制电路的开关 S 闭合时,以下关于工作电路的分析中,正确的是(　　)。

　　A.电灯 L 亮,电铃 D 发出声音

　　B.电灯 L 不亮,电铃 D 发出声音

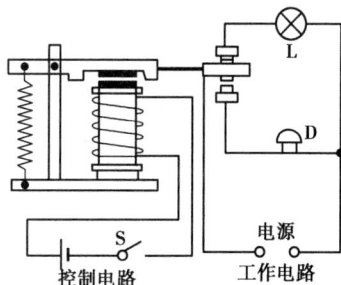

图 11-10

C.电灯 L 不亮,电铃 D 不响

D.电灯 L 亮,电铃 D 不响

11.如图 11-11 所示的电路中,当水温升高时,电流表的读数减小。以下关于该实验的分析正确的是(　　)。

A.随着温度的升高,热敏电阻阻值会增大

B.随着温度的升高,流过热敏电阻的电流增大

C.调节可变电阻 R_L 的阻值,会引起热敏电阻阻值改变

D.此实验可调节可变电阻 R_L 的阻值,通过观察电流变化,就能分析热敏电阻的特性

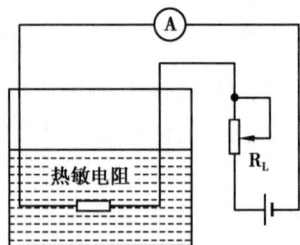

图 11-11

12.如图 11-12 所示是小明设计的冬天室内烤火温度报警系统。当室内温度过高时,蜂鸣器 D_L 就会报警。为了能调节报警温度,电路中 A、B 处应选用的元器件组合,你认为最合理的是(　　)。

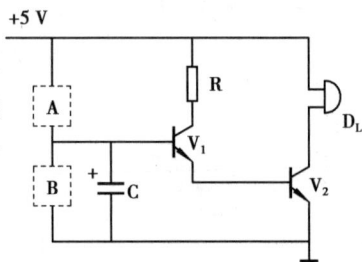

图 11-12

A.　　　　　B.　　　　　C.　　　　　D.

13.以下关于气敏传感器运用的说法,不合理的是(　　)。

A.检测驾驶员酒精浓度是否超标可用气敏传感器

B.检测房间是否发生火灾的烟雾报警器可使用气敏传感器

C.气敏传感器还可用于检测房间一氧化碳及有害气体是否超标

D.气敏传感器能将各种外界信息转化为电信号

14.小明用万用表的"×1k"电阻挡位测试热敏电阻和光敏电阻,得出了以下结论,你认为这些结论中不正确的是(　　)。

A.光敏电阻测试时,遮光越多,万用表测得的电阻数值越大

B.光敏电阻测试时,遮光越少,万用表测得的电阻数值越大

C.负温度系数的热敏电阻测试时,所处环境温度越高,万用表测得的电阻数值越小

D.正温度系数的热敏电阻测试时,所处环境温度越低,万用表测得的电阻数值越小

15.如图 11-13 所示是型号为 JQC-3FF 的电磁继电器。它共有 5 个引脚,其中 2 个引脚连接线圈,另外 3 个引脚分别连接常开触点、常闭触点和动触点。已知继电器完好,用万用表检测各引脚之间的电阻,下列说法不合理的是(　　)。

A.若测得某两个引脚之间的电阻为无穷大,则这两个引脚中必定有一个连接常闭触点

图 11-13

B.若测得某两个引脚之间的电阻约 500 Ω,则这两个引脚内部连接的是线圈

C.若测得某两个引脚之间的电阻为零,则这两个引脚中必定有一个连接动触点

D.若测得某引脚和其余引脚之间的电阻均为无穷大,则该引脚连接的必是常开触点

16.如图 11-14 所示为小明设计的温控报警电路,其中 R_t 为热敏电阻,D_L 为蜂鸣器。当温度升高到一定值时,D_L 就会发出蜂鸣声。关于该电路的以下说法中正确的是( )。

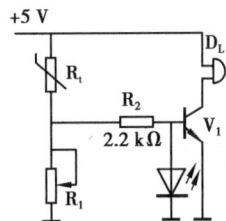

A.R_1 滑动端上移时,温度更高才会报警

B.R_2 对 V_1 的基极有限流保护作用

C.三极管截止时,D_L 也会发声

D.R_t 为正温度系数热敏电阻

图 11-14

17.小明为了检测土壤湿度,搭建了如图 11-15 所示的电路。测量时,只要将检测探头插入土壤中,就可根据 LED 点亮数量了解土壤湿度情况。关于该电路,以下分析中不正确的是( )。

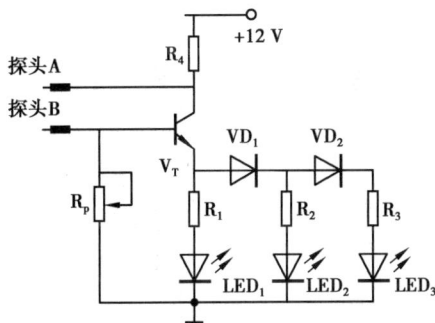

A.土壤湿度越大,LED 点亮的数量越多

B.两个探头碰在一起时,会点亮所有的 LED

C.调试时,让探头 A、B 悬于空中,不接触,只要 R_P 调到合适值,LED_1 就会发亮

D.将 R_P 的滑动触点下移,相同湿度下点亮的 LED 会减少

图 11-15

18.如图 11-16 所示是小明设计的下雨报警电路,报警器由湿敏传感器 MS、电位器、三极管、蜂鸣器等元件构成。接通电路后调节电位器让电路正常工作(图中湿敏传感器 MS 和电位器在虚线框内未画出),当湿敏传感器 MS 检测到雨水时,二极管 VD 会发光,蜂鸣器报警,此时万用表显示−4 V,关于该电路的以下分析中合理的是( )。

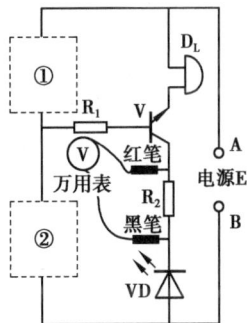

A.根据报警要求虚线框①中应接湿敏电阻 MS,虚线框②中应接电位器

B.开始报警时,调小电位器的电阻值,VD 一定变亮

C.电源 E 的电压一定高于 4 V,并且 A 端接电源正极,B 端接电源负极

D.开始报警后,如果湿度增大,万用表读数的绝对值也会增大

图 11-16

19.如图 11-17 所示的高温报警指示电路,当温度高于设定温度值时,发光二极管 LED 发光报警,关于该电路的分析,以下说法中正确的是( )。

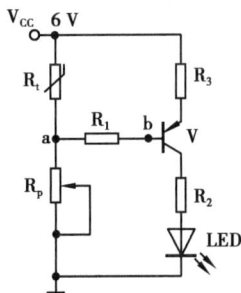

图 11-17

217

A.R_t 为负温度系数热敏电阻

B.电路中 b 点的电位高于 a 点的电位

C.R_p 电位器上移时,相同温度下,LED 会变暗

D.本电路中发光二极管 LED 不能改接到 R_3 位置

20.如图 11-18 所示是小明设计的花房喷雾控制电路,R_t 为正温度系数热敏电阻,MS 为湿度传感器,调整 R_{P1} 与 R_{P2} 到合适状态,在设计的温度或湿度下电路就会启动电机喷雾。关于该电路的分析,以下说法不正确的是(   )。

A.R_{P1} 阻值调大时,可能会增加花房的喷雾时间

B.只要花房的温度过高,电路就会启动水泵喷雾

C.花房的湿度过低或温度过高时,电路也会启动水泵喷雾

D.只要花房的湿度过低,电路就会启动水泵喷雾降温

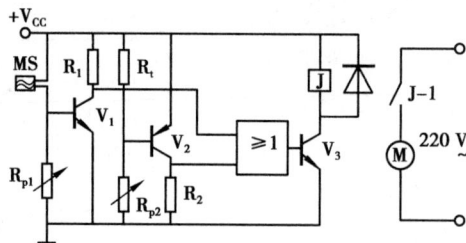

图 11-18

专题十二　电子控制系统及其应用

📑 课程标准

1.能描述电子控制系统的基本组成,用方框图分析常见的电子控制系统的工作过程。

2.会应用功能电路设计开环电子控制系统和简单的闭环电子控制系统,并进行安装、调试和改进。

📑 考试要求

知识点	内　容	考试层次		
		A	B	C
电子控制的含义	正确识别电子控制,熟悉控制过程		√	
基本控制电路	基本控制电路组成		√	
开环控制电路	掌握开环电子控制系统的设计	√		
闭环控制电路	掌握闭环电子控制系统的设计	√		

📑 知识点拨

1.电子控制系统

电子控制系统是以电子技术为核心的控制系统。电子控制系统一般可分为输入、控制(处理)和输出三个基本的组成部分。输入部分通常由传感器组成;控制(处理)部分一般由电子元件或集成电路构成,它能对输入的信号进行分析比较和处理,然后发出执行指令;输出部分就是执行机构,通过该部分能完成任务或达到特定功能,可以由继电器组成。

电子控制系统在生活中应用非常广泛,比如,路灯的自动开启和关闭控制、电冰箱的恒温控制、微波炉的火力控制等。

2.基本的单元电路

(1)振荡器

非门振荡电路如图 12-1 所示。假设非门 B 输出高电平,由于电容 C_1 两端电压不能突变,则非门 A 输入也为高电平,非门 A 输出为低电平,则非门 B 输出为高电平,此时保持非门 B 输出脉冲为高电平,给电容 C_1 充电;随着 C_1 电容的充电,C_1 充得上正下负的电压,电容下端的负电压重新使非门 A 的输入电压下降,当电压下降到非门关断电压时,非门 A 输出翻转为高电平,非门 B 也跟着翻转输出低电平,此时会改变电容 C_1 的充电方向,会由非门 A 通过电阻 R_1 给电容 C_1 反向充电,先是与

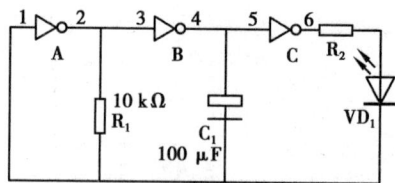

图 12-1

原来电荷中和,随后电容 C_1 充成下正上负的电压,当下正电压上升到使非门 A 开门电平时,非门 A 输出低电平。如此反复循环,产生方波,发光二极管出现闪烁。非门振荡电路可采用非门芯片 4069 形成。频率计算公式:$f = 1/(2.2 \times R \times C)$。

（2）比较器

电压比较器的基本功能是能对两个输入电压的大小进行比较,判断比较的结果用输出电压的高和低来表示。它有两个输入端:同相输入端（"+"端）及反相输入端（"−"端）;有一个输出端 Vout（输出电平信号）。常见的比较器 LM393 由两个比较电路构成,它的内部结构及性能如图 12-2 所示。

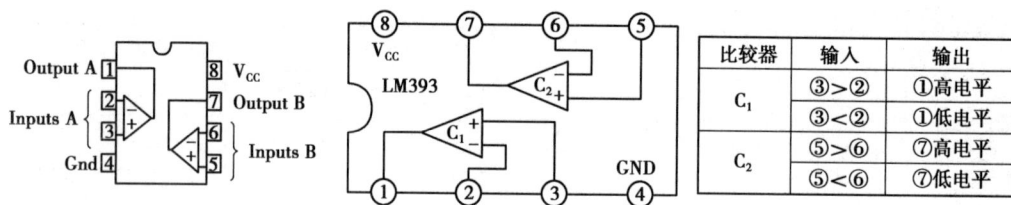

比较器	输入	输出
C_1	③＞②	①高电平
	③＜②	①低电平
C_2	⑤＞⑥	⑦高电平
	⑤＜⑥	⑦低电平

图 12-2

（3）电压放大器

集成运算放大集成电路 CF741（UA741）,其实质是一只比较器,它可调节 5 脚电压,动态使失调电压为零。它的电路符号及功能如图 12-3 所示。

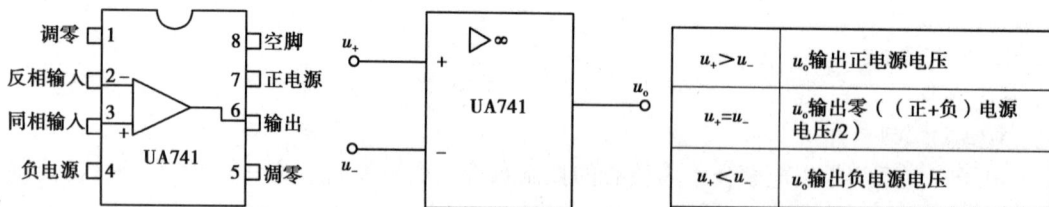

$u_+ > u_-$	u_o 输出正电源电压
$u_+ = u_-$	u_o 输出零（（正+负）电源电压/2）
$u_+ < u_-$	u_o 输出负电源电压

图 12-3

（4）NE555 时基电路

因其内部有 3 个 5 kΩ 电阻组成的分压器而得名,内部还有 2 个比较器、1 个基本 RS 触发器和 1 个反相缓冲器。原理如图 12-4 所示。8 脚为电源脚,可供电压 4.5~16 V,1 脚为公共接地端;3 脚为输出端,可输出高低电平,最大电流为 200 mA;4 脚为复位脚,当接低电平时复位,输出为低电平,接高电平时,进入工作状态;5 脚为控制脚,控制芯片的阈值电压,当脚为空时,默认的阈值电压为 1/3Vcc 和 2/3Vcc;2 脚为触发引脚,当电压低于阈值电压或低于 1/3Vcc 时,3 脚为输出高电平;6 脚为阈值引脚,当输入电压高于阈值电压或高于 2/3Vcc

时,3脚为输出低电平;7脚为放电引脚,用于电源电容放电,它与3脚输出电平同步一致。

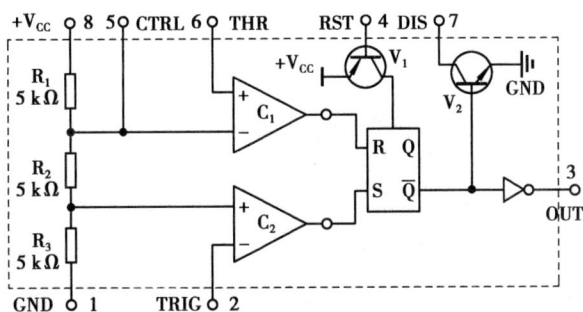

图 12-4

555 时基电路增值表见表 12-1。

表 12-1

复位脚(4)	触发脚(2)	阈值脚(6)	输出脚(3)	放电脚(7)
0	×	×	0	接地
1	小于 1/3Vcc	小于 2/3Vcc	1	断开
1	大于 1/3Vcc	小于 2/3Vcc	保持	保持
1	大于 1/3Vcc	大于 2/3Vcc	0	接地

典型的 555 时基电路如图 12-5 所示。

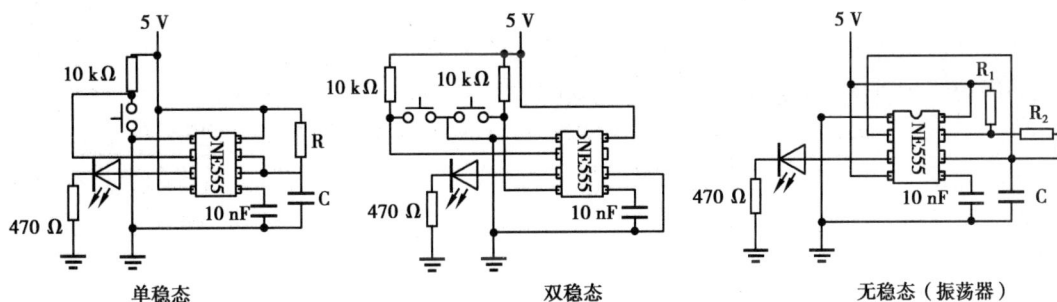

图 12-5

3.开环电子控制系统

开环电子控制系统是以电子技术作为控制的手段,系统的输出结果对系统的控制没有影响,被控量的变化不会引起控制量改变的系统。该系统没有反馈。开环的控制系统的组成方框图如图 12-6 所示。

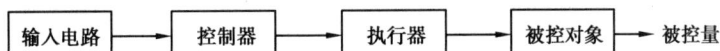

图 12-6

4.闭环电子控制系统

闭环电子控制系统能对输出结果进行检测,并将检测信号反馈到控制处理部分,从而对系统的控制产生影响。它在开环基础上增加反馈回路,具有较高的控制精度,可实现自动控制。闭环电子控制系统的组成方框图如图 12-7 所示。

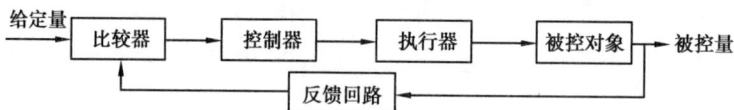

图 12-7

5.电子控制系统设计的一般过程

①首先确定控制量和被控对象;②再根据控制的精度确定选择开环控制还是闭环控制;③然后参考资料,落实各个单元电路,形成完整控制系统;④进行安装与调试;⑤最后优化改进和完善。

📋 典型案例分析

【案例1】下列控制系统中,属于闭环电子控制系统的是(　　　)。

A.上课铃声控制系统

B.教室烧水器的保温控制系统

C.校园的车辆出入自动抬杆控制系统

D.抽水马桶自动水位控制系统

【答案】B

【解析】本题主要考查电子控制和闭环控制的特点。电子控制以电子电路为核心;闭环控制一定存在反馈环节。A 和 C 控制系统无反馈,为开环电子控制系统。D 虽然是闭环控制系统,但是其为机械控制,故也不属于闭环电子控制系统。故本题的正确答案是 B。

【案例2】小明同学用 LM393 设计了如图 12-8 所示的温度控制指示电路,其中 IC_1、IC_2 为集成运算 LM393 的比较器,功能特性如表所示。本电路正常工作时,要求温度过高时只能点亮绿灯,温度过低时只能点亮红灯。但在调试时,他发现温度过高时,只点亮了红灯,温度过低只点亮了绿灯。你认为造成该现象可能的原因是(　　　)。

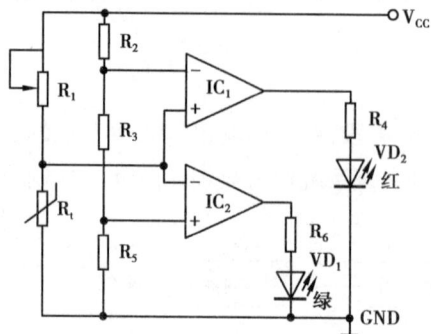

输入	输出
$U_+ > U_-$	高电平
$U_+ < U_-$	低电平

图 12-8

A.R_4 阻值偏小　　　　　　　　　　　B.R_6 阻值偏小

C.R_1 的阻值没有调好　　　　　　　　D.R_t 为正温度系统热敏电阻

【答案】D

【解析】本题主要考查比较器及各元件的性质。如果 R_t 为正温度系数热敏电阻,随着温度升高,当检测到的温度过高时,R_t 上电压最高,也就是 3、6 脚电压最高,当 3 脚高于 2 脚时,1 脚是输出高电平,VD_2 发亮,而 VD_1 不亮;随着温度降低,R_t 上电压降低,3、6 脚上电压都降低,当 6 脚低于 5 脚时,7 脚是输出高电平,VD_1 发亮、VD_2 不亮;如果 R_t 为负温度系统热敏电阻,结果刚好与上相反。而 R_1 只影响起始控制点,R_4、R_6 只影响亮度。故本题的正确答案是 D。

【案例3】小明搭建了如图 12-9 所示电路,电路中 CF741 为电压比较器,它的性能如表所示。他进行了以下测试,调节 R_{P_1} 与 R_{P_2},蜂鸣器发出声响,二极管 VD 点亮。如果他再用黑布完全遮挡住 R_g,蜂鸣器与发光二极管 VD 可能处于的工作状态是(　　　)。

A.蜂鸣器响,VD 不亮　　　　　　　　B.蜂鸣器不响,VD 亮

C.蜂鸣器不响,VD 不亮　　　　　　　D.蜂鸣器响,VD 亮

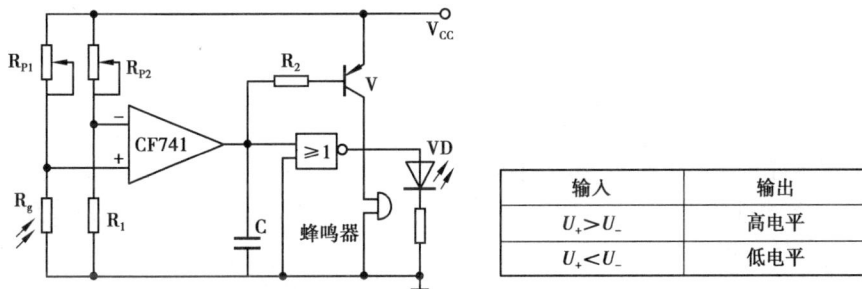

输入	输出
$U_+>U_-$	高电平
$U_+<U_-$	低电平

图 12-9

【答案】C

【解析】本题主要考查电子控制系统中比较器的运用特点和门电路的性质。当用黑布完全遮挡住 R_g 时,R_g 的阻值很大,同相端电位很高,因而 CF741 的输出端为高电平,此时,V 截止,蜂鸣器不发声,或门电路取非后输出为低电平,二极管不亮。故本题的正确答案是 C。

【案例4】如图 12-10 所示为小明用 CB7555 设计的抽水控制电路。该电路中的集成芯片 CB7555 性能如表所示。当水位低于 b 点时水泵 M 加水,水位达到 a 点时停止加水。下列关于该电路的说法中不正确的是(　　　)。

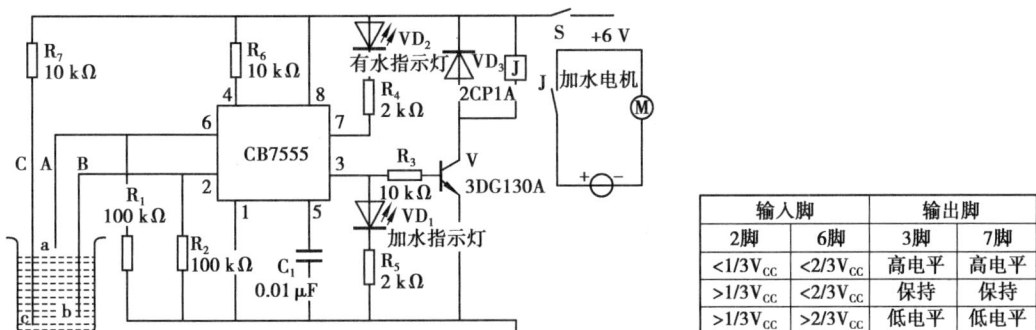

输入脚		输出脚	
2脚	6脚	3脚	7脚
$<1/3V_{CC}$	$<2/3V_{CC}$	高电平	高电平
$>1/3V_{CC}$	$<2/3V_{CC}$	保持	保持
$>1/3V_{CC}$	$>2/3V_{CC}$	低电平	低电平

图 12-10

A.水位降到 b 点以下时,2 脚的电位会低于 1/3Vcc

B.由于加水电机启动,水位由低水位向高水位不断升高的过程中,指示灯 VD$_2$ 会点亮

C.到最高水位接触 a 点时,6 脚电位会高于 2/3Vcc,此时加水电机停止工作

D.水位到达最高,电机停止时,指示灯 VD$_2$ 会点亮,直至水位低于 b 点,VD$_2$ 才会熄灭

【答案】B

【解析】本题主要考查 NE555 集成电路的设计运用。在本电路中,由于 NE555 的 7 脚与 3 脚电平一致。在加水过程中,3、7 脚均为高电位,指示灯 VD$_2$ 不亮;在达到最高水位后 3、7 脚输出是低电平,VD$_2$ 会发亮。因此本题的答案是 B。

【案例 5】如图 12-11 所示是小明为一款伸缩雨篷设计的自动伸缩电机控制电路,其中 R$_t$ 是负温度系数热敏电阻,R$_S$ 为湿敏电阻,IC$_1$ 为或门电路,继电器 J 通过开关 J-1 控制电机 M 的运转。当烈日暴晒或下雨时电机 M 都会运转,带动雨布轴将雨布伸出打开。根据以上描述请完成以下任务:

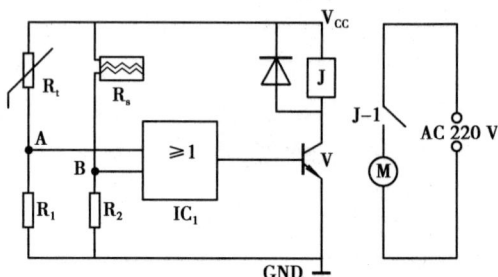

图 12-11

(1)当下雨湿度增加时,R$_s$ 的电阻值将_____(在"①增大;②减小;③不变"中选择一项,将序号填写在"_____"处);

(2)小明搭好电路之后进行测试,下雨测试完全正常,但在高温时,电机不转动,雨篷没有打开。你认为可能的原因是_____(在"①R$_1$ 虚焊;②热敏电阻 R$_t$ 虚焊;③R$_t$ 短路"中选择一项,将序号填写在"_____"处)。

【答案】(1)②;(2)②。

【解析】本题主要考查电子控制系统的设计运用。在本电路中,由于或门电路是逻辑加运算,因此输入端只要有一个为高电平,输出即为高电平,三极管即导通,电动机就会转动,伸缩雨篷就会打开。在(1)中根据题意,只要当 R$_s$ 电阻变小,B 点电位就升高,或门电路就会输出高电平,故答案是②;在(2)题中,要让 A 点电位不升高,R$_t$ 断路,A 点没有供电,或门电路就不会输出高电平,电机就不转动。而 R$_1$ 虚焊或 R$_t$ 短路都会导制 A 点电位升高,电机转动,故答案是②。

📖 知识结构

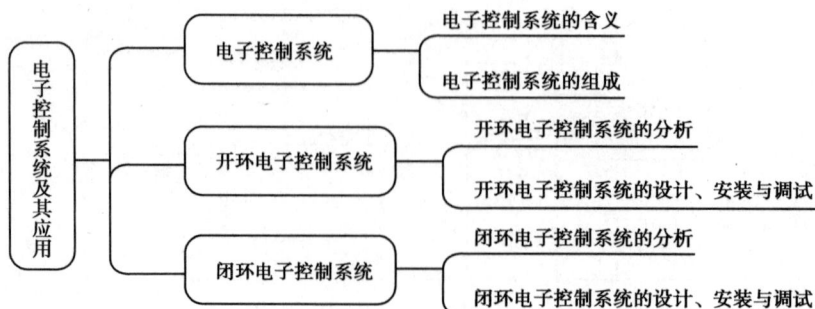

专题检测

一、单项选择题(共 14 小题,每小题 6 分,共 84 分)

1.电子控制系统可以分为闭环电子控制系统和开环电子控制系统两种,下列关于闭环电子控制系统和开环电子控制系统的说法中,错误的是(　　)。

　A.开环电子控制系统相对闭环控制系统,控制精度通常要低

　B.开环电子控制系统中没有反馈环节

　C.相同任务中,采用闭环或开环电子控制系统在设计造价上没有区别

　D.闭环电子控制系统相对开环电子控制系统的抗干扰性更强

2.在电子控制系统的控制信息传递过程中,以下说法正确的是(　　)。

　A.传感器只能吸收来自系统外界的输入信号

　B.在电子控制系统电路中,一定存在电子传感器元件

　C.开环电子控制系统的信号只能从输入端送至输出端

　D.闭环电子控制系统的信号只能从输出端送至输入端

3.下列控制系统中,属于闭环电子控制系统的是(　　)。

　A.语音智能晾衣架升降控制系统　　　　B.操场自动升旗控制系统

　C.高速公路汽车测速扫描系统　　　　　D.室内中央空调温度控制系统

如图 12-12 所示为小明在实验室用 LM393 设计的天亮灯光报警电路。其中 R_L 是光敏电阻,D_L 为蜂鸣器,VD_1 为发光二极管,LM393 内部 C_1 比较器的功能如表所示。请根据描述的内容,完成 4—5 两题。

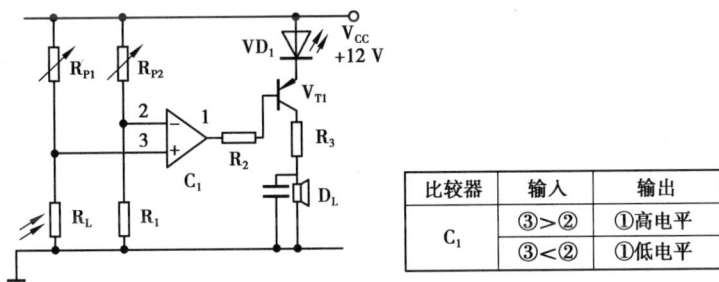

比较器	输入	输出
C_1	③>②	①高电平
	③<②	①低电平

图 12-12

4.关于以上电路,下列说法中分析不正确的是(　　)。

　A.由于电路要一直检测环境光照的情况,因此该电路是电子闭环控制电路

　B.环境中有光照时,调节 R_{P1} 与 R_{P2},就可点亮发光二极管

　C.本电路可利用光敏电阻在光照时改变电阻获得输入信号

　D.比较器 C_1 输出端低电平时,三极管导通

5.电路调试时,以下说法不正确的是(　　)。

　A.R_{P1} 阻值调得过小时,黑暗中,发光二极管也可能发亮

B.R_{P2}阻值调得过小时,黑暗中,发光二极管也可能发亮

C.正常工作时,如果只改变R_3的电阻值,发光二极管的亮度也会改变

D.二极管点亮的瞬间,蜂鸣器会发出声音

6.如图12-13所示为小明在实验室用LM393设计的一款简易高温报警指示装置的电路图。其中R_t是负温度系数热敏电阻,LM393内部C_1比较器的功能如表所示。关于该电路,下列说法不正确的是(　　)。

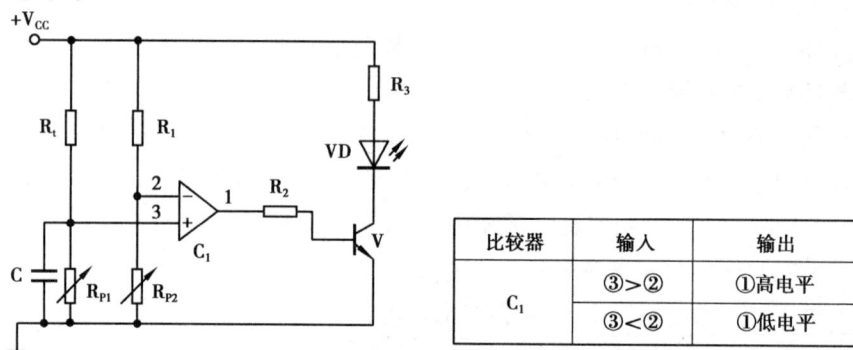

比较器	输入	输出
C_1	③>②	①高电平
	③<②	①低电平

图12-13

A.R_{P1}一定的情况下,R_{P2}调大,报警温度会降低

B.当1脚输出为高电平时,V导通,VD发光

C.R_{P2}一定的情况下,R_{P1}调小,报警温度会增大

D.温度越高,R_t的电阻越小

小明接到一项任务,准备为蔬菜大棚设计一个恒温、恒湿的电子控制系统。他选用了正温度系数电阻R_t、湿敏电阻R_s、比较器LM393、两只继电器J_1与J_2以及设备M_1与M_2完成任务,其具体电路及LM393的功能如图12-14所示,请根据以上描述,完成7~9题。

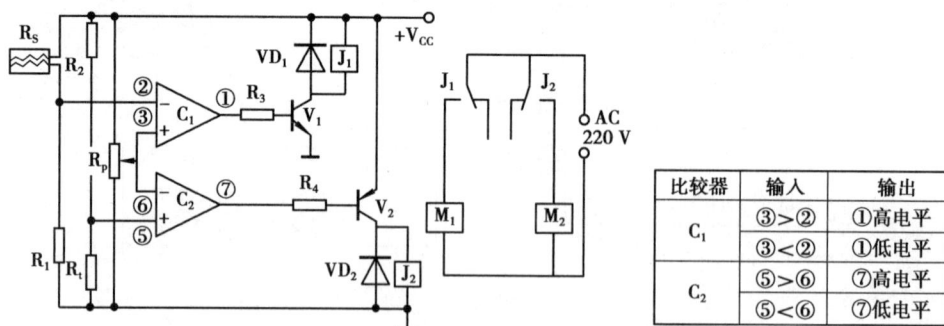

比较器	输入	输出
C_1	③>②	①高电平
	③<②	①低电平
C_2	⑤>⑥	⑦高电平
	⑤<⑥	⑦低电平

图12-14

7.在安装以上电路的过程中,小明一定用不到的电子元件是(　　)。

A.　　　　　　　B.　　　　　　　C.　　　　　　　D.

8.在小明设计的电路中,关于设备 M_1 与 M_2 的性能描述最合适的是(　　)。

A.M_1 可设计为加湿电机,大棚湿度较大时 J_1 吸合

B.M_1 可设计为加热电阻丝,大棚温度较高时 J_1 吸合

C.M_2 可设计为加湿电机,大棚湿度较低时 J_2 吸合

D.M_2 可设计为加热电阻丝,大棚温度较低时 J_2 吸合

9.关于该电路的功能分析,以下说法不正确的是(　　)。

A.随着温度的升高,比较器 C_2 的 7 脚会输出高电平,三极管 V_2 会导通,继电器 J_2 会断开

B.将电位器 R_p 中心向下滑动,设定的温度将会下降

C.将电位器 R_p 中心向下滑动,设定的湿度将会下降

D.该电路是闭环电子控制系统

如图 12-15 所示为小明设计的自动浇花控制电路。该电路由 a、b 探针、时基电路 NE555、三极管 V、继电器 J 和水泵电机 M 等组成。当花盆中土壤湿度较小时,探针 a、b 之间的电阻值较大,使得 3 脚输出为高电位,继电器吸合,启动水泵往花盆里加水;当土壤湿度达到设定值,探针 a 和探针 b 之间的电阻值较小,水泵停止加水。其中时基电路 NE555 的功能如表所示。请根据以上内容,完成 10、11 题。

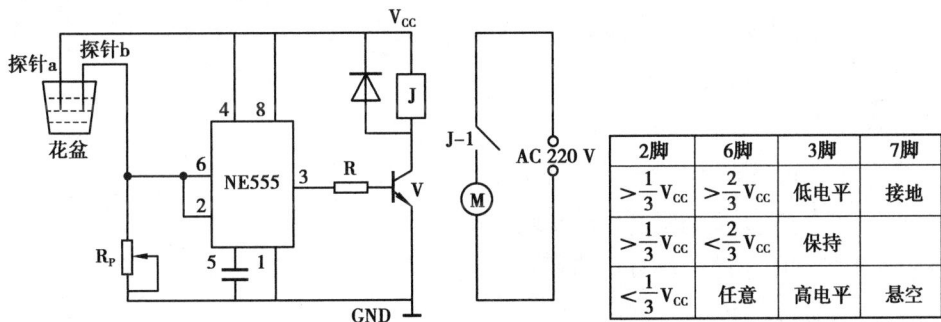

2脚	6脚	3脚	7脚
$>\frac{1}{3}V_{CC}$	$>\frac{2}{3}V_{CC}$	低电平	接地
$>\frac{1}{3}V_{CC}$	$<\frac{2}{3}V_{CC}$	保持	
$<\frac{1}{3}V_{CC}$	任意	高电平	悬空

图 12-15

10.关于该电路,以下说法错误的是(　　)。

A.该电路是闭环电子控制系统

B.如果要提高花盆中土壤的湿度,可以将电位器 R_p 中心向下滑动

C.与继电器并联的二极管最好不要去掉,可以保护三极管

D.本电路的探针 a 和探针 b 可用湿度传感器代替

11.在该电路调试过程中,无论花盆中土壤的干湿程度如何,水泵 M 始终处于加水状态,造成该现象的原因可能是(　　)。

A.探针 a 和探针 b 碰在了一起　　　　B.三极管 V 烧坏断路

C.电阻 R 两管脚连焊,造成短路　　　　D.R_p 中心抽头调整到最上方

如图 12-16 所示是小明用运算放大器 IC 设计的风扇运行控制电路,R_t 是负温度系数热

敏电阻,当环境温度高于设定值时,风扇电机就会转动,从而让房间通风降温。在电路中,运算放大器 IC 的功能如表所示。请根据以上描述,完成 12、13 题。

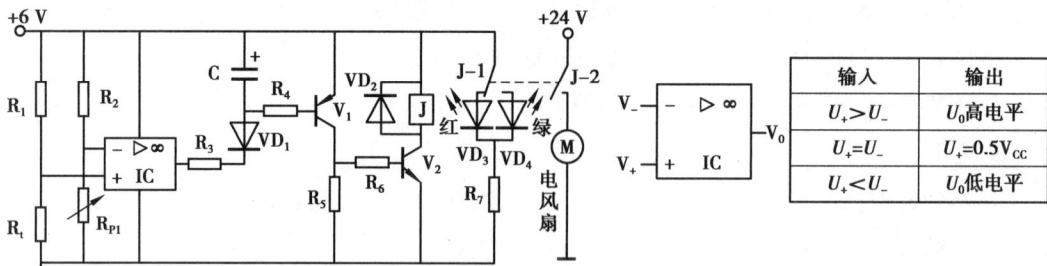

图 12-16

输入	输出
$U_+ > U_-$	U_0 高电平
$U_+ = U_-$	$U_+ = 0.5V_{CC}$
$U_+ < U_-$	U_0 低电平

12.在制作电路的过程中,根据电路原理图的要求,小明最适合选用的直流电磁继电器是(   )。

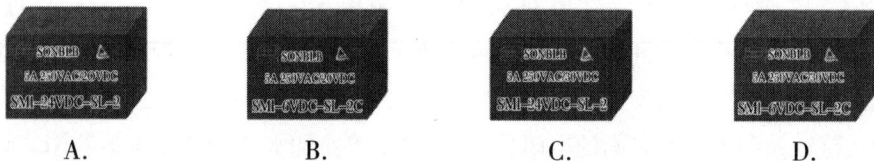

A.　　　　　　B.　　　　　　C.　　　　　　D.

13.关于该电路的分析,以下说法正确的是(   )。

A.R_{P1} 电阻由大调小时,可能会使红灯灭,绿灯亮

B.加热 R_t 时,可能会使红灯灭,绿灯亮

C.电路中,R_4 断路会使红灯灭,绿灯亮

D.为了在较高的温度下打开风扇,R_{P1} 的阻值要调大

14.如图 12-17 所示是小明设计的早晚光线亮度提醒视力保护控制电路的一部分。当环境光线过亮或过暗时,蜂鸣器都会发声。关于该电路,下列说法不正确的是(   )。

A.环境光线过亮或过暗时,或非门应输出为低电平

B.晚上光线很暗时,蜂鸣器也不发声,应调整 R_3 的阻值

C.当蜂鸣器鸣叫时,V 的 U_{ce} 应该较小

D.亮度很强时,可调电阻 R_3 端为或非门高电平输入端

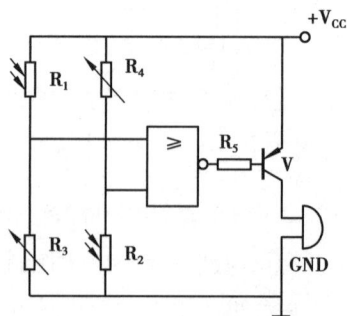

图 12-17

二、综合分析题(共 16 分)

如图 12-18 所示是小明设计的水位控制系统电路,其中 555 的性能如下:6 脚电位升至 2/3V_{CC} 时,3 脚输出低电平,2 脚电位低至 1/3V_{CC} 时,3 脚输出高电平,当水位低于 b 点时水泵 M 抽水,水位达到 a 点时停止抽水。请根据描述,完成以下任务。

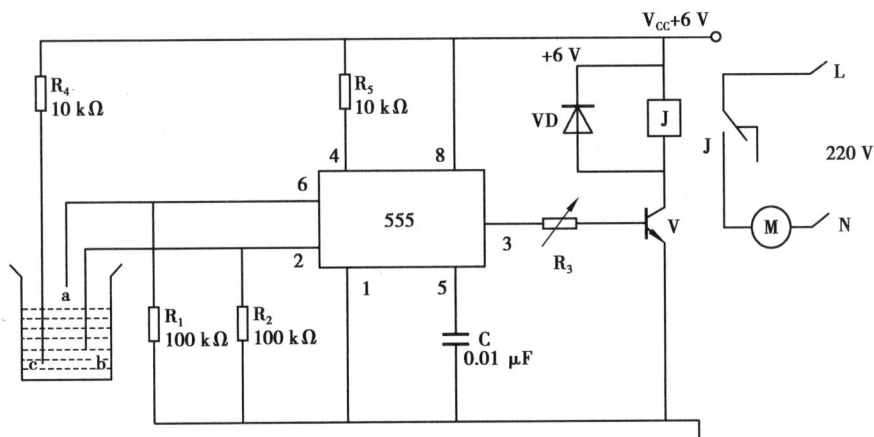

图 12-18

（1）下图中的 555 时基集成电路管脚对应顺序识别正确的是_____（在下列选项中选择正确的选项,将序号填写在"_____"处）;

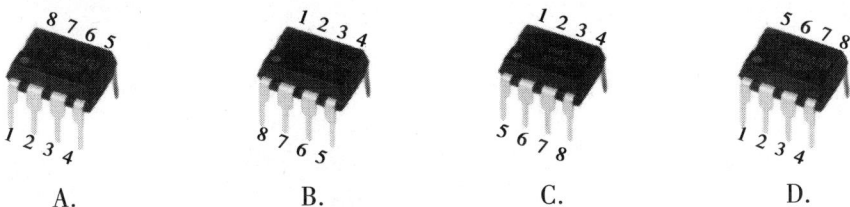

　　A.　　　　　　　　B.　　　　　　　　C.　　　　　　　　D.

（2）测试电路时发现当 555 集成电路的 3 脚输出高电平时,继电器 J 不工作,合理的调节措施是_____（在"①减小 R_1 和 R_2 的阻值;②减小 R_3 的阻值;③减小 R_4 的阻值;④减小 R_5 的阻值"中选择合适的选项,将序号填写在"_____"处）;

（3）小明设计的控制电路中,忘记设置水泵工作状态指示灯,请你在图 12-19 的虚线框内选择合适的端子连接发光二极管 VD_3 和电阻 R_6,使得水泵 M 抽水时 VD_3 发光,不抽水时 VD_3 不发光;

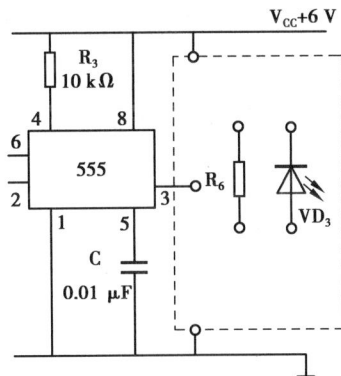

图 12-19

（4）系统工作一段时间后,三极管 V 损坏,小明准备用手头仅有的 PNP 型三极管替代原来的三极管,请你在图 12-20 的虚线框内选择合适的端子重新连接电路。要求保持系统原有的功能,继电器线圈接在集电极上。

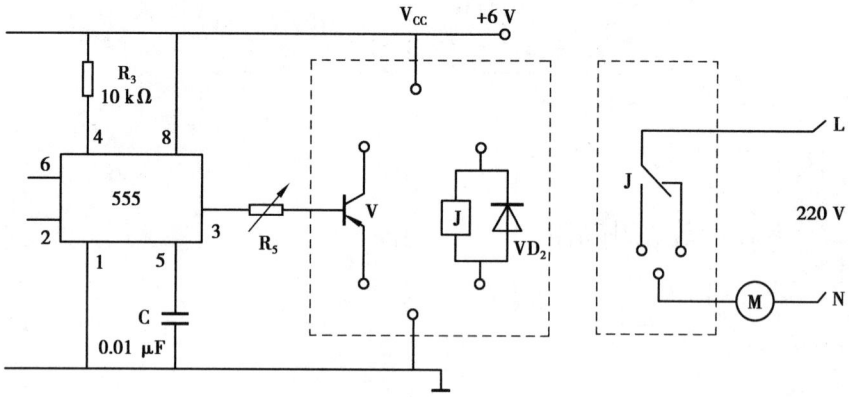

图 12-20

技术与职业探索

专题十三　技术与职业探索

课程标准

带领学生了解"技术与职业世界"的内涵,理解技术、职业与社会三者的互动关系,培养学生正确的职业观、创业观和成才观,构建一定的职业意识和生涯规划能力,为适应未来的职业生活和高校专业学习奠定基础。

考试要求

知识点	内　容	考试层次		
		A	B	C
技术与职业结构	三次社会分工、三次技术革命、三次产业划分	√		
技术与职业素养	职业素养组成、核心技能		√	
技术与职业选择	职业观、择业观		√	
技术与创业能力	创业流程、创业计划书		√	

知识点拨

1.技术与职业结构

技术发展催生职业的更新。不同时代有不同职业,技术进步改变社会的职业结构。学术型人才偏重科学研究;工程人才偏重规划设计;技术型人才偏重技术的实现;技能型人才偏重操作技能。

人类历史上发生的三次社会大分工:第一次是以种植为主的农业和以养殖为主的畜牧

业;第二次是各种手工劳动者的产生;第三次是商人的出现。

18世纪以来,世界发生了三次技术革命:第一次(蒸汽机时代)以机械为主导的技术革命;第二次(电气时代)以电力为主导的技术革命;第三次(信息时代)以信息为主导的技术革命。

我国的三次产业划分:第一产业(广义农业),包括农、林、牧、渔业;第二产业(广义工业)包括采矿业,制造业,电力、热力、燃气及水生产和供应业,建筑业;第三产业(广义服务业):教育、卫生、文化、金融、信息服务、公共服务、餐饮、交通运输、房地产业等。

产业升级:指由第一产业占主导地位过渡到以第二产业占主导地位,再到以第三产业为主,由利润低的农业、畜牧业、手工业发展到利润较高的采矿业和石油化工业,再到技术含量高、能耗低、利润高的高新技术产业。产业的结构不断高度化,产业素质与效率也不断提高。产业升级具有重要意义,但要依赖技术和人才的支持,并不是产业层次越高越好,还需要协调各产业之间的关系。

2.技术与职业素养

从业人员要遵守相应的技术规范,它可以是一项技术标准、或是标准中一部分。对从事复杂、通用性广、涉及国家财产、人民生命安全和消费者利益的职业(工种)的劳动者,必须经过培训,并取得职业资格证书后,方可就业上岗。

职业素养由两部分组成:一是职业知识和技能;二是职业道德规范、职业精神和人文素养。

职业知识和职业技能是从事某种职业的基本前提,但从事任何职业还不能缺少核心技能,核心技能包括:与人交流合作、解决问题、自我学习、创新革新、信息处理、数字应用、外语应用等方面的能力。

3.技术与职业选择

专业选择:第一,符合自己的兴趣、性格、能力、价值观;第二,考虑社会发展的需求;第三,选择与个人职业生涯规划紧密相关的专业。

职业选择:要建立在职业认识(不同人选择职业时有不同的初衷)和自我认知(职业兴趣和职业倾向)之上。专业与职业并非一对一、一对多、多对一的关系。职业观是根据社会的发展及自身的兴趣和需要而形成的对于职业目标、职业道德、职业评价等方面比较稳定的基本看法和观点,它不同于择业观,后者是选择职业的理念与态度。

择业决策:可用SWOT分析确定择业。SWOT是指优势(S)、劣势(W)、机会(O)、威胁(T)这四个方面。

4.技术与创业能力

创业离不开技术的支持,每个人都可以成为创新者、创业者。微创业是指用微小的成本进行创业,或者在细微的领域进行创业,也可利用微平台或网络平台进行新项目开发,主要以网络为平台或载体,与实体结合而展开。创新是创业的灵魂和基础,创业是创新的重要载体和表现形式。没有市场需求,或不能满足市场需求,创业就没有存在的价值和意义。

创业流程:选定项目、拟订计划、筹集资金、办理手续、计划实施与管理。

创业计划书是创业者在创业准备阶段为论证创业项目的可行性而进行的文字性描述,

是整个创业的灵魂。其包括:项目背景、主要产品、业务范围、市场概貌、营销策略、销售计划、生产管理计划、财务计划、资金需求和风险评估等。

典型案例分析

【案例1】以下关于人类历史上发生的三次社会大分工的说法中,正确的是(　　)。

A.第一次是以种植为主的农业和以养殖为主的畜牧业

B.第二次是技术革命

C.第三次是蒸汽机的出现

D.以上说法都错误

【答案】A

【解析】本题主要考查技术的发展对职业结构的影响。人类历史上发生的三次社会大分工:第一次是以农业种植为主和以畜牧养殖为主两种职业;第二次是各种手工劳动者的产生;第三次是商人的出现。因此 A 选项符合题意。

【案例2】以下关于职业的"核心技能"的理解,正确的是(　　)。

A.是某一项职业必备的技能

B.是从事某种职业的基本前提,任何职业中都应拥有的技能

C.是一种天生禀赋

D.是从事某种职业应具有的职业知识和技能

【答案】B

【解析】本题主要考查学生对职业知识和技能的理解。职业知识和职业技能是从事某种职业的基本前提,但从事任何职业还不能缺少核心技能,包括:与人交流合作、解决问题、自我学习、创新革新、信息处理、数字应用、外语应用等方面的能力。因此本题的正确答案就是 B。

【案例3】以下关于"职业观"的理解,你认为不合适的是(　　)。

A.在就业形势严峻的情况下,可以选择先就业,再择业

B.可以根据自己的专业、兴趣、能力等择业

C.择业的过程需要考虑社会发展的需求

D.由于技术的发展,新兴择业会越来越少

【答案】D

【解析】本题主要考查学生对"职业观"的理解。职业选择要建立在职业认识(不同人选择职业时有不同的初衷)和自我认知(职业兴趣和职业倾向)之上。选择职业时,不仅要考虑自己的兴趣、性格、能力、价值观,同时还要思考当前的择业价值是否符合社会发展的需求。随着社会的发展,新兴的职业会不断涌现,择业的机会也会随之产生。因此本题的正确答案是 D。

【案例4】以下关于"创业"的理解,你认为说法不准确的是(　　)。

A.大学生毕业后,在互联网上开发产品销售平台,带领家乡人民致富,这是一种"创业"模式

B.创业的过程就是学生运用技术找工作的过程

C.创业公司的产品如果不能满足市场需求,创业就没有存在的价值和意义

D.创业计划书是整个创业的灵魂,创业前要做好规划

【答案】B

【解析】本题主要考查学生对"创业"理解。在互联网上开发产品销售平台,带领家乡致富,这是一种"微创业"模式。创业离不开技术的支持,每个人都可以成为创新者、创业者,没有市场需求,或不能满足市场需求,创业就没有存在的价值和意义。在创业过程中,首先就要有创业计划书,它是创业者创业的灵魂。运用技术找到工作,有时并非投入到创新工作中,因此本题的正确答案是 B。

📑 知识结构

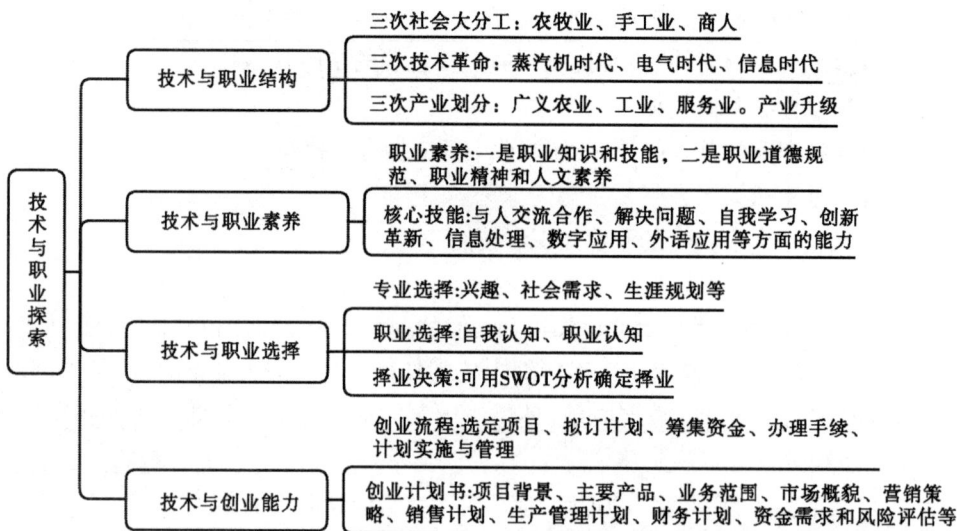

```
技术与职业探索
├── 技术与职业结构
│   ├── 三次社会大分工:农牧业、手工业、商人
│   ├── 三次技术革命:蒸汽机时代、电气时代、信息时代
│   └── 三次产业划分:广义农业、工业、服务业。产业升级
├── 技术与职业素养
│   ├── 职业素养:一是职业知识和技能,二是职业道德规范、职业精神和人文素养
│   └── 核心技能:与人交流合作、解决问题、自我学习、创新革新、信息处理、数字应用、外语应用等方面的能力
├── 技术与职业选择
│   ├── 专业选择:兴趣、社会需求、生涯规划等
│   ├── 职业选择:自我认知、职业认知
│   └── 择业决策:可用SWOT分析确定择业
└── 技术与创业能力
    ├── 创业流程:选定项目、拟订计划、筹集资金、办理手续、计划实施与管理
    └── 创业计划书:项目背景、主要产品、业务范围、市场概貌、营销策略、销售计划、生产管理计划、财务计划、资金需求和风险评估等
```

📑 专题检测

单项选择题(共 25 小题,每小题 4 分,共 100 分)

1.以下关于人类历史上发生了三次技术革命的说法中,正确的是( )。

　A.第一次是以农业种植为主和以畜牧养殖为主的技术革命

　B.第二次技术革命是随着交易出现,商人的产生

　C.第三次以信息为主导的技术革命

　D.以上说法都错误

2.以下关于职业的"核心技能"的理解,不正确的是( )。

　A.是从事某种职业的基本前提,任何职业中都应拥有的技能

　B.是一种通识性的技能

  C.包含了交流合作、自我学习、创新革新、信息处理、数字应用等方面的能力

  D.是从事某种职业应具有的职业知识和技能

3.以下关于"职业观"的理解,你认为不适当的是(　　　)。

  A.择业的过程需要考虑社会发展的需求

  B.择业决策可用 SWOT 分析确定

  C.在就业形势严峻的情况下,可以选择先就业,再择业

  D.学习什么样的专业,就应选择对应的职业就业

4.以下关于"创业"的理解,你认为说法不准确的是(　　　)。

  A.创业离不开技术的支持,只有拥有前沿的技术才能成为创业者

  B.创业过程通常包含选定项目、拟订计划、筹集资金、办理手续、计划实施与管理等

  C."大众创业,万众创新"时代,每个人都可以成为创业者

  D.创业公司的产品如果不能满足市场需求,创业就没有存在的价值和意义

5.以下关于我国的三次产业划分的说法中,不合理的是(　　　)。

  A.第一产业包括农、林、牧、渔业

  B.第二产业是广义的工业

  C.房地产业属于第二产业

  D.信息技术产业属于第三产业

6.以下关于技术进步与产业升级的说法中,不合理的是(　　　)。

  A.从事第三产业的人数近年呈上升趋势

  B.淘汰低端企业,发展高端产业,是产业升级的过程

  C.为了提升经济增长速度,可以不断进行产业升级

  D.技术革新和技术革命都能促进产业升级

7.以下关于技术进步与产业升级的说法中,不合理的是(　　　)。

  A.某地区三次产业结构比例由 4:3:3 变成 1:5:4,属于产业升级

  B.第三次技术革命标志性的技术是内燃机在汽车、轮船上的应用

  C.某企业由传统的制造业发展为先进的制造业,属于产业升级

  D.技术进步会促进新的高层次的产业产生

8.以下关于第二、三产业的说法正确的是(　　　)。

  A.畜牧业是第二产业

  B.燃气、水生产、供应业是第三产业

  C.建筑业、房地产业是第二产业

  D.餐饮是第三产业

9.以下关于职业"核心技能"的理解,你认为不合适的是(　　　)。

  A.与人沟通和合作是各个职业目前都必需的"核心技能"

  B.信息处理、数字应用不是目前所有职业都必需的"核心技能"

  C.是一种共通的技能

  D.是从事任何一种职业都必不可少的基本的技能

10.以下关于"职业素养"的理解,你认为不合适的是(　　　)。

　　A."职业素养"是一种综合品质

　　B."职业素养"就是对待职业的态度,是一种显性的素养

　　C.职业知识和职业技能是从事好某种职业的基本前提

　　D."职业素养"不仅包含职业知识和技能,还有职业道德规范、职业精神和人文素养

11.以下关于"职业选择"的理解,你认为不合适的是(　　　)。

　　A."职业选择"首先要认识自我

　　B.不同个体对同一职业有不同见解,理想的职业一定是高薪职业

　　C.不断学习与成长,你的"职业选择"可能会动态发生变化

　　D.可以根据自己特有的潜质进行"职业选择"

12.关于"未来职业"的理解,你认为说法不准确的是(　　　)。

　　A.随着社会的发展,一定会催生许多新兴的职业

　　B.AI时代的到来,会带动第三产业的职业更新

　　C.网络主播是第三产业中的一种新职业

　　D.随着智能时代的到来,第一产业与第二产业的职业都会消失

13.关于"专业与职业"的理解,你认为说法不准确的是(　　　)。

　　A.选择什么专业,就应从事相应的职业

　　B.专业的选择并非绝对,适合自己的才是最好的

　　C.专业的名称相似,但就业的领域可能完全不相同

　　D.专业是由各大院校根据学科分类或职业分工划分的学业门类

14.以下关于"职业观"的理解,你认为不合适的是(　　　)。

　　A.根据目前社会的需求选择就业

　　B.根据自己的专业、兴趣、能力等择业

　　C.择己所长选择就业

　　D.只能选择专业对口、待遇好的企业择业

15.以下关于"职业发展规划"的理解,你认为说法不准确的是(　　　)。

　　A."职业发展规划"是人生持续发展的系统计划过程

　　B."职业发展规划"有利于个人确立目标,并落实到具体的学习和行动中

　　C."职业发展规划"有助于正确认识自己,对自己的职业生涯进行评估

　　D.可以借助SWOT分析法确立职业发展目标,并给出实现目标的期限

16.关于"择业、创业"的理解,你认为说法不准确的是(　　　)。

　　A.大学生毕业的择业过程就是一个创业的过程

　　B.择业是选择找到工作的过程

　　C.创业是开辟、创新、拓展,是对现有工作岗位和职业活动的突破

　　D.择业的经历对创业有着非常重要的价值

17.关于"创业者"的看法,你认为说法不恰当的是(　　　)。

　　A.创业者必须掌握深厚的专业知识才能实施创业

B.创业者必须具备一定的社会综合知识

C.当代的创业者还应具有指挥、决策、创新、沟通、协调等能力

D.创业者要善于从他人的问题中发现机会

18.以下关于职业的"核心技能"的理解,正确的是( )。

A.是不同职业独有的技能

B.是专业知识中最重要的技能

C.是从事某种职业的基本前提,任何职业中都应拥有的技能

D.是从事某种职业应具有的职业知识和技能

19.以下关于"职业观"的理解,你认为不合适的是( )。

A.只要学好专业,创业都可成功

B.由于技术的发展,新兴择业会越来越多

C.择业的过程需要考虑社会发展的需求

D.在大众创业、万众创新时代,人人都可以成为创新者、创业者

20.以下关于"创业计划书"的理解,你认为说法不恰当的是( )。

A."创业计划书"是创业者在创业过程中的灵魂

B."创业计划书"是创业计划方案

C."创业计划书"包含项目背景、主要产品、业务范围、市场概貌、营销策略、财务计划、风险评估等

D."创业计划书"应按照统一的格式、统一的项目进行表述

21.以下关于职业与技术的描述不适当的是( )。

A.技术的进步会改变社会的职业结构

B.职业的发展会推动技术的进步

C.铁匠、泥水工、消防员的职业属于技术型职业

D.技术型职业的要求比技能型职业的要求相对更高

22.以下关于技术型人才与技能型人才的描述不适当的是( )。

A.技术型人才不仅要具有相关技术能力,还要具有较宽的知识视野和解决问题的能力

B.技能型人才应具有娴熟的动手操作能力

C.技能型人才应具有良好的沟通能力和对突发问题的应变能力和解决能力

D.技术型人才能对成果进行转化和应用

23.以下关于职业发展规划的说法不适当的是( )。

A.职业发展规划是对职业生涯乃至人生进行持续的、系统的计划的过程

B.职业规划可以帮助我们形成对自己负责、自主决策的习惯,并落实到学习和工作中

C.职业发展规划的前提是正确认识自我

D.职业发展规划能确定人生目标终点,规划自我发展,形成一条完美路线

24.以下关于职业发展规划的说法不适当的是( )。

A.根据自己的兴趣、能力、优势和不足等确定职业发展方向

B.职业发展规划的目标可分期实施,一步一步去实现

C.职业规划需要根据内外环境的变化,不断对职业发展的目标与计划进行调整

D.职业规划过程是不断调整自我的过程,我们需要根据他人的要求作出不断调整

25.以下关于"专业的选择"与"职业的选择"的说法不适当的是(　　　)。

A.根据自己的特长、兴趣选择学习的专业和毕业后从事的职业

B.根据社会发展需求并着眼于自身发展与社会匹配选择专业和就业方向

C.根据个人的职业生涯规划选择紧密相关的专业学习和就业

D.根据社会目前最需要的专业和最好的就业方向进行专业与职业的选择